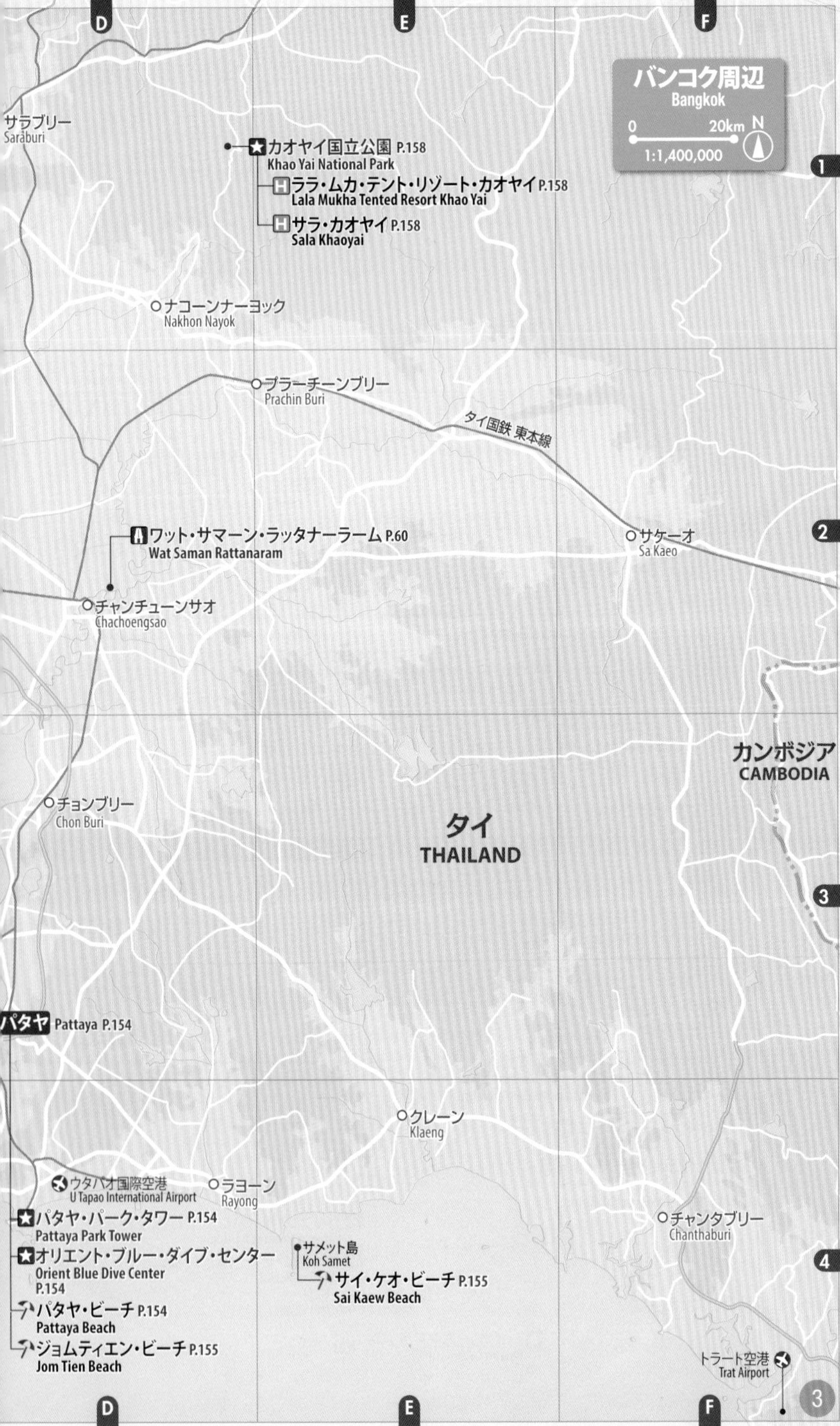
バンコク周辺
Bangkok
0
20km
N
1:1,400,000
D
E
F
1
2
3
4
サラブリー
Saraburi
カオヤイ国立公園 P.158
Khao Yai National Park
ララ・ムカ・テント・リゾート・カオヤイ P.158
Lala Mukha Tented Resort Khao Yai
サラ・カオヤイ P.158
Sala Khaoyai
ナコーンナーヨック
Nakhon Nayok
プラーチーンブリー
Prachin Buri
タイ国鉄 東本線
ワット・サマーン・ラッタナーラーム P.60
Wat Saman Rattanaram
サケーオ
Sa Kaeo
チャンチューンサオ
Chachoengsao
カンボジア
CAMBODIA
チョンブリー
Chon Buri
タイ
THAILAND
パタヤ Pattaya P.154
クレーン
Klaeng
ウタパオ国際空港
U Tapao International Airport
ラヨーン
Rayong
パタヤ・パーク・タワー P.154
Pattaya Park Tower
オリエント・ブルー・ダイブ・センター
Orient Blue Dive Center
P.154
サメット島
Koh Samet
サイ・ケオ・ビーチ P.155
Sai Kaew Beach
チャンタブリー
Chanthaburi
パタヤ・ビーチ P.154
Pattaya Beach
ジョムティエン・ビーチ P.155
Jom Tien Beach
トラート空港
Trat Airport

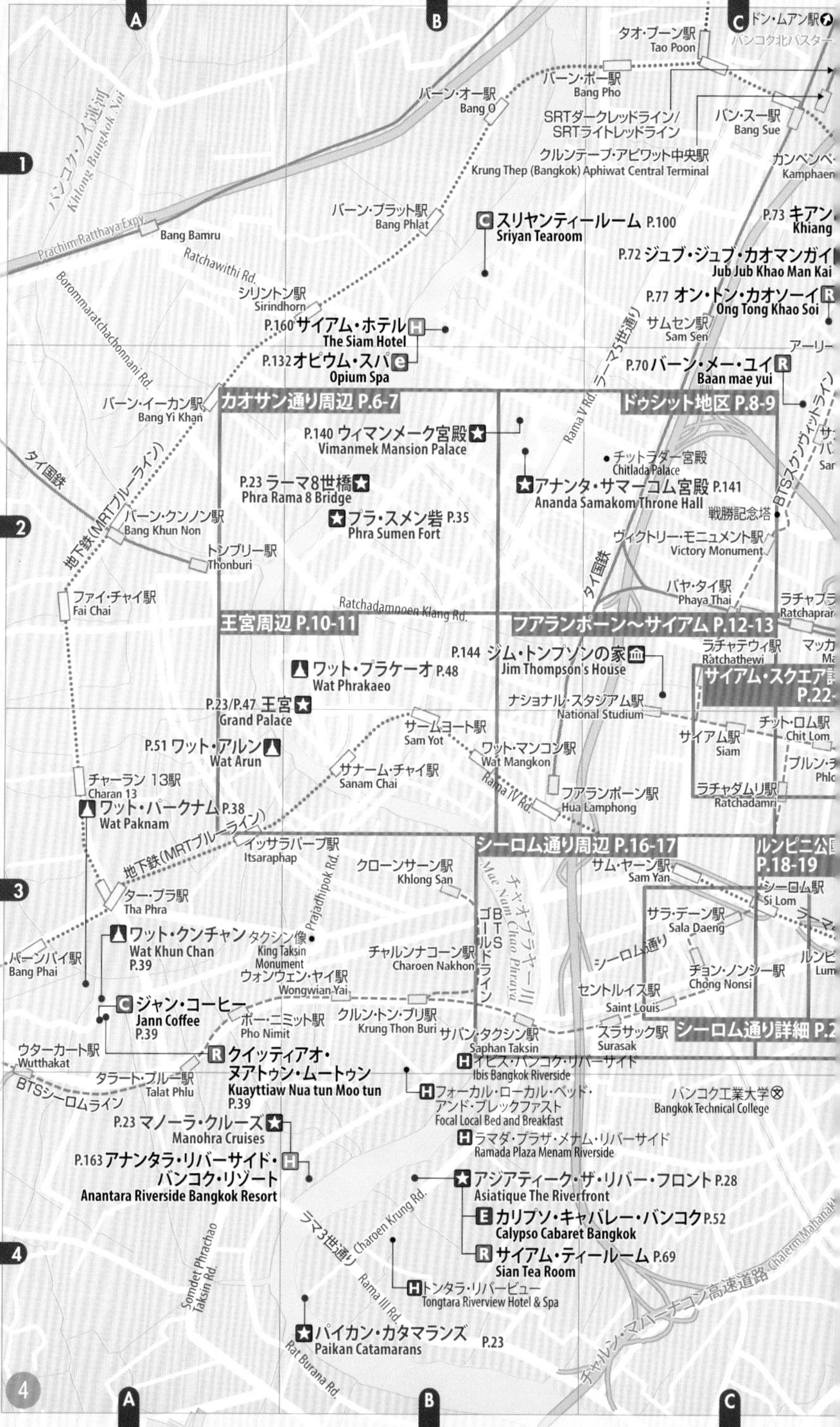

A
B
C
ドン・ムアン駅
タオ・プーン駅
Tao Poon
バンコク北バスター
バーン・ポー駅
Bang Pho
バーン・オー駅
Bang O
SRTダークレッドライン/
SRTライトレッドライン
バン・スー駅
Bang Sue
クルンテープ・アピワット中央駅
Krung Thep (Bangkok) Aphiwat Central Terminal
カンペンペ
Kamphaen
バンコク・ノーイ運河
Khlong Bangkok Noi
Prachim Ratthaya Expy.
Bang Bamru
バーン・プラット駅
Bang Phlat
スリヤンティールーム P.100
Sriyan Tearoom
P.73 キアン
Khiang
P.72 ジュブ・ジュブ・カオマンガイ
Jub Jub Khao Man Kai
P.77 オン・トン・カオソーイ
Ong Tong Khao Soi
Ratchawithi Rd.
Borommaratchachonnani Rd.
シリントン駅
Sirindhorn
P.160 サイアム・ホテル
The Siam Hotel
P.132 オピウム・スパ
Opium Spa
ラーマ5世通り
Rama V Rd.
サムセン駅
Sam Sen
アーリー
P.70 バーン・メー・ユイ
Baan mae yui
バーン・イーカン駅
Bang Yi Khan
カオサン通り周辺 P.6-7
ドゥシット地区 P.8-9
P.140 ウィマンメーク宮殿
Vimanmek Mansion Palace
チットラダー宮殿
Chitlada Palace
BTSスクンヴィットライン
タイ国鉄
P.23 ラーマ8世橋
Phra Rama 8 Bridge
アナンタ・サマーコム宮殿 P.141
Ananda Samakom Throne Hall
地下鉄(MRTブルーライン)
バーン・クンノン駅
Bang Khun Non
プラ・スメン砦 P.35
Phra Sumen Fort
戦勝記念塔
ヴィクトリー・モニュメント駅
Victory Monument
トンブリー駅
Thonburi
タイ国鉄
パヤ・タイ駅
Phaya Thai
ラチャプラ
Ratchaprar
ファイ・チャイ駅
Fai Chai
Ratchadamnoen Klang Rd.
王宮周辺 P.10-11
フアランポーン〜サイアム P.12-13
P.144 ジム・トンプソンの家
Jim Thompson's House
ラチャテウィ駅
Ratchathewi
マッカ
サイアム・スクエア
P.22-
ワット・プラケーオ P.48
Wat Phrakaeo
P.23/P.47 王宮
Grand Palace
ナショナル・スタジアム駅
National Studium
サームヨート駅
Sam Yot
チット・ロム駅
Chit Lom
サイアム駅
Siam
P.51 ワット・アルン
Wat Arun
ワット・マンコン駅
Wat Mangkon
プルン・チ
Phlo
サナーム・チャイ駅
Sanam Chai
Rama IV Rd.
チャーラン 13駅
Charan 13
フアランポーン駅
Hua Lamphong
ラチャダムリ駅
Ratchadamri
ワット・パークナム P.38
Wat Paknam
地下鉄(MRTブルーライン)
イッサラパープ駅
Itsaraphap
シーロム通り周辺 P.16-17
ルンピニ公園
P.18-19
Prajadhipok Rd.
クローンサーン駅
Khlong San
サム・ヤーン駅
Sam Yan
チャオプラヤー川
Mae Nam Chao Phraya
BTSゴールドライン
シーロム駅
Si Lom
ター・プラ駅
Tha Phra
サラ・デーン駅
Sala Daeng
ワット・クンチャン
Wat Khun Chan
P.39
タクシン像
King Taksin Monument
シーロム通り
チャルンナコーン駅
Charoen Nakhon
ルンピ
Lum
バーンパイ駅
Bang Phai
ウォンウェン・ヤイ駅
Wongwian Yai
チョン・ノンシー駅
Chong Nonsi
セントルイス駅
Saint Louis
ジャン・コーヒー
Jann Coffee
P.39
ポー・ニミット駅
Pho Nimit
クルン・トン・ブリ駅
Krung Thon Buri
サパン・タクシン駅
Saphan Taksin
スラサック駅
Surasak
シーロム通り詳細 P.2
ウターカート駅
Wutthakat
クイッティアオ・
ヌアトゥン・ムートゥン
Kuayttiaw Nua tun Moo tun
P.39
イビス・バンコク・リバーサイド
Ibis Bangkok Riverside
タラート・プルー駅
Talat Phlu
フォーカル・ローカル・ベッド・
アンド・ブレックファスト
Focal Local Bed and Breakfast
バンコク工業大学
Bangkok Technical College
BTSシーロムライン
P.23 マノーラ・クルーズ
Manohra Cruises
ラマダ・プラザ・メナム・リバーサイド
Ramada Plaza Menam Riverside
P.163 アナンタラ・リバーサイド・
バンコク・リゾート
Anantara Riverside Bangkok Resort
アジアティーク・ザ・リバー・フロント P.28
Asiatique The Riverfront
Charoen Krung Rd.
カリプソ・キャバレー・バンコク P.52
Calypso Cabaret Bangkok
ラマ3世通り
サイアム・ティールーム P.69
Sian Tea Room
Chalerm Mahanakh
Somdet Phrachao Taksin Rd.
Rama III Rd.
トンタラ・リバービュー
Tongtara Riverview Hotel & Spa
チャルン・マハーナコン高速道路
パイカン・カタマランズ P.23
Paikan Catamarans
Rat Burana Rd.
1
2
3
4

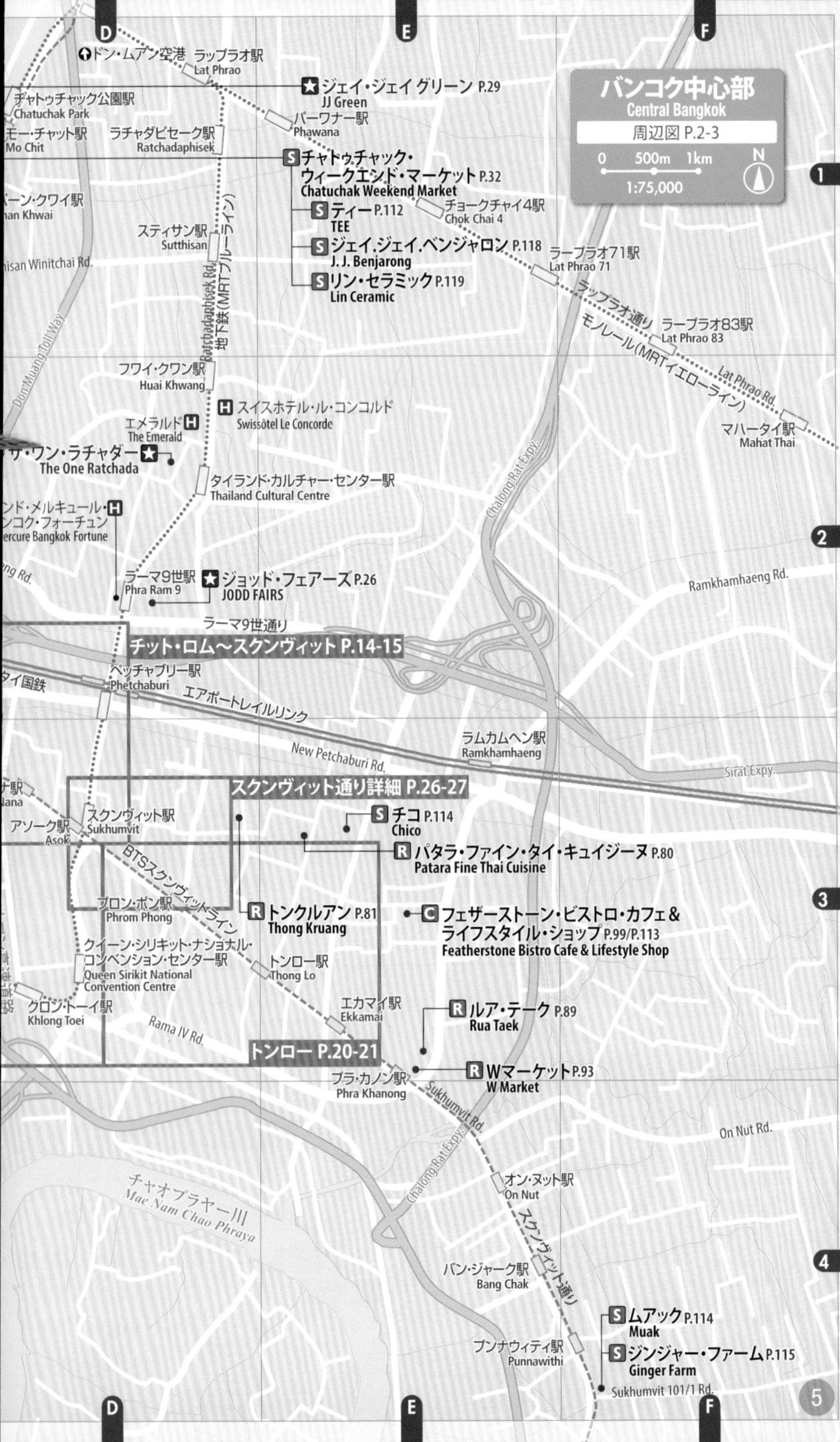
バンコク中心部
Central Bangkok
周辺図 P.2-3
0 500m 1km
1:75,000
N
D
E
F
1
2
3
4
ドン・ムアン空港
ラップラオ駅
Lat Phrao
ジェイ・ジェイ グリーン P.29
JJ Green
チャトゥチャック公園駅
Chatuchak Park
パーワナー駅
Phawana
モー・チャット駅
Mo Chit
ラチャダピセーク駅
Ratchadaphisek
チャトゥチャック・ウィークエンド・マーケット P.32
Chatuchak Weekend Market
ティー P.112
TEE
ジェイ.ジェイ.ベンジャロン P.118
J. J. Benjarong
リン・セラミック P.119
Lin Ceramic
チョークチャイ4駅
Chok Chai 4
ラープラオ71駅
Lat Phrao 71
ラップラオ通り
ラープラオ83駅
Lat Phrao 83
モノレール(MRTイエローライン)
Lat Phrao Rd.
マハータイ駅
Mahat Thai
スティサン駅
Sutthisan
Ratchadaphisek Rd.
地下鉄(MRTブルーライン)
Don Muang Tollway
フワイ・クワン駅
Huai Khwang
スイスホテル・ル・コンコルド
Swissôtel Le Concorde
エメラルド
The Emerald
ザ・ワン・ラチャダー
The One Ratchada
タイランド・カルチャー・センター駅
Thailand Cultural Centre
Chalong Rat Expy.
ラーマ9世駅
Phra Ram 9
ジョッド・フェアーズ P.26
JODD FAIRS
Ramkhamhaeng Rd.
ラーマ9世通り
チット・ロム～スクンヴィット P.14-15
ペッチャブリー駅
Phetchaburi
タイ国鉄
エアポートレイルリンク
ラムカムヘン駅
Ramkhamhaeng
New Petchaburi Rd.
Sirat Expy.
スクンヴィット通り詳細 P.26-27
チコ P.114
Chico
スクンヴィット駅
Sukhumvit
アソーク駅
Asok
パタラ・ファイン・タイ・キュイジーヌ P.80
Patara Fine Thai Cuisine
BTSスクンヴィットライン
プロンポン駅
Phrom Phong
トンクルアン P.81
Thong Kruang
フェザーストーン・ビストロ・カフェ&ライフスタイル・ショップ P.99/P.113
Featherstone Bistro Cafe & Lifestyle Shop
クイーン・シリキット・ナショナル・コンベンション・センター駅
Queen Sirikit National Convention Centre
トンロー駅
Thong Lo
クロントーイ駅
Khlong Toei
エカマイ駅
Ekkamai
ルア・テーク P.89
Rua Taek
Rama IV Rd.
トンロー P.20-21
プラ・カノン駅
Phra Khanong
Wマーケット P.93
W Market
Sukhumvit Rd.
On Nut Rd.
Chalong Rat Expy.
オン・ヌット駅
On Nut
チャオプラヤー川
Mae Nam Chao Phraya
スクンヴィット通り
バン・ジャーク駅
Bang Chak
ムアック P.114
Muak
プンナウィティ駅
Punnawithi
ジンジャー・ファーム P.115
Ginger Farm
Sukhumvit 101/1 Rd.

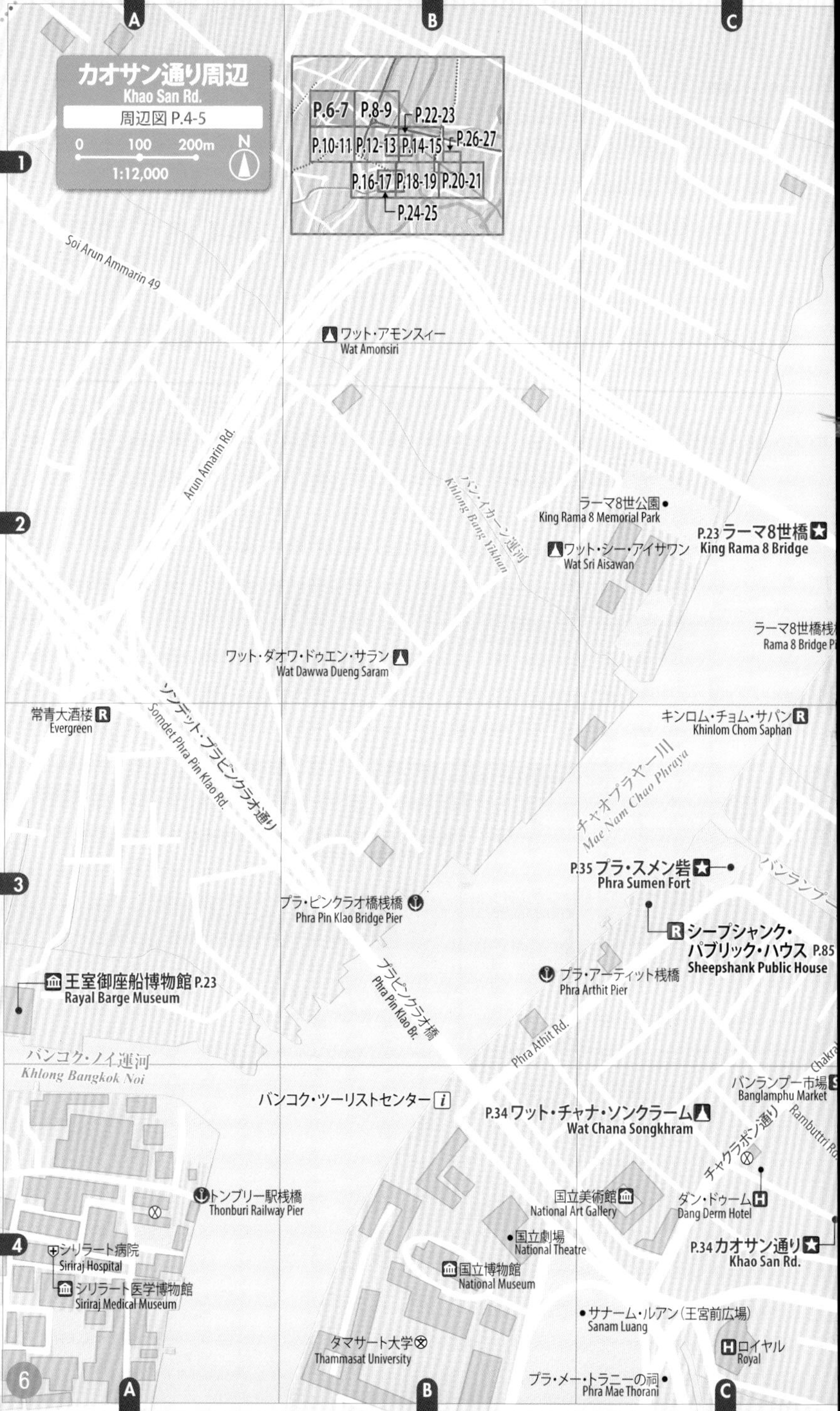
カオサン通り周辺
Khao San Rd.
周辺図 P.4-5
0 100 200m
N
1:12,000
P.6-7
P.8-9
P.22-23
P.10-11
P.12-13
P.14-15
P.26-27
P.16-17
P.18-19
P.20-21
P.24-25
A
B
C
1
2
3
4
Soi Arun Ammarin 49
ワット・アモンスィー
Wat Amonsiri
Arun Amarin Rd.
バン・イカーン運河
Khlong Bang Yikhan
ラーマ8世公園
King Rama 8 Memorial Park
P.23 ラーマ8世橋
King Rama 8 Bridge
ワット・シー・アイサワン
Wat Sri Aisawan
ラーマ8世橋桟
Rama 8 Bridge Pi
ワット・ダオワ・ドゥエン・サラン
Wat Dawwa Dueng Saram
常青大酒楼
Evergreen
ソムデット・プラピンクラオ通り
Somdet Phra Pin Klao Rd.
キンロム・チョム・サパン
Khinlom Chom Saphan
チャオプラヤー川
Mae Nam Chao Phraya
P.35 プラ・スメン砦
Phra Sumen Fort
バンランプー
プラ・ピンクラオ橋桟橋
Phra Pin Klao Bridge Pier
シープシャンク・パブリック・ハウス P.85
Sheepshank Public House
王室御座船博物館 P.23
Rayal Barge Museum
プラピンクラオ橋
Phra Pin Klao Br.
プラ・アーティット桟橋
Phra Arthit Pier
Phra Athit Rd.
バンコク・ノイ運河
Khlong Bangkok Noi
バンコク・ツーリストセンター
バンランプー市場
Banglamphu Market
P.34 ワット・チャナ・ソンクラーム
Wat Chana Songkhram
チャクラポン通り
Rambuttri Rd.
トンブリー駅桟橋
Thonburi Railway Pier
国立美術館
National Art Gallery
ダン・ドゥーム
Dang Derm Hotel
シリラート病院
Siriraj Hospital
国立劇場
National Theatre
P.34 カオサン通り
Khao San Rd.
国立博物館
National Museum
シリラート医学博物館
Siriraj Medical Museum
サナーム・ルアン(王宮前広場)
Sanam Luang
タマサート大学
Thammasat University
ロイヤル
Royal
プラ・メー・トラニーの祠
Phra Mae Thorani

D
E
F
1
2
3
4
Ratchasima Rd.
ャオプラヤー川
Mae Nam Chao Phraya
国立図書館
National Library
スアン・スナンタ学校
Suan Sunantha School
シー・アユタヤー
Sri Ayutthaya Guest House
考古学局
Dept. of Archaeology
ウェート桟橋
Thewet Pier
アーミークラブ
Army Club
Ratchasima Rd.
シー・アユタヤー通り
会計監査省
Department of Audit Cooperative
テウェト花市場
Thewet Flower Market
アンポーン公園
Amporn Park
チャンプラビット市場
Chanpravit Market
保健省
inistry of Public Health
ピサヌローク通り
首都警察本部
Samsen Rd.
クラウン財務事務所
Crown Property Office
タイ銀行
Bank of Thailand
Ratchadamnoen Nok Rd.
プラナコーン・ノーンレン P.162
Phranakorn Nornlen Hotel
警察博物館
Phitsanulok Rd.
ラーク・ルアン通り
ワット・イントラウィハーン
Wat Intravihan
教育省
Ministry of Education
パドゥン・クルン・カセム運河
ワット・サンプラヤ
Wat Samphraya
Samsen Rd.
Prachathippatai Rd.
Lak Luang Rd.
ラチャダムヌーン・ノーク通り
サムセン通り
ワット・モンクルット・クラサート・ティヤラン
Wat Makut Kasat Triyaram
Wisut Kasat Rd.
官邸
Government House
Khlong Phadung Krung Kasem
ヌーボ・シティ・ホテル P.162
Nouvo City Hotel
王立士官学校
Royal Military Academy
a Sumsen Rd.
P.53
ラーチャダムヌーン・ムエタイ・スタジアム
Rachadamnoen MueThai Stadium
ランプー・ツリー・ハウス・ブティック・ホテル
Lamphu Tree House Boutique Hotel
ワット・ボウォーンニウェート P.35
Wat Bowonniwet
プラ・スメン通り
ブラウン・シュガー
Brown Sugar
ラチャダムヌーン・ノーク通り
Ratchadamnoen Nok Rd.
チャカパディフォン通り
Nakhon Sawan Rd.
バディ・ロッジ
uddy Lodge
Phra Sumen Rd.
ダムヌン・クラン通り
hadamnoen Klang Rd.
民主記念塔 P.137
Democracy Monument
オールド・キャピタル・バイク・イン
OLD CAPITAL BIKE INN
ラン・ルアン通り

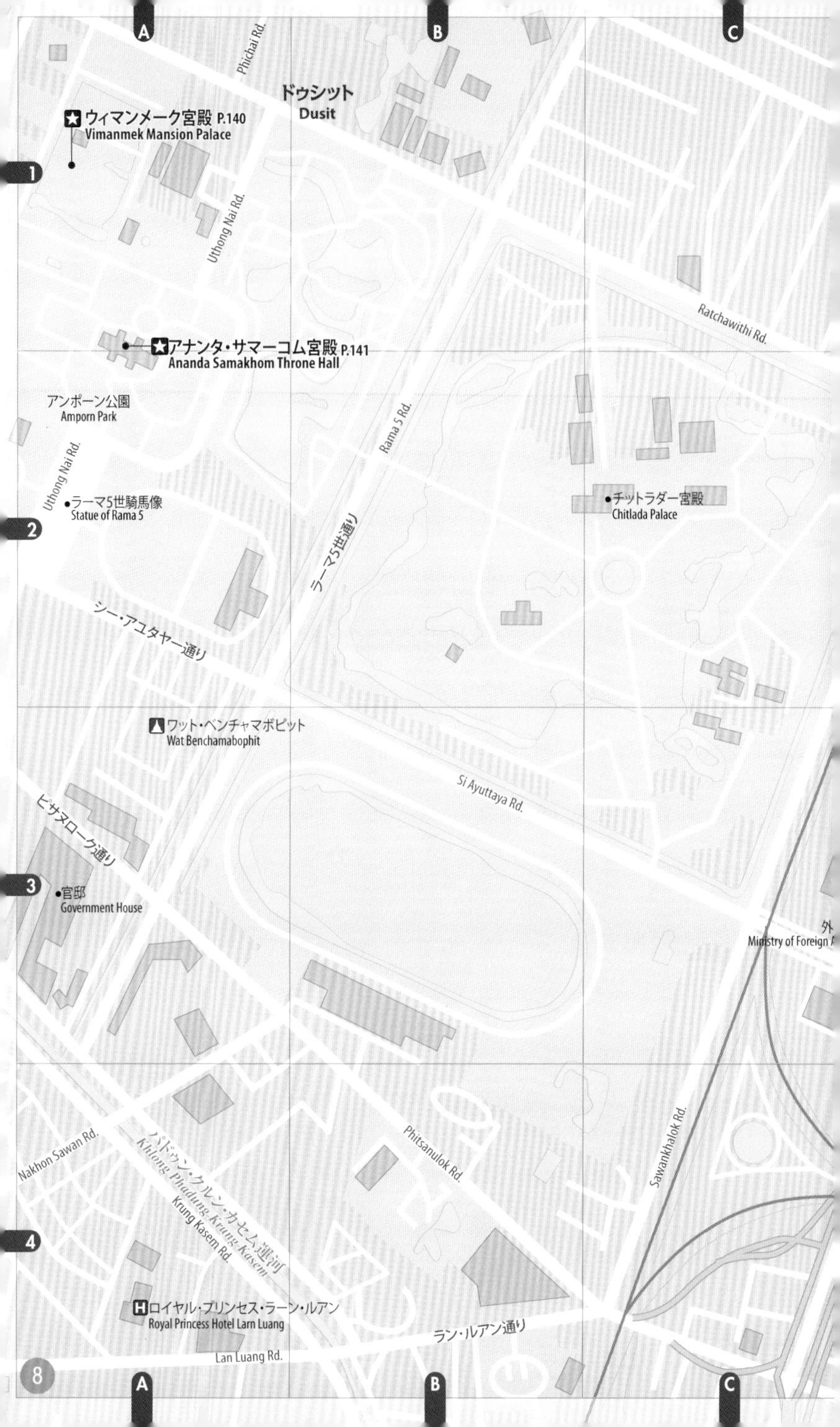
A
B
C
1
2
3
4
Phichai Rd.
ドゥシット
Dusit
ウィマンメーク宮殿 P.140
Vimanmek Mansion Palace
Uthong Nai Rd.
Ratchawithi Rd.
アナンタ・サマーコム宮殿 P.141
Ananda Samakhom Throne Hall
アンポーン公園
Amporn Park
Rama 5 Rd.
Uthong Nai Rd.
ラーマ5世騎馬像
Statue of Rama 5
チットラダー宮殿
Chitlada Palace
ラーマ5世通り
シー・アユタヤー通り
ワット・ベンチャマボピット
Wat Benchamabophit
Si Ayuttaya Rd.
ピサヌローク通り
官邸
Government House
Ministry of Foreign
Sawankhalok Rd.
Phitsanulok Rd.
Nakhon Sawan Rd.
パドゥン・クルン・カセム運河
Khlong Phadung Krung Kasem
Krung Kasem Rd.
ロイヤル・プリンセス・ホテル・ラーン・ルアン
Royal Princess Hotel Larn Luang
ラン・ルアン通り
Lan Luang Rd.

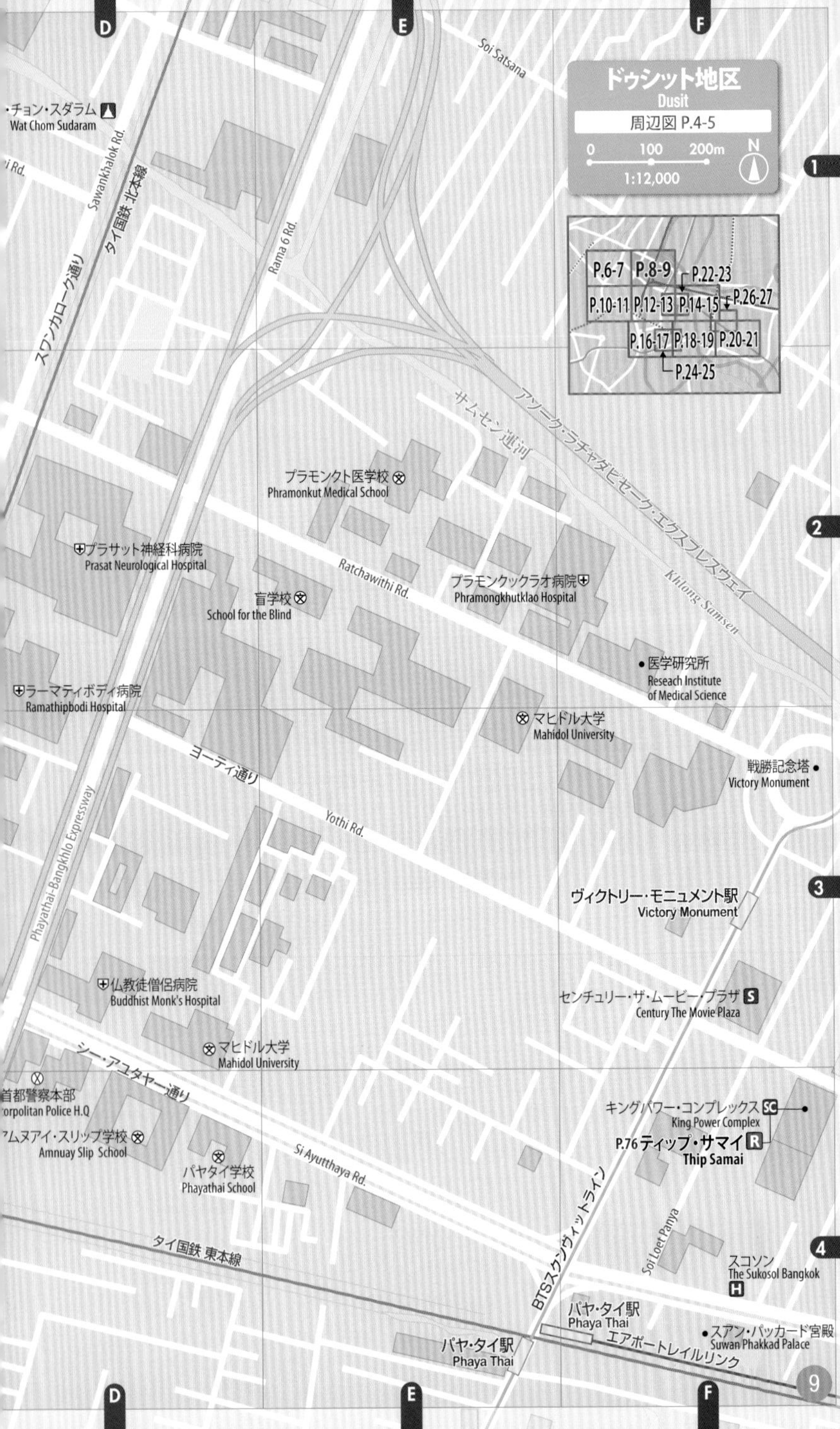
ドゥシット地区
Dusit
周辺図 P.4-5
0
100
200m
1:12,000
N
P.6-7
P.8-9
P.22-23
P.10-11
P.12-13
P.14-15
P.26-27
P.16-17
P.18-19
P.20-21
P.24-25
D
E
F
1
2
3
4
Soi Satsana
・チョン・スダラム
Wat Chom Sudaram
i Rd.
Sawankhalok Rd.
タイ国鉄 北本線
スワンカローク通り
Rama 6 Rd.
サムセン運河
アソーク・ラチャダピセーク・エクスプレスウェイ
Khlong Samsen
プラモンクト医学校
Phramonkut Medical School
プラサット神経科病院
Prasat Neurological Hospital
Ratchawithi Rd.
プラモンクックラオ病院
Phramongkhutklao Hospital
盲学校
School for the Blind
医学研究所
Reseach Institute
of Medical Science
ラーマティボディ病院
Ramathipbodi Hospital
マヒドル大学
Mahidol University
ヨーティ通り
戦勝記念塔
Victory Monument
Yothi Rd.
Phayathai-Bangkhlo Expressway
ヴィクトリー・モニュメント駅
Victory Monument
センチュリー・ザ・ムービー・プラザ
Century The Movie Plaza
仏教徒僧侶病院
Buddhist Monk's Hospital
マヒドル大学
Mahidol University
シー・アユタヤー通り
首都警察本部
orpolitan Police H.Q
キングパワー・コンプレックス
King Power Complex
P.76 ティップ・サマイ
Thip Samai
アムヌアイ・スリップ学校
Amnuay Slip School
パヤタイ学校
Phayathai School
Si Ayutthaya Rd.
BTSスクンヴィットライン
Soi Loet Panya
スコソン
The Sukosol Bangkok
タイ国鉄 東本線
パヤ・タイ駅
Phaya Thai
スアン・パッカード宮殿
Suwan Phakkad Palace
エアポートレイルリンク
パヤ・タイ駅
Phaya Thai

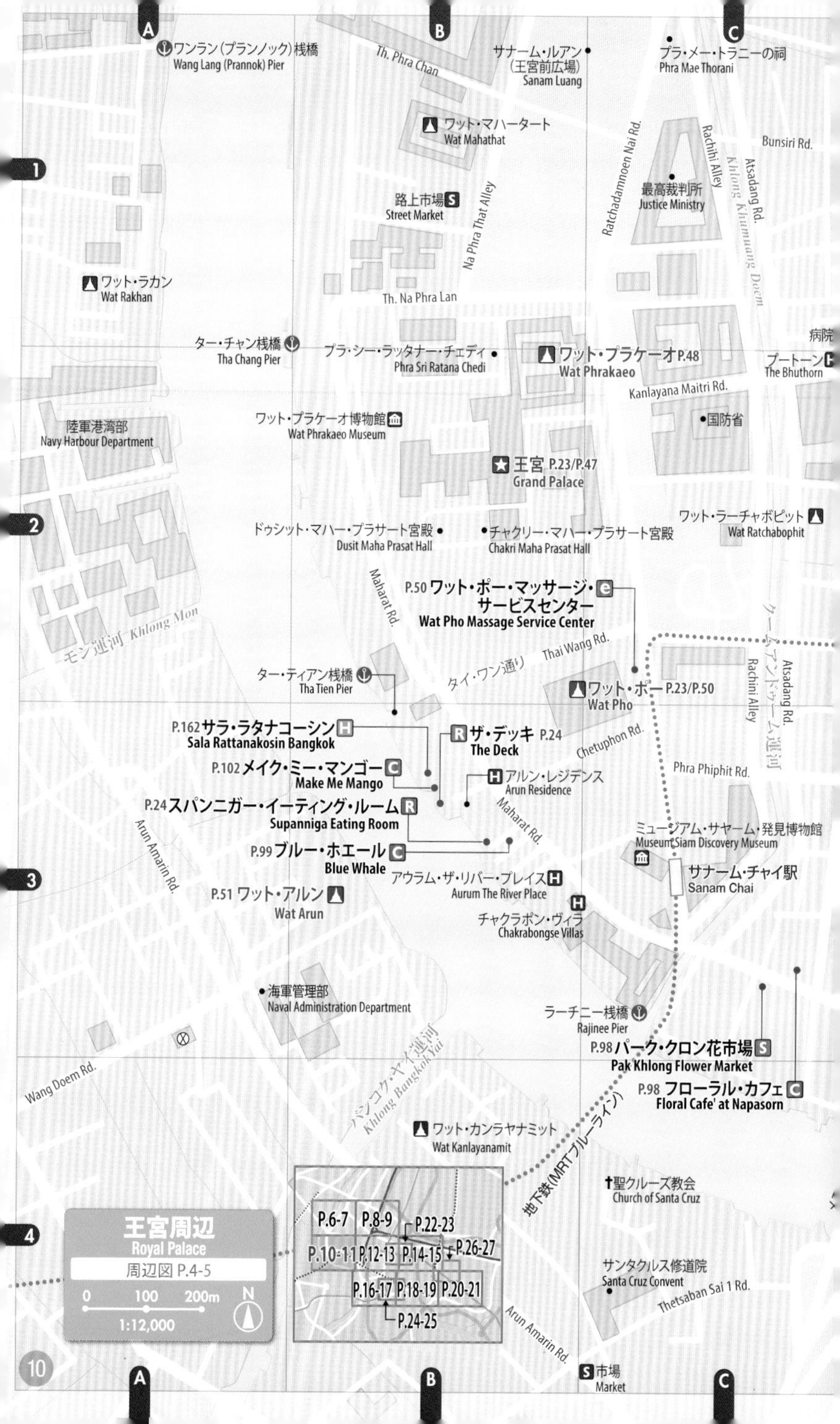

ワンラン(プランノック)桟橋
Wang Lang (Prannok) Pier
Th. Phra Chan
サナーム・ルアン
(王宮前広場)
Sanam Luang
プラ・メー・トラニーの祠
Phra Mae Thorani
ワット・マハータート
Wat Mahathat
Ratchadamnoen Nai Rd.
Rachini Alley
Bunsiri Rd.
Atsadang Rd.
Khlong Khumuang Doem
最高裁判所
Justice Ministry
路上市場
Street Market
Na Phra That Alley
ワット・ラカン
Wat Rakhan
Th. Na Phra Lan
病院
ター・チャン桟橋
Tha Chang Pier
プラ・シー・ラッタナー・チェディ
Phra Sri Ratana Chedi
ワット・プラケーオ P.48
Wat Phrakaeo
プートーン
The Bhuthorn
Kanlayana Maitri Rd.
国防省
陸軍港湾部
Navy Harbour Department
ワット・プラケーオ博物館
Wat Phrakaeo Museum
王宮 P.23/P.47
Grand Palace
ワット・ラーチャボピット
Wat Ratchabophit
ドゥシット・マハー・プラサート宮殿
Dusit Maha Prasat Hall
チャクリー・マハー・プラサート宮殿
Chakri Maha Prasat Hall
Maharat Rd.
P.50 ワット・ポー・マッサージ・サービスセンター
Wat Pho Massage Service Center
モン運河 Khlong Mon
Thai Wang Rd.
タイ・ワン通り
クームアンドゥーム運河
Rachini Alley
Atsadang Rd.
ター・ティアン桟橋
Tha Tien Pier
ワット・ポー P.23/P.50
Wat Pho
P.162 サラ・ラタナコーシン
Sala Rattanakosin Bangkok
ザ・デッキ P.24
The Deck
Chetuphon Rd.
P.102 メイク・ミー・マンゴー
Make Me Mango
アルン・レジデンス
Arun Residence
Phra Phiphit Rd.
P.24 スパンニガー・イーティング・ルーム
Supanniga Eating Room
Arun Amarin Rd.
Maharat Rd.
ミュージアム・サヤーム・発見博物館
Museum Siam Discovery Museum
P.99 ブルー・ホエール
Blue Whale
アウラム・ザ・リバー・プレイス
Aurum The River Place
サナーム・チャイ駅
Sanam Chai
P.51 ワット・アルン
Wat Arun
チャクラポン・ヴィラ
Chakrabongse Villas
海軍管理部
Naval Administration Department
ラーチニー桟橋
Rajinee Pier
P.98 パーク・クロン花市場
Pak Khlong Flower Market
Wang Doem Rd.
バンコク・ヤイ運河
Khlong Bangkok Yai
P.98 フローラル・カフェ
Floral Cafe' at Napasorn
ワット・カンラヤナミット
Wat Kanlayanamit
地下鉄(MRTブルーライン)
聖クルーズ教会
Church of Santa Cruz
王宮周辺
Royal Palace
周辺図 P.4-5
0 100 200m
N
1:12,000
P.6-7
P.8-9
P.22-23
P.10-11
P.12-13
P.14-15
P.26-27
P.16-17
P.18-19
P.20-21
P.24-25
サンタクルス修道院
Santa Cruz Convent
Thetsaban Sai 1 Rd.
Arun Amarin Rd.
市場
Market
A
B
C
1
2
3
4

D
E
F
バーン・ノパウォン P.164
Baan Noppawong
バーン・ディンソー・ホステル
Baan Dinso Hostel
トリムック宮殿
Trimuk Palace
ラタナコーシン展示館
Rattanakosin Exhibition Hall
ワット・ラーチャナダー
Wat Ratchanada
ロハ・プラサート
Loha Prasat
マハカーン砦
Mahakan Fortrees
プラチャーティポック王(ラーマ7世)博物館
King Prajadhipok Museum
ゴールデン・ホース
Golden Horse Hotel
マハナック運河
Khlong Mahanak
ワット・サケート
Wat Saket
都庁舎
City Hall
ディンソー通り
オン・アーン運河
Khlong Ong Ang
Bamrung Mueang Rd.
バムルン・ムアン通り
サーオ・チン・チャー
Sao Ching Cha
ワット・スタット P.137
Wat Suthat
Worachak Rd.
ロンマニ・ナート公園
Romani Nat
Ti Thong
Maha Chai Rd.
ルアン通り
Luang Rd.
Yukhon 2 Rd.
チャルン・クルン通り
サームヨート駅
Sam Yot
ミラマー
Miramar
中央病院
BMA General Hospital
チャレームクルン・ロイヤル・シアター
オールド・サヤーム・プラザ
Old Siam Plaza
グランド・ビル
Grande Ville
Charoen Krung Rd.
地下鉄(MRTブルーライン)
Suapa Rd.
Phahurat Rd.
Tri Phet Rd.
Chakkrawat Rd.
Yawarat Rd.
パーフラット市場
Talat Phahurat
チャカペット通り
チャクラワット通り
ワット・マンコン
Wat Mangkon
ワット・マンコン駅
Wat Mangkon
サンペーン市場 P.138
Sampheng Market
アン・クラブ大学
Kurab College
グランド・チャイナ
Grand China
ワット・ラーチャブラナ(ワット・リヤップ)
Wat Ratchaburana(Wat Laib)
ワット・チャクラワット
Wat Chakrawat
ーマ1世像
a Buddha Yodta Monument
P.93 ヤワラートの屋台街
Yaowarat Street Food
ヤワラート通り
Ratchawong Rd.
モリアル橋桟橋
emorial Bridge Pier
・クラオ橋
a Pok Klao Br.
バンコク・リバー・パーク
Bangkok River Park
ラーチャウォン桟橋
Rachawongse Pier
Phadung Dao Rd.
チャオプラヤー川
Mae Nam Chao Phraya
Songwat Rd.
1
2
3
4

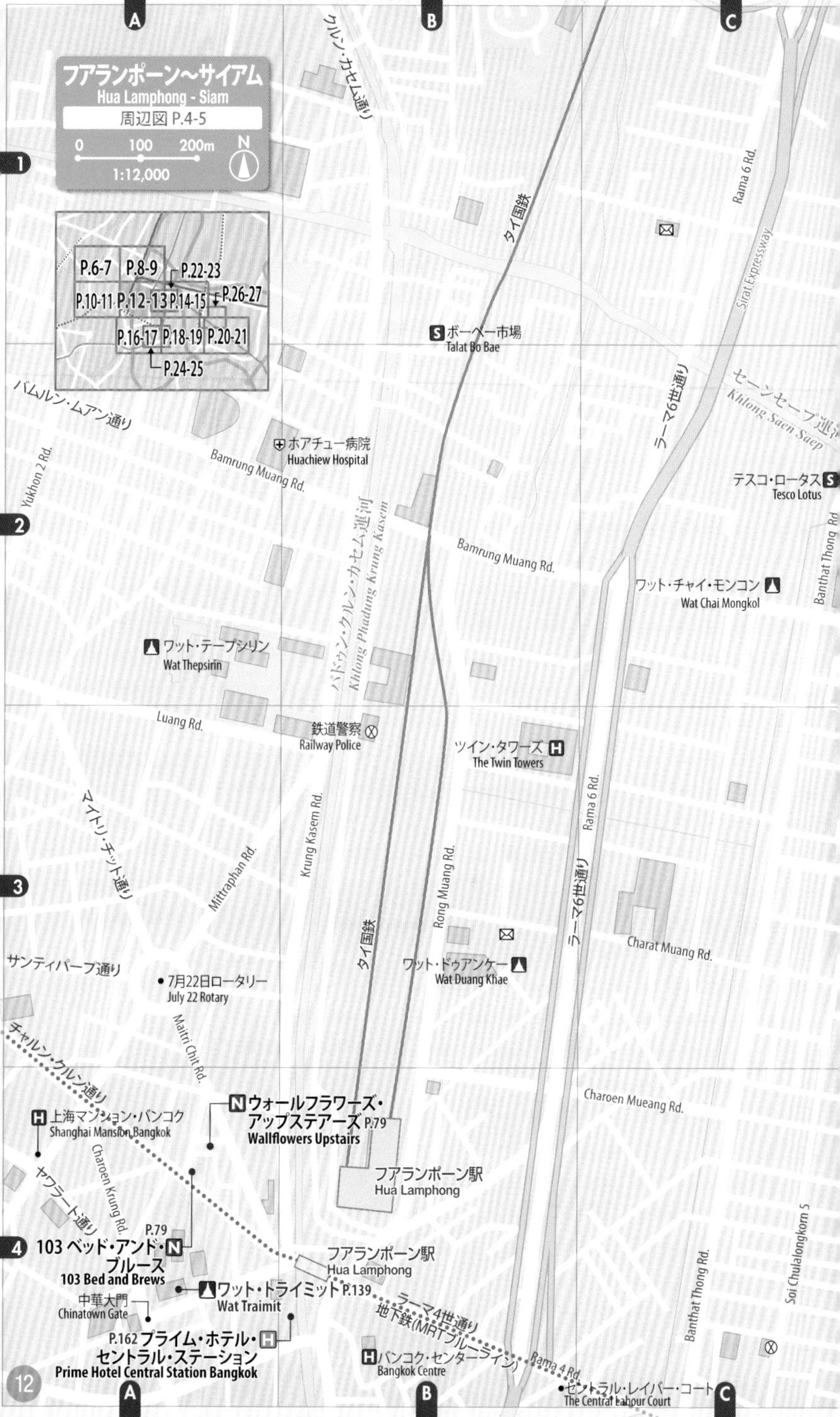

フアランポーン〜サイアム
Hua Lamphong - Siam
周辺図 P.4-5
0
100
200m
N
1:12,000
P.6-7
P.8-9
P.22-23
P.10-11
P.12-13
P.14-15
P.26-27
P.16-17
P.18-19
P.20-21
P.24-25
A
B
C
1
2
3
4
クルン・カセム通り
タイ国鉄
Rama 6 Rd.
Sirat Expressway
ボーベー市場
Talat Bo Bae
ラーマ6世通り
セーンセーブ運河
Khlong Saen Saep
バムルン・ムアン通り
ホアチュー病院
Huachiew Hospital
Bamrung Muang Rd.
Yukhon 2 Rd.
パドゥン・クルン・カセム運河
Khlong Phadung Krung Kasem
テスコ・ロータス
Tesco Lotus
Bamrung Muang Rd.
Banthat Thong Rd.
ワット・チャイ・モンコン
Wat Chai Mongkol
ワット・テープシリン
Wat Thepsirin
Luang Rd.
鉄道警察
Railway Police
ツイン・タワーズ
The Twin Towers
マイトリ・チット通り
Mittraphan Rd.
Krung Kasem Rd.
Rama 6 Rd.
Rong Muang Rd.
ラーマ6世通り
タイ国鉄
Charat Muang Rd.
ワット・ドゥアンケー
Wat Duang Khae
サンティパープ通り
7月22日ロータリー
July 22 Rotary
Maitri Chit Rd.
チャルン・クルン通り
Charoen Mueang Rd.
上海マンション・バンコク
Shanghai Mansion Bangkok
ウォールフラワーズ・アップステアーズ P.79
Wallflowers Upstairs
Charoen Krung Rd.
ヤワラート通り
フアランポーン駅
Hua Lamphong
P.79
103 ベッド・アンド・ブルース
103 Bed and Brews
フアランポーン駅
Hua Lamphong
Soi Chulalongkorn 5
Banthat Thong Rd.
ワット・トライミット P.139
Wat Traimit
中華大門
Chinatown Gate
ラーマ4世通り
地下鉄(MRTブルーライン)
P.162 プライム・ホテル・セントラル・ステーション
Prime Hotel Central Station Bangkok
バンコク・センター
Bangkok Centre
Rama 4 Rd.
セントラル・レイバー・コート
The Central Labour Court

D
E
F
1
2
3
4
P.71 ピーオ R
P'Aor
H アナジャック P.162
Anajak Bangkok
R ポウワー・ノーザン・タイ・キュイジーヌ P.77
Porwa Northern Thai Cuisine
Phaya Thai Rd.
パヤタイ通り
Phetchaburi Rd.
H クオーター
The Quater Bangkok Poshtel & Coworking-Hotel
ラチャテウィ・タワー
Ratchathewi Tower
ペッチャブリー通り
P.119 ザ・レジェンド S
The Legend
アジアビル
Asia Bldg.
センター・ポイント
Petchaburi Rd.
ラチャテウィ駅
Ratchathewi
アジア・ホテル H
Asia Hotel
H ウィー
Vie
BTSスクンヴィットライン
Phaya Thai Rd.
パヤタイ通り
P.116 ジム・トンプソン S
Jim Thompson
P.44 ジム・トンプソン R
レストラン&ワインバー
Jim Thompson
Restaurant &Wine Bar
P.144 ジム・トンプソンの家
Jim Thompson's House
P.163
H サイアム・ケンピンスキー
Siam Kempinski Hotel Bangkok
ホリデイ・イン・エクスプレス・
バンコク・サイアム H
Holiday Inn Express Bangkok Siam
H クリット・タイ
マンション
Krit Thai Mansion
SC サイアム・パラゴン P.123
Siam Paragon
H ホワイト・ロッジ
White Lodge
ーマ1世通り
H イビス・バンコク・サイアム P.162
ibis Bangkok Siam Hotel
SC サイアム・センター
Siam Center
SC サイアム
ディスカバリーセンター
ナショナル・スタジアム駅
National Stadium
BTSシーロムライン
Rama 1 Rd.
サイアム駅
Siam
ワット・パトゥム・ワナラン
Wat Patum Wanaram
国立競技場
ional Stadium
H サイアム・アット・サイアム・
デザイン・ホテル
Siam @ Siam Design Hotel
S ウェンディーツアー
Wendy Tour
サイアム・スクエア
Siam Square
Soi 1
Soi 2
Soi 4
Soi 5
Soi 6
ラーマ1世通り
H ノボテル・オン・
サイアム・スクエア
Novotel Bangkok on
Siam Square
Soi Siam Square 7
中央警察本部
SC MBKセンター P.123
MBK Center Bangkok
Soi Chulalong Korn 64
Chulalongkorn 12
H パトゥムワン・プリンセス
Pathumwan Princess
Henri Dunant Rd.
Soi Chulalongkorn 12
ウーテンタワイ工業学校
Uthenthawai Technology School
サイアム・スクエア詳細 P.22-23
Chulalongkorn 22
チュラロンコーン財団
Chulalongkorn Property Office
Phaya Thai Rd.
パヤ・タイ通り
アンリ・デュナン通り
ロイヤル・バンコク・
スポーツ・クラブ
Royal Bangkok Sports Club
チュラロンコーン大学
Chulalongkorn University
D
E
F

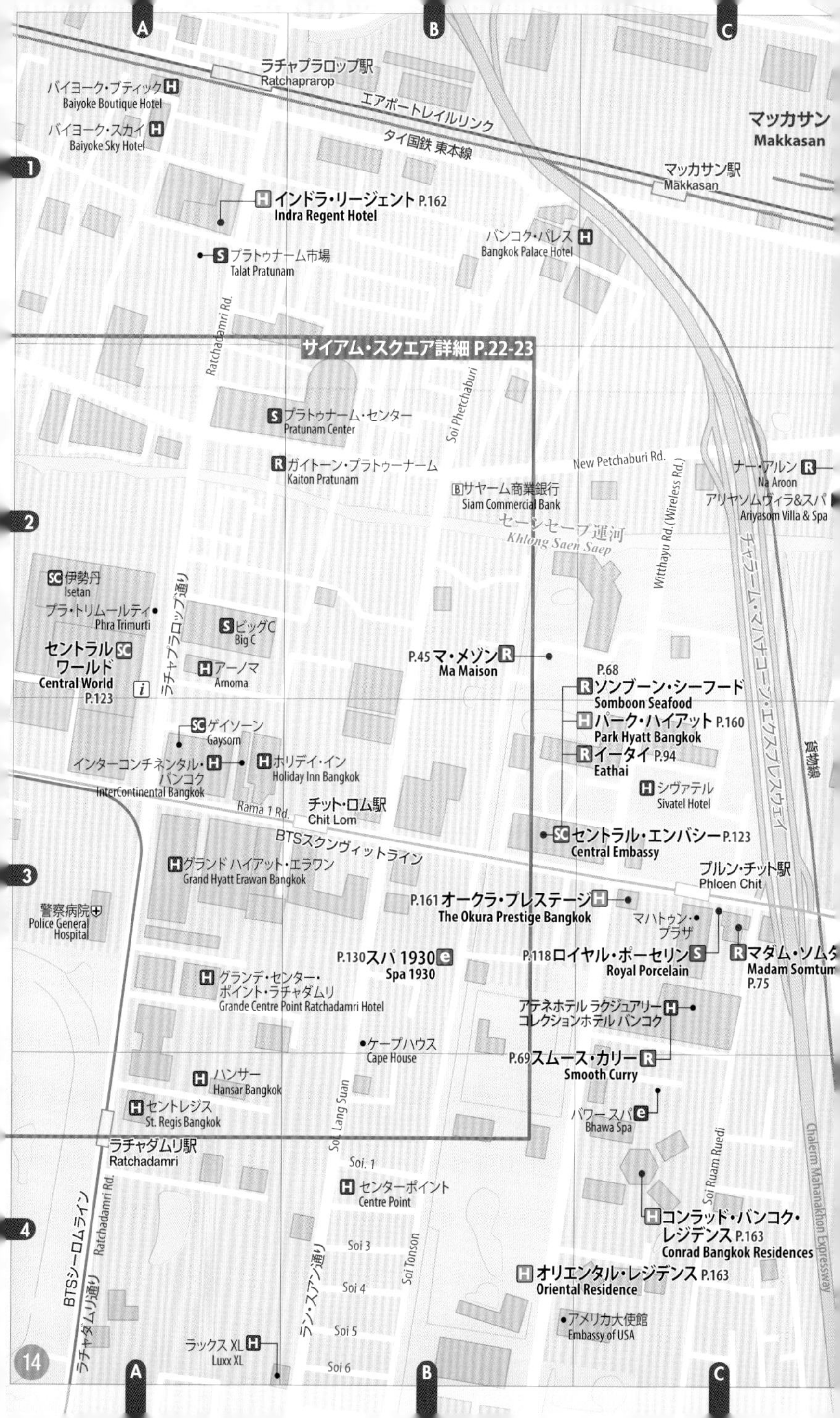
A
B
C
1
2
3
4
ラチャプラロップ駅
Ratchaprarop
エアポートレイルリンク
タイ国鉄 東本線
バイヨーク・ブティック H
Baiyoke Boutique Hotel
バイヨーク・スカイ H
Baiyoke Sky Hotel
マッカサン
Makkasan
マッカサン駅
Makkasan
H インドラ・リージェント P.162
Indra Regent Hotel
S プラトゥナーム市場
Talat Pratunam
バンコク・パレス H
Bangkok Palace Hotel
Ratchadamri Rd.
サイアム・スクエア詳細 P.22-23
S プラトゥナーム・センター
Pratunam Center
Soi Phetchaburi
R ガイトーン・プラトゥーナーム
Kaiton Pratunam
New Petchaburi Rd.
B サヤーム商業銀行
Siam Commercial Bank
セーンセープ運河
Khlong Saen Saep
Witthayu Rd. (Wireless Rd.)
ナー・アルン R
Na Aroon
アリヤソムヴィラ&スパ
Ariyasom Villa & Spa
チャルーム・マハナコーン・エクスプレスウェイ
貨物線
SC 伊勢丹
Isetan
プラ・トリムールティ
Phra Trimurti
ラチャプラロップ通り
S ビッグC
Big C
セントラル SC
ワールド
Central World
P.123
H アーノマ
Arnoma
P.45 マ・メゾン R
Ma Maison
P.68
R ソンブーン・シーフード
Somboon Seafood
H パーク・ハイアット P.160
Park Hyatt Bangkok
R イータイ P.94
Eathai
H シヴァテル
Sivatel Hotel
SC ゲイソーン
Gaysorn
インターコンチネンタル・ H
バンコク
InterContinental Bangkok
H ホリデイ・イン
Holiday Inn Bangkok
Rama 1 Rd.
チット・ロム駅
Chit Lom
BTSスクンヴィットライン
SC セントラル・エンバシー P.123
Central Embassy
プルン・チット駅
Phloen Chit
H グランド ハイアット・エラワン
Grand Hyatt Erawan Bangkok
警察病院
Police General Hospital
P.161 オークラ・プレステージ H
The Okura Prestige Bangkok
マハトゥン・
プラザ
P.130 スパ 1930 e
Spa 1930
P.118 ロイヤル・ポーセリン S
Royal Porcelain
R マダム・ソムタ
Madam Somtum
P.75
H グランデ・センター・
ポイント・ラチャダムリ
Grande Centre Point Ratchadamri Hotel
アテネホテル ラクジュアリー
コレクションホテル バンコク H
ケープハウス
Cape House
P.69 スムース・カリー R
Smooth Curry
H ハンサー
Hansar Bangkok
H セントレジス
St. Regis Bangkok
Soi Lang Suan
バワースパ e
Bhawa Spa
ラチャダムリ駅
Ratchadamri
Soi. 1
H センターポイント
Centre Point
Soi Ruam Ruedi
Chalerm Mahanakhon Expressway
H コンラッド・バンコク・
レジデンス P.163
Conrad Bangkok Residences
BTSシーロムライン
Ratchadamri Rd.
ラチャダムリ通り
Soi 3
ラン・スアン通り
Soi Tonson
Soi 4
H オリエンタル・レジデンス P.163
Oriental Residence
アメリカ大使館
Embassy of USA
ラックス XL H
Luxx XL
Soi 5
Soi 6

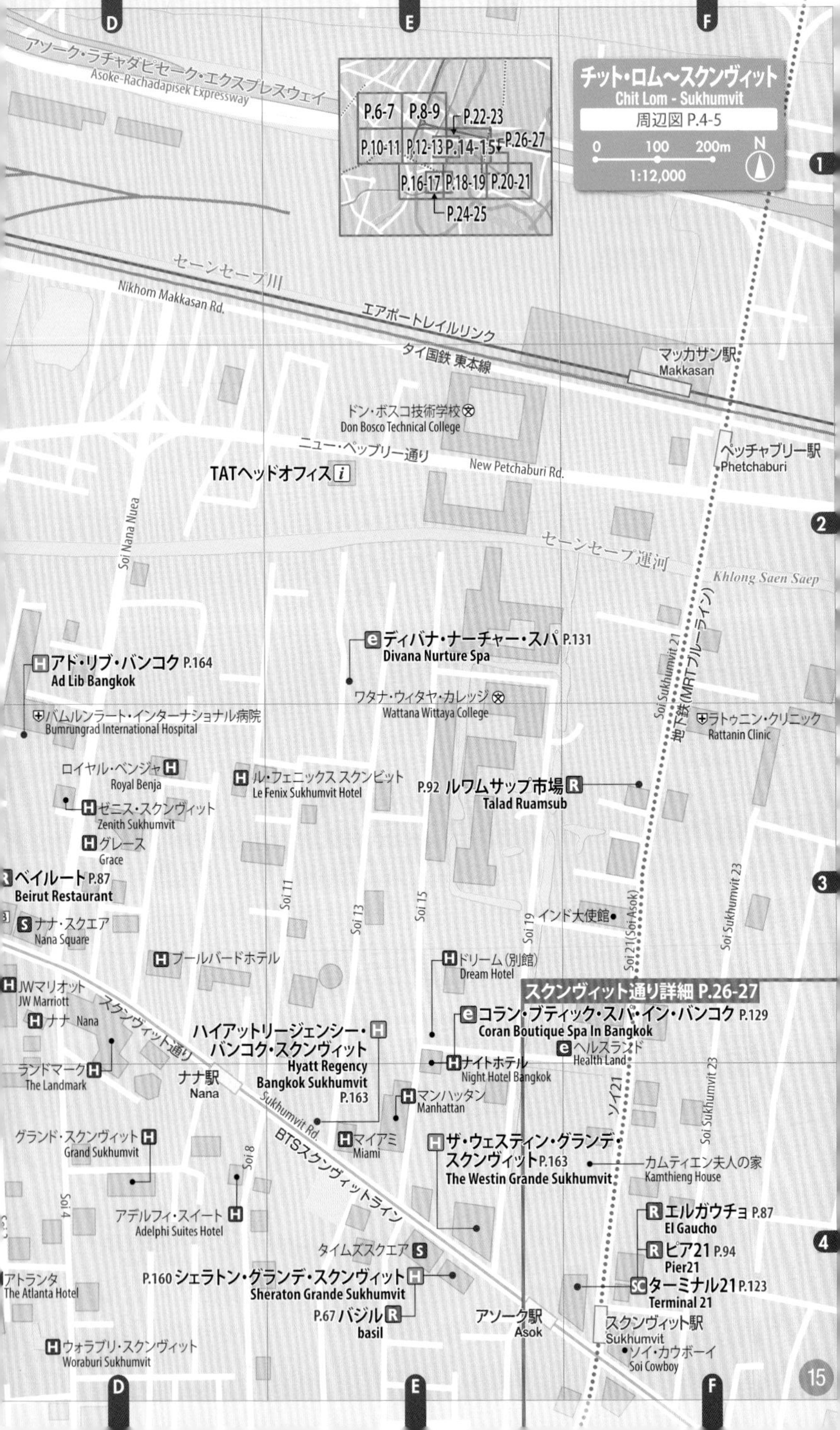

チット・ロム～スクンヴィット
Chit Lom - Sukhumvit
周辺図 P.4-5
0 100 200m
1:12,000
P.6-7
P.8-9
P.22-23
P.10-11
P.12-13
P.14-15
P.26-27
P.16-17
P.18-19
P.20-21
P.24-25
アソーク・ラチャダピセーク・エクスプレスウェイ
Asoke-Rachadapisek Expressway
センセープ川
Nikhom Makkasan Rd.
エアポートレイルリンク
タイ国鉄 東本線
マッカサン駅
Makkasan
ドン・ボスコ技術学校
Don Bosco Technical College
ニュー・ペッブリー通り
New Petchaburi Rd.
ペッチャブリー駅
Phetchaburi
TATヘッドオフィス
Soi Nana Nuea
センセープ運河
Khlong Saen Saep
地下鉄(MRTブルーライン)
Soi Sukhumvit 21
ディバナ・ナーチャー・スパ P.131
Divana Nurture Spa
アド・リブ・バンコク P.164
Ad Lib Bangkok
ワタナ・ウィタヤ・カレッジ
Wattana Wittaya College
バムルンラート・インターナショナル病院
Bumrungrad International Hospital
ラトゥニン・クリニック
Rattanin Clinic
ロイヤル・ベンジャ
Royal Benja
ル・フェニックス スクンビット
Le Fenix Sukhumvit Hotel
P.92 ルワムサップ市場
Talad Ruamsub
ゼニス・スクンヴィット
Zenith Sukhumvit
グレース
Grace
ベイルート P.87
Beirut Restaurant
ナナ・スクエア
Nana Square
Soi 11
Soi 13
Soi 15
Soi 19
インド大使館
Soi 21 (Soi Asok)
Soi Sukhumvit 23
ブールバードホテル
ドリーム(別館)
Dream Hotel
JWマリオット
JW Marriott
ナナ Nana
スクンヴィット通り詳細 P.26-27
コラン・ブティック・スパ・イン・バンコク P.129
Coran Boutique Spa In Bangkok
ハイアットリージェンシー・バンコク・スクンヴィット
Hyatt Regency Bangkok Sukhumvit
P.163
ヘルスランド
Health Land
スクンヴィット通り
ランドマーク
The Landmark
ナナ駅
Nana
ナイトホテル
Night Hotel Bangkok
ソイ21
マンハッタン
Manhattan
Sukhumvit Rd.
BTSスクンヴィットライン
グランド・スクンヴィット
Grand Sukhumvit
マイアミ
Miami
ザ・ウェスティン・グランデ・スクンヴィット P.163
The Westin Grande Sukhumvit
カムティエン夫人の家
Kamthieng House
Soi 8
Soi 4
アデルフィ・スイート
Adelphi Suites Hotel
エルガウチョ P.87
El Gaucho
タイムズスクエア
ピア21 P.94
Pier21
アトランタ
The Atlanta Hotel
P.160 シェラトン・グランデ・スクンヴィット
Sheraton Grande Sukhumvit
ターミナル21 P.123
Terminal 21
P.67 バジル
basil
アソーク駅
Asok
スクンヴィット駅
Sukhumvit
ソイ・カウボーイ
Soi Cowboy
ウォラブリ・スクンヴィット
Woraburi Sukhumvit

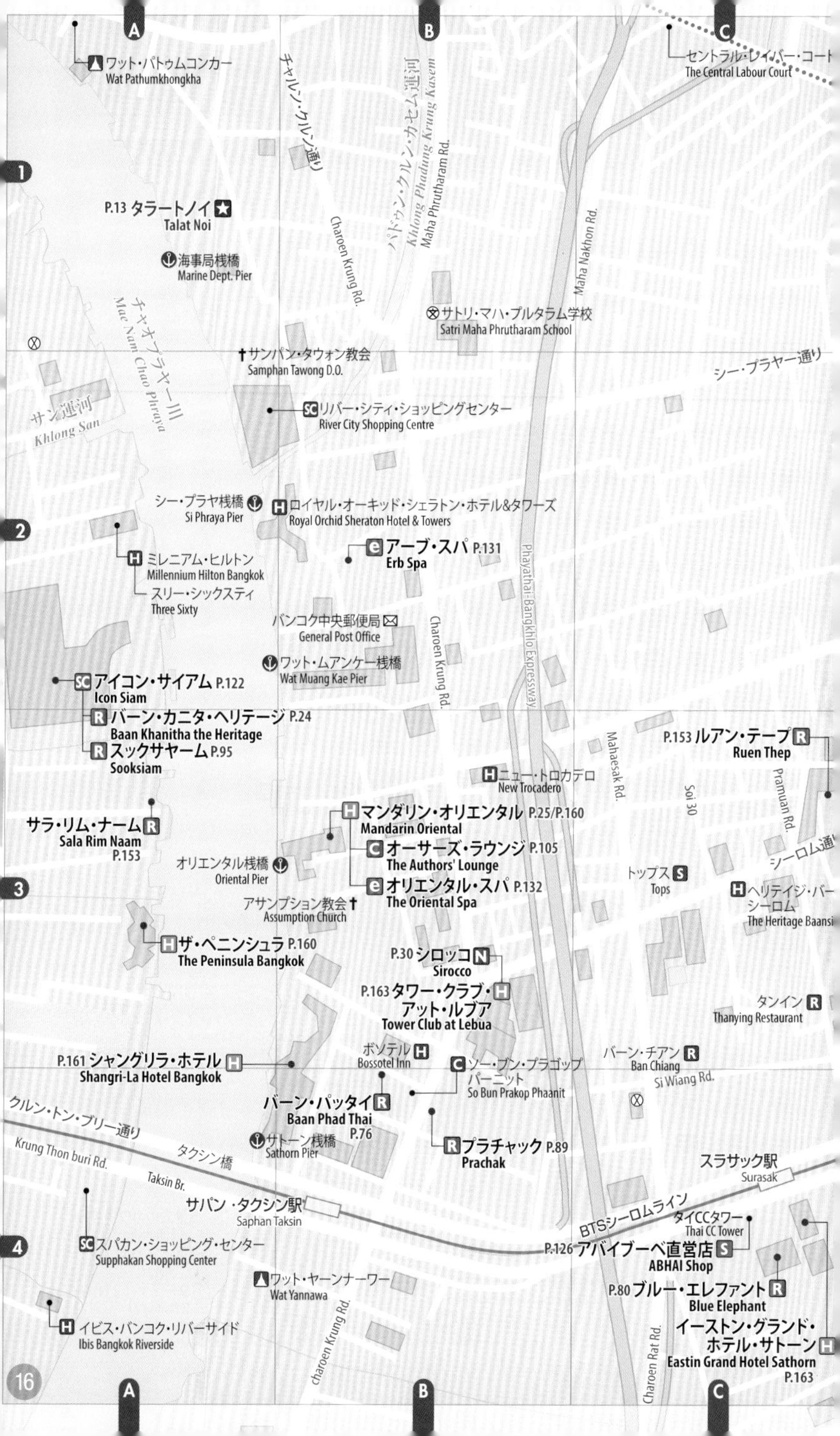

A
B
C
1
2
3
4
ワット・パトゥムコンカー
Wat Pathumkhongkha
チャルン・クルン通り
パドゥン・クルン・カセム運河
Khlong Phadung Krung Kasem
Maha Phrutharam Rd.
セントラル・レイバー・コート
The Central Labour Court
P.13 タラートノイ
Talat Noi
海事局桟橋
Marine Dept. Pier
Charoen Krung Rd.
Maha Nakhon Rd.
チャオプラヤー川
Mae Nam Chao Phraya
サトリ・マハ・プルタラム学校
Satri Maha Phrutharam School
サンパン・タウォン教会
Samphan Tawong D.O.
シー・プラヤー通り
サン運河
Khlong San
リバー・シティ・ショッピングセンター
River City Shopping Centre
シー・プラヤ桟橋
Si Phraya Pier
ロイヤル・オーキッド・シェラトン・ホテル&タワーズ
Royal Orchid Sheraton Hotel & Towers
アーブ・スパ P.131
Erb Spa
ミレニアム・ヒルトン
Millennium Hilton Bangkok
スリー・シックスティ
Three Sixty
Phayathai-Bangkhlo Expressway
バンコク中央郵便局
General Post Office
Charoen Krung Rd.
ワット・ムアンケー桟橋
Wat Muang Kae Pier
アイコン・サイアム P.122
Icon Siam
バーン・カニタ・ヘリテージ P.24
Baan Khanitha the Heritage
スックサヤーム P.95
Sooksiam
Mahaesak Rd.
P.153 ルアン・テープ
Ruen Thep
ニュー・トロカデロ
New Trocadero
Soi 30
Pramuan Rd.
サラ・リム・ナーム
Sala Rim Naam
P.153
マンダリン・オリエンタル P.25/P.160
Mandarin Oriental
オーサーズ・ラウンジ P.105
The Authors' Lounge
オリエンタル・スパ P.132
The Oriental Spa
オリエンタル桟橋
Oriental Pier
アサンプション教会
Assumption Church
トップス
Tops
シーロム通り
ヘリテイジ・バーンシーロム
The Heritage Baansi
ザ・ペニンシュラ P.160
The Peninsula Bangkok
P.30 シロッコ
Sirocco
P.163 タワー・クラブ・アット・ルブア
Tower Club at Lebua
タンイン
Thanying Restaurant
ボソテル
Bossotel Inn
ソー・ブン・プラゴップ・パーニット
So Bun Prakop Phaanit
バーン・チアン
Ban Chiang
Si Wiang Rd.
P.161 シャングリラ・ホテル
Shangri-La Hotel Bangkok
バーン・パッタイ
Baan Phad Thai
P.76
クルン・トン・ブリー通り
Krung Thon buri Rd.
タクシン橋
Taksin Br.
サトーン桟橋
Sathorn Pier
プラチャック P.89
Prachak
スラサック駅
Surasak
サパン・タクシン駅
Saphan Taksin
BTSシーロムライン
タイCCタワー
Thai CC Tower
スパカン・ショッピング・センター
Supphakan Shopping Center
P.126 アバイブーベ直営店
ABHAI Shop
ワット・ヤーンナーワー
Wat Yannawa
P.80 ブルー・エレファント
Blue Elephant
イビス・バンコク・リバーサイド
Ibis Bangkok Riverside
Charoen Krung Rd.
Charoen Rat Rd.
イーストン・グランド・ホテル・サトーン
Eastin Grand Hotel Sathorn
P.163

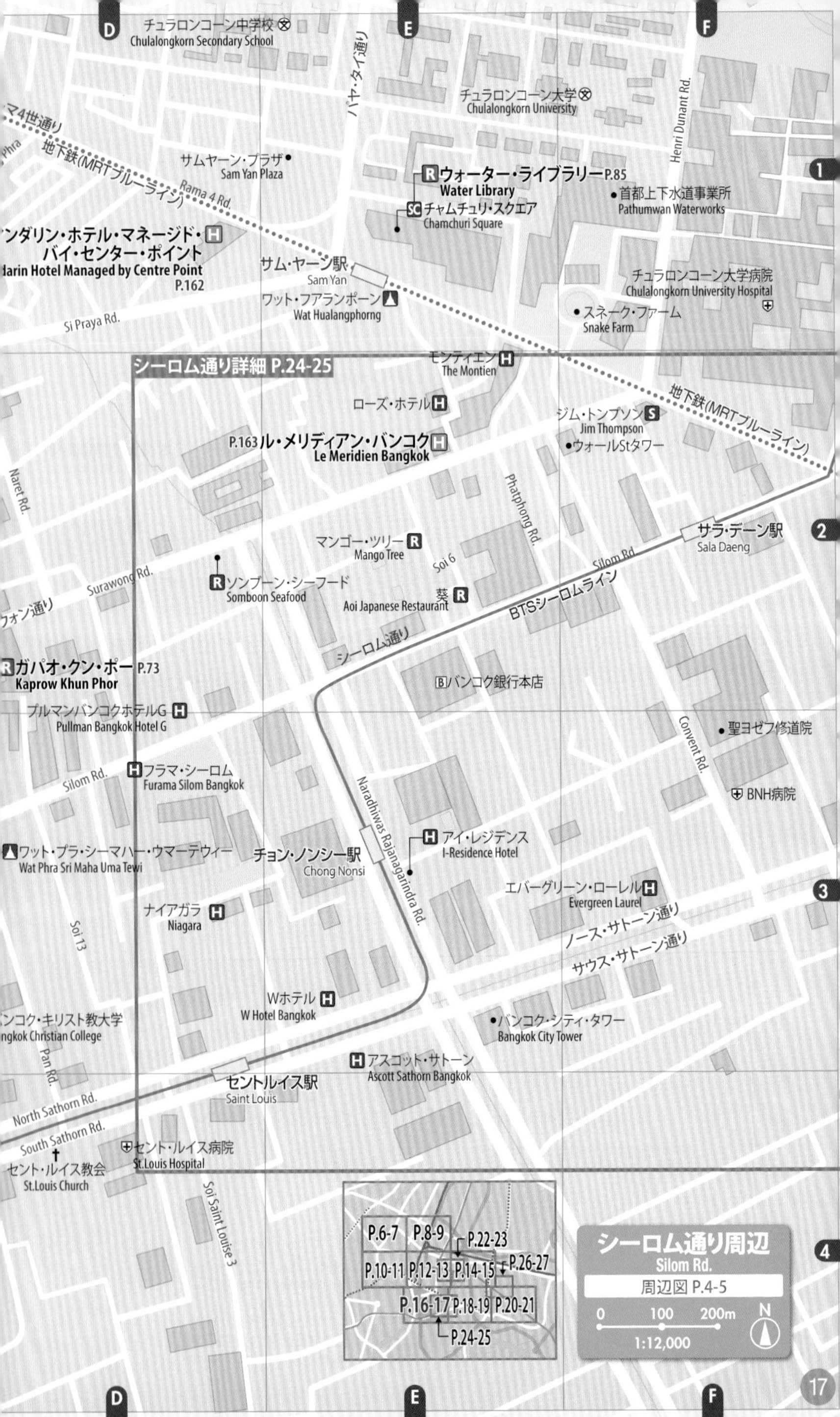
D
E
F
チュラロンコーン中学校
Chulalongkorn Secondary School
パヤ・タイ通り
チュラロンコーン大学
Chulalongkorn University
Henri Dunant Rd.
マ4世通り
地下鉄(MRTブルーライン)
Rama 4 Rd.
サムヤーン・プラザ
Sam Yan Plaza
ウォーター・ライブラリー P.85
Water Library
チャムチュリ・スクエア
Chamchuri Square
首都上下水道事業所
Pathumwan Waterworks
ンダリン・ホテル・マネージド・バイ・センター・ポイント
darin Hotel Managed by Centre Point
P.162
サム・ヤーン駅
Sam Yan
ワット・フアランポーン
Wat Hualangphorng
チュラロンコーン大学病院
Chulalongkorn University Hospital
スネーク・ファーム
Snake Farm
Si Praya Rd.
1
シーロム通り詳細 P.24-25
モンティエン
The Montien
ローズ・ホテル
ジム・トンプソン
Jim Thompson
ウォールStタワー
地下鉄(MRTブルーライン)
P.163 ル・メリディアン・バンコク
Le Meridien Bangkok
Naret Rd.
Phatphong Rd.
サラ・デーン駅
Sala Daeng
2
マンゴー・ツリー
Mango Tree
Soi 6
Silom Rd.
Surawong Rd.
ソンブーン・シーフード
Somboon Seafood
葵
Aoi Japanese Restaurant
BTSシーロムライン
フォン通り
シーロム通り
ガパオ・クン・ポー P.73
Kaprow Khun Phor
バンコク銀行本店
プルマンバンコクホテルG
Pullman Bangkok Hotel G
Convent Rd.
聖ヨゼフ修道院
フラマ・シーロム
Furama Silom Bangkok
Silom Rd.
BNH病院
Naradhiwas Rajanagarindra Rd.
アイ・レジデンス
I-Residence Hotel
ワット・プラ・シーマハー・ウマーテウィー
Wat Phra Sri Maha Uma Tewi
チョン・ノンシー駅
Chong Nonsi
エバーグリーン・ローレル
Evergreen Laurel
3
ナイアガラ
Niagara
Soi 13
ノース・サトーン通り
サウス・サトーン通り
Wホテル
W Hotel Bangkok
ンコク・キリスト教大学
ngkok Christian College
バンコク・シティ・タワー
Bangkok City Tower
Pan Rd.
アスコット・サトーン
Ascott Sathorn Bangkok
セントルイス駅
Saint Louis
North Sathorn Rd.
South Sathorn Rd.
セント・ルイス病院
St.Louis Hospital
セント・ルイス教会
St.Louis Church
Soi Saint Louise 3
P.6-7
P.8-9
P.22-23
P.10-11
P.12-13
P.14-15
P.26-27
P.16-17
P.18-19
P.20-21
P.24-25
シーロム通り周辺
Silom Rd.
周辺図 P.4-5
0
100
200m
1:12,000
N
4

A
B
C
1
2
3
4
カンボジア大使館
Emb.of Cambodia
ラックス XL
Luxx XL
Soi 6
Soi 7
Soi Tonson
シンドン・ビル
Sindhorn Bldg.
Soi Ruan Ruedi
サラシン通り
BTS シーロムライン
Ratchadamri Rd.
ラチャダムリ通り
Witthayu Rd.(Wireless Rd.)
ルンピニー警察署
ルンピニ公園 P.147
Lunpini Park
ルンピニ公園屋台街 P.90
Lumpini Park Street Food
ウィッタユ通り
ラーマ6世像
Rama VI Statue
シーロム駅
Si Lom
在タイ日本国大使館領事部 P.173
Japanese Embassy in Thailand
ラーマ4世通り
Rama 4 Rd.
P.162 ソ・ソフィテル
SO Sofitel Bangkok
ルンピニ駅
Lumphini
地下鉄(MRTブルーライン)
Saladaeng Rd.
North Sathorn Rd.
South Sathorn Rd.
Soi Atthaken Prasit
ピナクル・ホテル・ルンピニー
Pinnacle Hotel Lumpinee
COMO メトロポリタン
COMO Metropolitan Bangkok
スコータイ P.161
The Sukhothai Bangkok
P.161 バンヤンツリー
Banyan Tree Bangkok
マレーシア
Malaysia
Ngam Duphli Alley
アイビス・バンコク・サトーン
ibis Bangkok Sathorn
Soi Nantha
Soi Suanphlu
Soi Si Bamphen
シーロム通り詳細 P.24-25
Soi Ngam Duplee
ソイ・ガムドゥプリー
P.164 ユー・サトーン・バンコク
U Sathorn Bangkok
Yen Akat Rd.
P.86 ジェイム バイ・ジャンミッシェル・ロラン
J'aime by Jean-Michel Lorain

アトランタ
The Atlanta Hotel
チャラーム・マハナコーン・エクスプレスウェイ
Chalerm Maha Nakhon Expressway
貨物線
Duang Phithak Rd.
Sukhumvit 10 Alley
Sukhumvit 12 Alley
Sukhumvit 14 Alley
Soi 10
タイ・セラドン
Thai Celadon
スクンヴィット通り
マドゥジ
Maduzi Hotel Bangkok
Soi Sukhumvit 18
Soi Sukhumvit 16
コラム バンコク ホテル
Column Bangkok
レイク ラチャダ オフィス コンプレックス
Lake Rajada Office Complex
オーシャン・タワー
Ocean Tower
シャーマ・レイクビュー・アソーク
Sharma Lakeview Asoke Bangkok
スクンヴィット通り詳細 P.26-27
ベンジャキティ公園
Benjakiti Park
ラチャダピセーク通り
地下鉄（MRTブルーライン）
Ratchadaphisek Rd.
クイーン・シリキット・ナショナル・コンベンション・センター駅
Queen Sirikit National Convention Centre
タバコ専売公社
Thai Tabacco Monopoly
クイーン・シリキット国際会議場
Queen Sirikit National Convention Center
P.84
エルメルカド
El Mercado
クロン・トーイ駅
Khlong Toei
ラーマ4世通り
Rama 4 Rd.
Sunthon Kosa Rd.
P.45
イッサヤー・サイアミーズ・クラブ
Issaya Siamese Club
クロントゥーイ市場
Talat Klongtoey
P.6-7
P.8-9
P.22-23
P.10-11
P.12-13
P.14-15
P.26-27
P.16-17
P.18-19
P.20-21
P.24-25
ルンピニ公園周辺
Lumphini Park
周辺図 P.4-5
0
100
200m
1:12,000
N
D
E
F
1
2
3
4

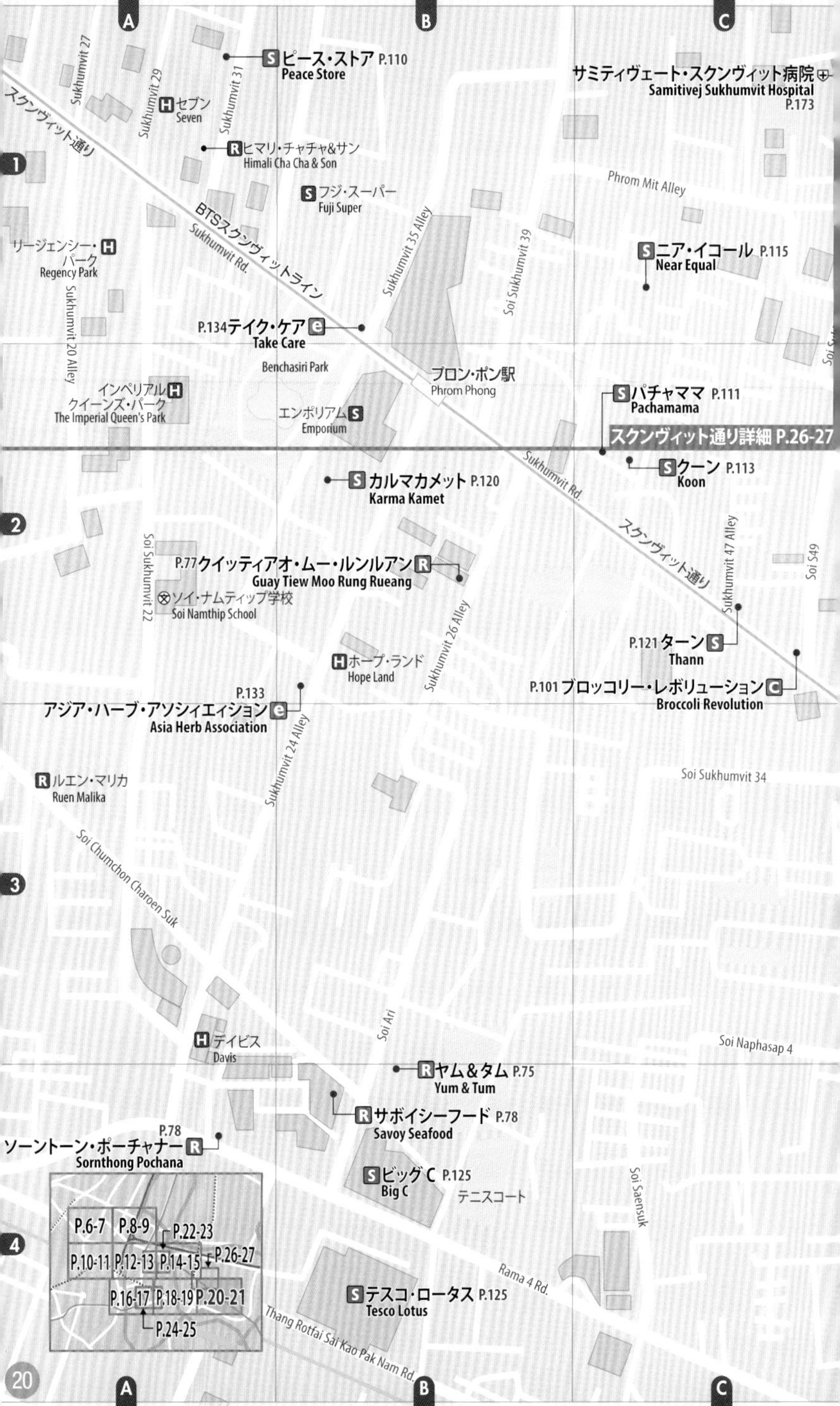

A
B
C
1
2
3
4
ピース・ストア P.110
Peace Store
サミティヴェート・スクンヴィット病院
Samitivej Sukhumvit Hospital
P.173
Sukhumvit 27
Sukhumvit 29
Sukhumvit 31
セブン
Seven
スクンヴィット通り
ヒマリ・チャチャ&サン
Himali Cha Cha & Son
フジ・スーパー
Fuji Super
Phrom Mit Alley
BTSスクンヴィットライン
Sukhumvit Rd.
リージェンシー・パーク
Regency Park
Sukhumvit 35 Alley
Soi Sukhumvit 39
ニア・イコール P.115
Near Equal
Sukhumvit 20 Alley
P.134 テイク・ケア
Take Care
Benchasiri Park
プロン・ポン駅
Phrom Phong
インペリアル クイーンズ・パーク
The Imperial Queen's Park
エンポリアム
Emporium
パチャママ P.111
Pachamama
スクンヴィット通り詳細 P.26-27
クーン P.113
Koon
カルマカメット P.120
Karma Kamet
Sukhumvit Rd.
スクンヴィット通り
Soi Sukhumvit 22
P.77 クイッティアオ・ムー・ルンルアン
Guay Tiew Moo Rung Rueang
ソイ・ナムティップ学校
Soi Namthip School
Sukhumvit 47 Alley
Soi S49
Sukhumvit 26 Alley
P.121 ターン
Thann
ホープ・ランド
Hope Land
P.101 ブロッコリー・レボリューション
Broccoli Revolution
P.133
アジア・ハーブ・アソシィエイション
Asia Herb Association
Sukhumvit 24 Alley
Soi Sukhumvit 34
ルエン・マリカ
Ruen Malika
Soi Chumchon Charoen Suk
Soi Ari
Soi Naphasap 4
デイビス
Davis
ヤム&タム P.75
Yum & Tum
サボイシーフード P.78
Savoy Seafood
P.78
ソーントーン・ポーチャナー
Sornthong Pochana
ビッグ C P.125
Big C
テニスコート
Soi Saensuk
P.6-7
P.8-9
P.22-23
P.10-11
P.12-13
P.14-15
P.26-27
P.16-17
P.18-19
P.20-21
P.24-25
Rama 4 Rd.
テスコ・ロータス P.125
Tesco Lotus
Thang Rotfai Sai Kao Pak Nam Rd.

トンロー
Thong Lo
周辺図 P.4-5
0 100 200m
1:12,000
N
D
E
F
1
2
3
4
トレジャー・スパ・トンロー P.130
Treasure Spa Thonglor
ザ・コモンズ P.151
the COMMONS
P.150 ジェイ・アベニュー
J Avenue Thonglor
Soi Thongior 17
Soi 49/4
Soi Thongior 13
Soi Thong Lo
Soi Thong Lo 11
Soi Thong Lo 10
Pai Di Ma Di Klang Alley
ジョーク・バンコク P.88
Joke Bangkok
ドンキモール・トンロー
DONKI Mall Thonglor
Ekkamai 12 Alley
Ekkamai Rd.
カーオ P.43
Khao
クアクリン パックソッド P.68
Khua Kling Pak Sod
サマーセット・スクンビット・トンロー
Somerset Sukhumvit Tonglor Bangkok
Ekkamai 10 Alley
Sukhumvit 53 Alley
Soi Paideemadee 2
ビッグC
Big C
レモン・ファーム
Lemon Farm
P.103 プランティフル
Plantiful
トンロー駅
Thong Lo
Sukhumvit 36
chaiyaphruek Alley
バンコク・マリオット・ホテル・スクンビット P.161
Bangkok Marriott Hotel Sukhumvit
ホムドゥアン P.83
Hom Duan
オクターヴ・ルーフトップ・ラウンジ&バー P.30
Octave Rooftop Lounge & Bar
MKゴールド P.74
MK Gold
インターコンチネンタル・バンコク・スクンヴィット P.161
InterContinental Bangkok Sukhumvit
BTSスクンヴィットライン
Ekkamai Rd.
科学博物館
Scientific Museum
エカマイ駅
Ekkamai
Soi 65
Ban Kluai Tai Alley
Sukhumvit Rd.
スクンヴィット通り
Soi Sukhumvit 42
ゲートウェイ・エカマイ
Gateway Ekamai
Soi Sukchai
Soi Samanchan
Soi Barbos 2

サイアム・スクエア詳細
Siam Square
周辺図 P.4-5/P.12-13/P.14-15
0 50 100m
1:7,000
N
P.6-7
P.8-9
P.22-23
P.10-11
P.12-13
P.14-15
P.26-27
P.16-17
P.18-19
P.20-21
P.24-25
A
B
C
1
2
3
4
Phetchaburi Rd.
BTSスクンヴィットライン
パヤ・タイ通り
サイアム・ケンピンスキー P.163
Siam Kempinski Hotel Bangkok
スラブア・バイ・キンキン P.66
SRA BUA by KiiN KiiN
スラパタム宮殿
Srapthum Palace
サイアム・パラゴン P.123
Siam Paragon
サイアムディスカバリーセンター
サイアム・センター
Siam Center
チャーナ P.74
Charna
Rama 1 Rd.
BTSシーロムライン
サイアム駅
Siam
ワット・パトゥム・ワナラン
Wat Patum Wanaram
ラーマ1世通り
Soi 1
Soi 2
Soi 4
Soi 5
Soi 6
サイアム・スクエア・ワン
Siam Square One
P.102 マンゴー・タンゴ
Mango Tango
サイアム・スクエア
Siam Square
フード・プラス P.92
Food Plus
ノボテル・オン・サイアム・スクエア
Novotel Bangkok on Siam Square
パヤタイ通り
Soi Siam Square 7
中央警察本
バーン・クン・メー P.71
Ban Khun Mae
Soi Chulalong Korn 64
Soi Chulalong Korn 62
Henri Dunant Rd.
ウーテンタワイ工業学校
Uthenthawai Technology School
アンリ・デュナン通り
ロイヤル・バンコク・スポーツ・クラブ
Royal Bangkok Sports Club

D
E
F
H アマリ・ウォーターゲート P.163
Amari Watergate Bangkok
S プラトゥナーム市場
Talat Pratunam
Ratchadamri Rd.
S プラトゥナーム・センター
Pratunam Center
Soi Phetchaburi
1
Phetchaburi Rd.
SC プラチナム・ファッション・モール
Pratinum Fashion Mall
P.122
R コーアン・カオマンガイ・プラトゥーナム P.72
Go-Ang Kaomunkai Pratunam
B サヤーム商業銀行
Siam Commercial Bank
セーンセープ運河
Khlong Saen Saep
N レッドスカイ P.31
Red Sky
SC 伊勢丹
Isetan
ラチャプラロップ通り
R セープ・イリー P.83
Zaab Eli
SC ザ・マーケット・バンコク P.123
The Market Bangkok
プラ・トリムールティ
Phra Trimurti
S ビッグC
BIG C
P.79 クインス N
Quince
2
SC セントラル・ワールド P.123
Central World
R ウノ・マス P.86
Uno Mas
H アーノマ
Arnoma
S バス＆ブルーム P.121
Bath & Bloom
Chit Lom Alley
S セントラル・フードホール
Central Food Hall P.125
R ペースト P.65
Paste
S アーブ P.120
Erb
SC ゲイソーン P.123
Gaysorn
H ホリデイ・イン
Holiday Inn Bangkok
a 1 Rd.
H インターコンチネンタル
InterContinental Bangkok
Som Khit Alley
セントラル・チットロム S
エラワン・プーム
Tao Maha Brahma
チットロム駅
Chit Lom
アマリンドラディラージャ
Amarindradhiraja
警察病院
e General Hospital
C LV ザ・プレイス・バンコク P.13
LV The Place Bangkok
BTSスクンヴィットライン
3
H グランド ハイアット・エラワン P.161
Grand Hyatt Erawan Bangkok
R ナラ・エラワン・バンコク P.71
Nara Erawan Bangkok
C エラワン・ティー・ルーム P.105
Erawan Tea Room
Ratchadamri Rd.
H ウォルドーフ・アストリア・バンコク
Waldorf Astoria Bangkok
C ピーコック・アレイ P.105
Peacock Alley
Soi Ton Son
H グランデ・センター・ポイント・ラチャダムリ
Grande Centre Point Ratchadamri Hotel
BTSシーロムライン
ラチャダムリ通り
H アナンタラ・サイアム・バンコク
Anantara Siam Bangkok
ケープハウス
Cape House
4
C エレフィン・コーヒー P.104
Elefin Coffee
H ハンザー
Hansar Bangkok
Soi. Lang Suan
H セントレジス P.163
The St. Regis Bangkok
R シェフマン P.85
Chef Man
ラチャダムリ駅
Ratchadamri

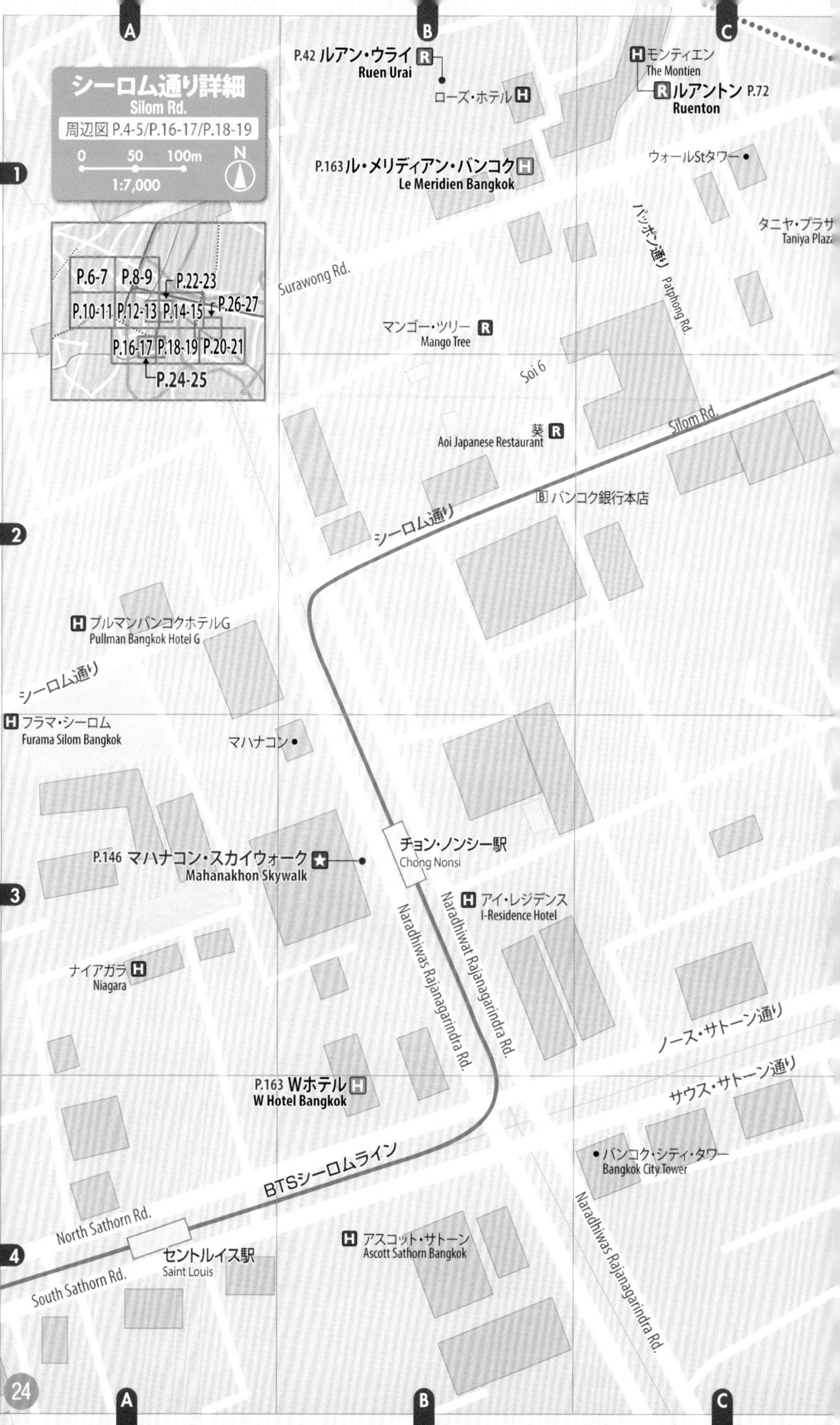
シーロム通り詳細
Silom Rd.
周辺図 P.4-5/P.16-17/P.18-19
0 50 100m
N
1:7,000
P.6-7
P.8-9
P.22-23
P.10-11
P.12-13
P.14-15
P.26-27
P.16-17
P.18-19
P.20-21
P.24-25
A
B
C
1
2
3
4
P.42 ルアン・ウライ R
Ruen Urai
ローズ・ホテル H
H モンティエン
The Montien
R ルアントン P.72
Ruenton
P.163 ル・メリディアン・バンコク H
Le Meridien Bangkok
ウォールStタワー
タニヤ・プラザ
Taniya Plaza
パッポン通り
Patphong Rd.
Surawong Rd.
マンゴー・ツリー R
Mango Tree
Soi 6
Silom Rd.
葵 R
Aoi Japanese Restaurant
B バンコク銀行本店
シーロム通り
H プルマンバンコクホテルG
Pullman Bangkok Hotel G
シーロム通り
H フラマ・シーロム
Furama Silom Bangkok
マハナコン
チョン・ノンシー駅
Chong Nonsi
P.146 マハナコン・スカイウォーク
Mahanakhon Skywalk
H アイ・レジデンス
I-Residence Hotel
Naradhiwas Rajanagarindra Rd.
Naradhiwat Rajanagarindra Rd.
ナイアガラ H
Niagara
ノース・サトーン通り
サウス・サトーン通り
P.163 Wホテル H
W Hotel Bangkok
バンコク・シティ・タワー
Bangkok City Tower
BTSシーロムライン
North Sathorn Rd.
セントルイス駅
Saint Louis
South Sathorn Rd.
H アスコット・サトーン
Ascott Sathorn Bangkok
Naradhiwas Rajanagarindra Rd.

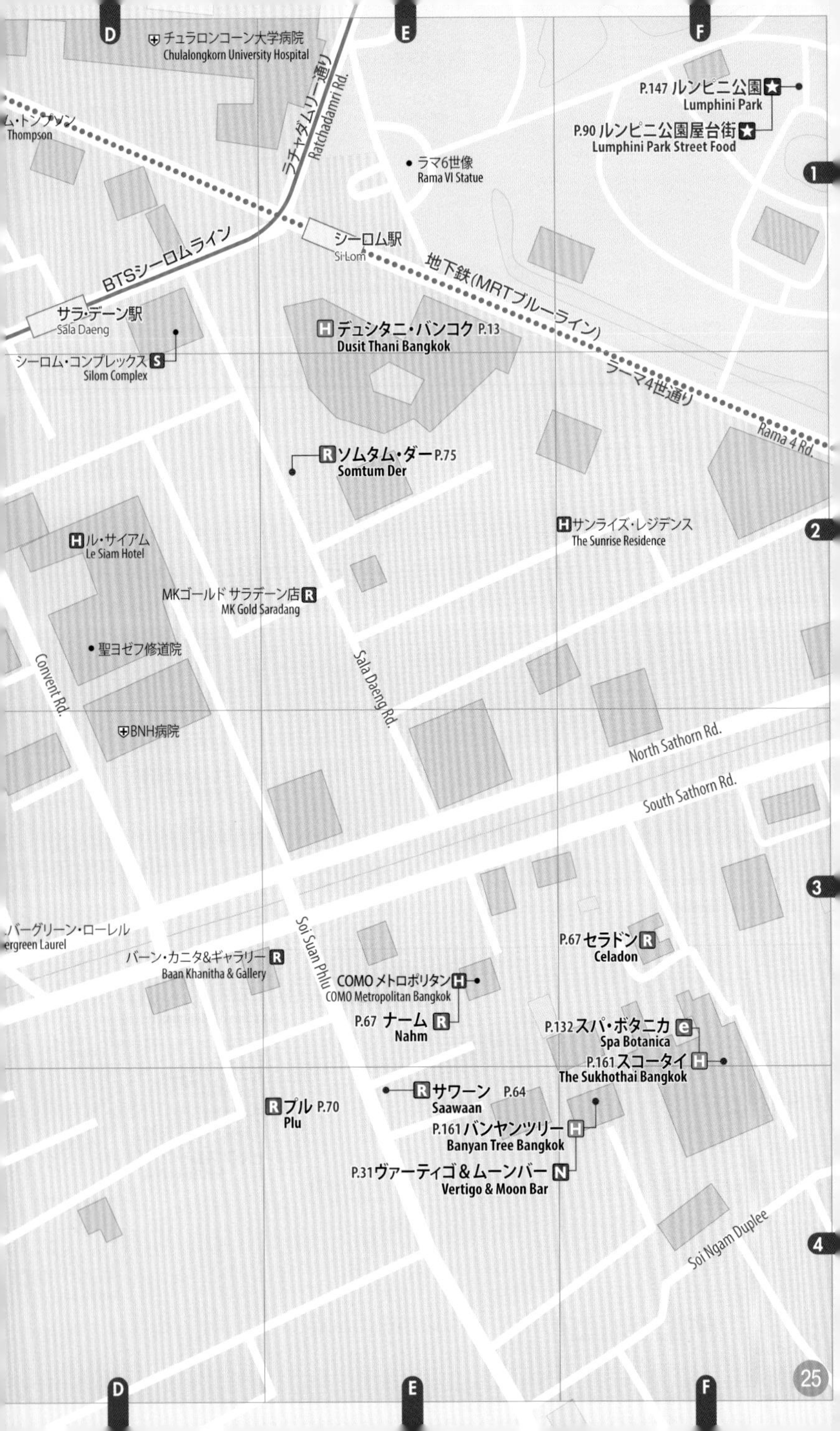
D
E
F
チュラロンコーン大学病院
Chulalongkorn University Hospital
ラチャダムリ通り
Ratchadamri Rd.
P.147 ルンピニ公園
Lumphini Park
P.90 ルンピニ公園屋台街
Lumphini Park Street Food
ム・トンプソン
Thompson
ラマ6世像
Rama VI Statue
1
シーロム駅
Si Lom
BTSシーロムライン
地下鉄(MRTブルーライン)
サラ・デーン駅
Sala Daeng
デュシタニ・バンコク P.13
Dusit Thani Bangkok
シーロム・コンプレックス
Silom Complex
ラーマ4世通り
Rama 4 Rd.
ソムタム・ダー P.75
Somtum Der
サンライズ・レジデンス
The Sunrise Residence
2
ル・サイアム
Le Siam Hotel
MKゴールド サラデーン店
MK Gold Saradang
聖ヨゼフ修道院
Convent Rd.
Sala Daeng Rd.
BNH病院
North Sathorn Rd.
South Sathorn Rd.
3
バーグリーン・ローレル
ergreen Laurel
Soi Suan Phlu
P.67 セラドン
Celadon
バーン・カニタ&ギャラリー
Baan Khanitha & Gallery
COMO メトロポリタン
COMO Metropolitan Bangkok
P.67 ナーム
Nahm
P.132 スパ・ボタニカ
Spa Botanica
P.161 スコータイ
The Sukhothai Bangkok
サワーン P.64
Saawaan
プル P.70
Plu
P.161 バンヤンツリー
Banyan Tree Bangkok
P.31 ヴァーティゴ&ムーンバー
Vertigo & Moon Bar
Soi Ngam Duplee
4
D
E
F

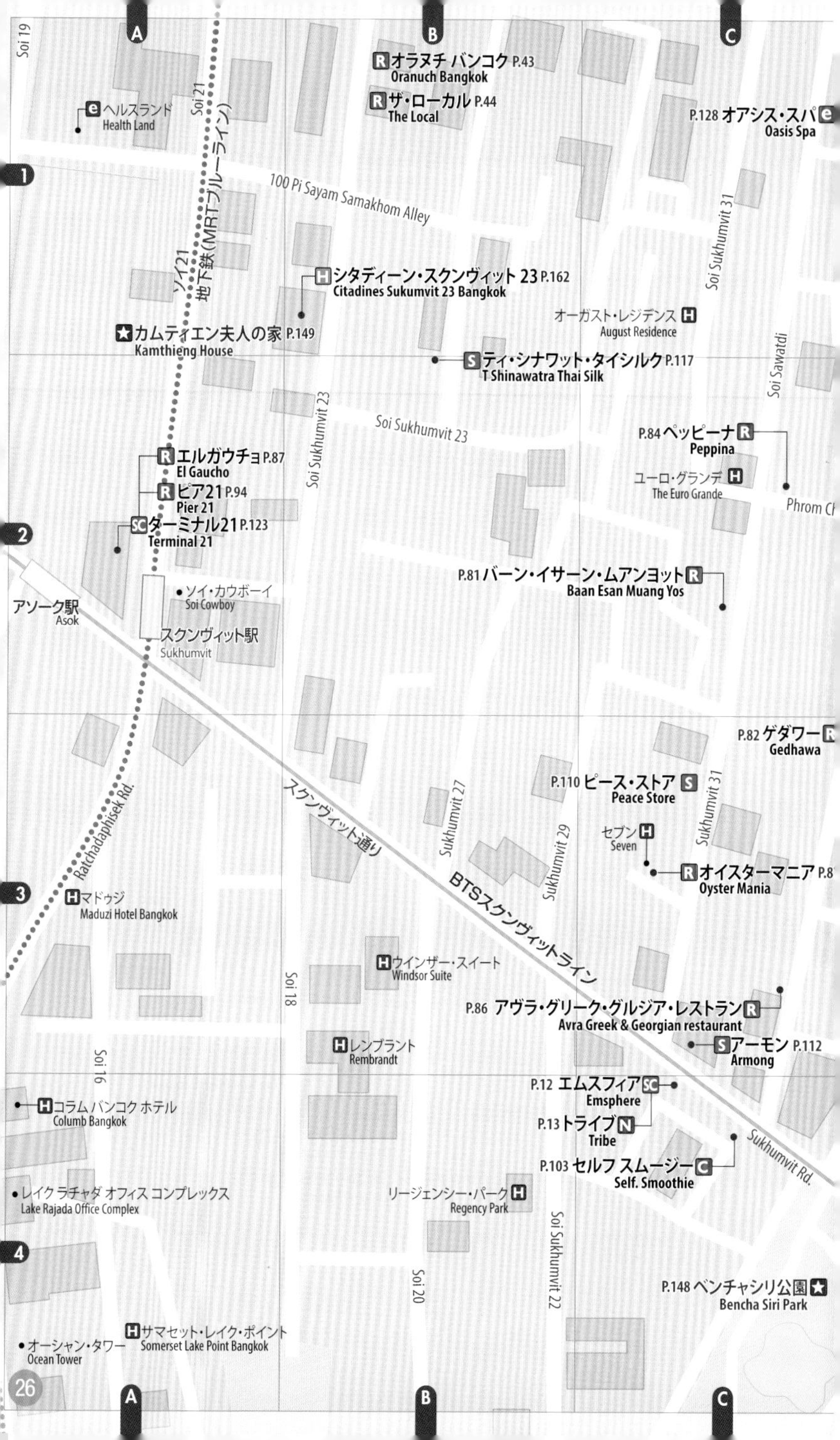
A
B
C
1
2
3
4
Soi 19
Soi 21
地下鉄(MRTブルーライン)
ソイ21
e ヘルスランド
Health Land
R オラヌチ バンコク P.43
Oranuch Bangkok
R ザ・ローカル P.44
The Local
P.128 オアシス・スパ e
Oasis Spa
100 Pi Sayam Samakhom Alley
Soi Sukhumvit 31
H シタディーン・スクンヴィット 23 P.162
Citadines Sukumvit 23 Bangkok
オーガスト・レジデンス H
August Residence
★ カムティエン夫人の家 P.149
Kamthieng House
S ティ・シナワット・タイシルク P.117
T Shinawatra Thai Silk
Soi Sawatdi
Soi Sukhumvit 23
Soi Sukhumvit 23
P.84 ペッピーナ R
Peppina
ユーロ・グランデ H
The Euro Grande
Phrom Ch
R エルガウチョ P.87
El Gaucho
R ピア21 P.94
Pier 21
SC ターミナル21 P.123
Terminal 21
P.81 バーン・イサーン・ムアンヨット R
Baan Esan Muang Yos
アソーク駅
Asok
ソイ・カウボーイ
Soi Cowboy
スクンヴィット駅
Sukhumvit
P.82 ゲダワー R
Gedhawa
P.110 ピース・ストア S
Peace Store
Ratchadaphisek Rd.
スクンヴィット通り
Sukhumvit 27
Sukhumvit 29
Sukhumvit 31
セブン H
Seven
R オイスターマニア P.8
Oyster Mania
BTSスクンヴィットライン
H マドゥジ
Maduzi Hotel Bangkok
H ウインザー・スイート
Windsor Suite
Soi 18
P.86 アヴラ・グリーク・グルジア・レストラン R
Avra Greek & Georgian restaurant
S アーモン P.112
Armong
H レンブラント
Rembrandt
Soi 16
P.12 エムスフィア SC
Emsphere
H コラム バンコク ホテル
Columb Bangkok
P.13 トライブ N
Tribe
Sukhumvit Rd.
P.103 セルフ スムージー C
Self. Smoothie
レイク ラチャダ オフィス コンプレックス
Lake Rajada Office Complex
リージェンシー・パーク H
Regency Park
Soi Sukhumvit 22
Soi 20
P.148 ベンチャシリ公園 ★
Bencha Siri Park
H サマセット・レイク・ポイント
Somerset Lake Point Bangkok
オーシャン・タワー
Ocean Tower

スクンヴィット通り詳細
Sukhumvit Rd.
周辺図 P.4-5/P.14-15/P.18-19/P.20-21
0 50 100m
N
1:7,000
P.6-7
P.8-9
P.22-23
P.26-27
P.10-11
P.12-13
P.14-15
P.16-17
P.18-19
P.20-21
P.24-25
D
E
F
1
2
3
4
Sukhumvit 31 Alley , Lane 2
Phon Si Alley
S. S. 39
Phrom Chit Rd.
Soi Phromsri (Soi 49/11)
Soi Sukhumvit 39
Soi Phrom Mit
Soi Sukhumvit 35 Alley
S レモン・ファーム P.125
Lemon Farm
C フルーティア P.101
Fruitea
シー・トラート P.82
Sri Trat
ソップ・モエ・アーツ S
Sop Moei Arts
P.117
P.81 クランソイ R
Klang Soi
C セレシア・
コーヒー・ロースター P.104
Ceresia Coffee Roasters
C ダーク・エムクォーティエ P.104
D'ark EmQuartier
C UNファッションディストリクト S39 P.101
UnFashion District S39
R ナラ・エム・クオーティエ P.65
Nara EmQuartier
S フジ・スーパー
Fuji Super
S グルメ・マーケット P.125
Gourmet Market
S エム・クオーティエ P.123
EmQuartier
e アット・イーズ・マッサージ P.133
At Ease Massage
S ロフティー・バンブー P.111
Lofty Bamboo
S ニア・イコール P.115
Near Equal
e テイク・ケア P.134
Take care
e ワットポーマッサージスクール
直営サロン39 P.134
Wat Po Thai Traditional Massage School
コカ・スクンヴィット 39 R
COCA Sukhumvit 39
P.74
R エンポリアム・フードホール P.95
Emporium Food Hall
ロン・ポン駅
Phrom Phong
S ハーン P.121
Harnn
ル・イット e
ail it! Tokyo
P.134
S エンポリアム
Emporium
R イム・チャン P.89
Im Chan

TRAFFIC INFORMATION
バンコクの市内交通

バンコクには高架鉄道から三輪の乗り物トゥクトゥクまで数種類の交通手段がある。言葉の壁や深刻な交通渋滞などの問題があるのでそれぞれの特徴を把握して使いこなそう。

人気エリアへアクセス簡単

BTS Bangkok Mass Transit System Public Company Limited

スカイトレインとも呼ばれる高架鉄道は渋滞の心配がなく乗り方も簡単。人気エリアをほぼ網羅しているのですぐに使いこなせる。現在3路線が走る。

チケットの種類

距離によって料金は16～59B、人数が多い場合にはタクシーのほうが安くなることもある。旅行者が使いやすいチケットは主に次に挙げる3種類。

自動券売機で買う通常チケット

1回券　Single Journey Card

乗車の際に駅の自動券売機で購入する通常のカード式チケット。出札の際にカードは改札で回収される。当日のみ有効。

24時間の利用ではないので注意

1日券　One-Day Pass

購入当日のみ1日乗り放題のチケット。24時間ではなく当日の終電までが期限なのでお得かどうか考えてから購入しよう。

電子マネーとしても使えるカード

ラビット・カード　Rabbit Card

日本のICカードと同じプリペイドカード。窓口でチャージができて共用も可能。200B（発行手数料100B＋チャージ100B）。電子マネーとして一部使える店舗もある。購入時にパスポートが必要。

タイ国内で唯一の地下鉄

MRT Mass Rapid Transit

2路線あるMRTは国鉄やエアポートレールリンクの駅とも連結。地下だけでなく地上も走行し、郊外まで延びているのでウィークエンド・マーケットやチャイナタウンへのアクセスに使い勝手がいい。

©iStock.com/pongvit

チケットの種類

路線上の観光地を巡るならストアード・バリュー・カードがおすすめ。近距離であれば1回券の方がお得なことも。

コイン式なのでなくさないように注意して

1回券　Single Journey Ticket

自動券売機または窓口で購入するコイン式（トークン）のチケット。入るときはセンサーにかざし、出札時は改札機の投入口に入れる。

何度も利用するなら便利なICカード

ストアード・バリュー・カード
Stored Value Card

利用するたびに運賃が引かれる前払い式のICカード。購入金額は180Bだが運賃として利用できるのは100B。カードは10年間有効。

自動券売機の使い方

① 言語を選択

まずは右上のEnglishをタッチして選択。大きい駅には日本語対応の券売機があることも。1日券やプリペイドカードは窓口で購入。

→BTS

→MRT

② チケットを選択

英語表示の路線図から目的の駅を探し出す。行きたい駅名をタッチすると料金が表示される。

→BTS

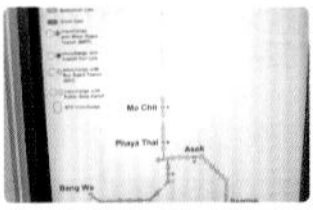

→MRT

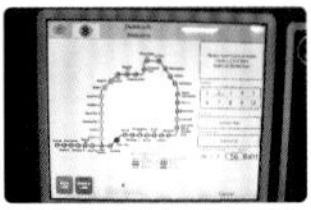

③ 料金を入れる

BTSは1、5、10Bコインのみ MRTは20、50、100Bの紙幣も利用できる。小銭がない場合には窓口で両替してもらおう。

→BTS

→MRT

BTS・MRTの乗り方

① 改札を通る

改札機にカードまたはコイン式のチケットをかざすとゲートが開く。BTSのゲートは閉まるのが早いことで有名なので素早く通り抜けよう。

→BTS

→MRT

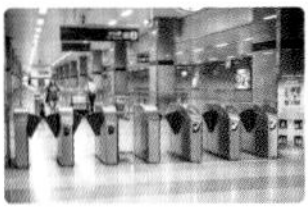

② 乗車する

時刻表はなく数分ごとに電車がやってくる仕組みだが、駅ホームのモニターなどで次の電車の到着時間を表示していることも。

→BTS

→MRT

③ 降車する

目的の駅が近づいたらドア付近に移動して降車しよう。1回券は回収されるので改札機はタッチでなく投入口を探して。

→BTS

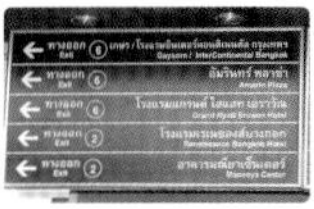

→MRT

BTS・MRT・SRTの路線

路線名	色	路線の概要	主な乗り換え駅
BTS スクンヴィットライン		北のモー・チャット駅から南北に走るスクンヴィットライン。南側への延伸があり郊外へも行けるようになった。	アソーク、サイアム、モー・チット
BTS シーロムライン		スクンヴィットラインに比べてマイナーな駅が多いイメージ。庶民派のショッピングモールにも直結している。	シーロム、サイアム、サパーン・タクシン
BTS ゴールドライン		クルン・トン・ブリーからクロン・サンの3駅を結ぶ、現在最も短い路線。	クルン・トン・ブリー
MRT ブルーライン		乗り換え駅であるシーロムとスクンヴィットは、BTSでは名称が異なることに注意。	マッカサン、シーロム、スクンヴィット
MRT パープルライン		全区間を地上走行する地下鉄。日本の円借款で建設した路線。バンコクの北西部と中心に近い地区を結ぶ	タオ・プーン、バンソーン
MRT ピンクライン		眺望の良い高架式モノレール。変則的ながらバンコク北西〜北東部を走る。	ノンタブリー・シビックセンター、ラクシー、ワット・プラシーマハタート
MRT イエローライン		フアマークではエアポートリンクへの接続が可能。意外と便利な最新路線。	ラップラオ、フアマーク、サムローン
SRT ダークレッドライン		タイ国鉄の新路線。ドンムアン空港を利用する旅行者にはとても心強い味方。	バンスー、ラクシー
SRT ライトレッドライン		同じくタイ国鉄が運営する新たな路線。チャオプラヤ川を渡りバンコク西部へ。	バンスー

鉄道での注意事項

チケットは鉄道会社ごとに購入。路線によって駅名が異なる場合もある。自動改札機は体が先、カバンなどが後と覚えておこう。飲食は車内・構内とも禁止。座席で足を組むのはご法度。優先席でなくても高齢者や妊婦、僧侶には譲る。

観光客向けフリーペーパー

バンコクの情報を中心に、タイ国内旅行や近隣海外旅行の情報を発信する「WOM」。フジスーパーなどで手に入るので活用しよう。

定番ボートでレッツゴー!

チャオプラヤー・エクスプレス・ボート

バンコクを南北に流れるチャオプラヤー川のボートは市民の足であると同時に観光客の定番の乗り物。川面を渡る風を受けながら両岸に見えてくる荘厳な寺院や高級ホテルのたたずまいに旅の気分が盛り上がる。

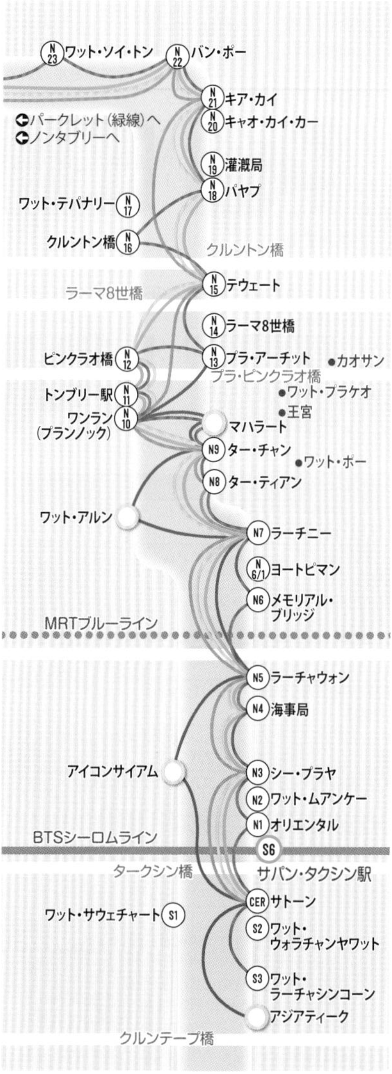

乗り方

船着場に行き券売所で行き先を告げて乗船券を買う。出航が近く時間がない場合には船に乗ってから、チケットを確認しに来る係員に料金を支払っても。乗船の際には足元に大きく隙間が開いていることがあるので注意。下りたい停泊所が近づいたらボートの後方に移動して準備しよう。

ボートの種類と料金

路線名	料金
○普通船(旗なし) ※すべての船着き場に停泊	距離により14〜20B
●急行船(オレンジ旗)	15B
●急行船(緑旗)	距離により13〜32B
●急行船(黄旗)	距離により20〜29B
●急行船(金旗)	20B
●ツーリストボート(青旗)	1回60B、1日200B

ハードルが高くても一番便利

タクシー Taxi

どこから乗る?

ホテルの前や観光地で客待ちをしているタクシーは避けて流しのタクシーを拾うようにしよう。駐停車禁止の場所ではタクシーも停まってくれないので注意しよう。また夜間に女性一人では乗らないように。

料金はどのくらい?

メーターは35Bからスタート、距離に応じて上がる。市内は遠くても100〜200B程度。有料道路を使う場合はその都度現金を渡して払う。おつりがない場合が多いので、小銭や小額紙幣は必須だ。

バンコク市内のタクシー料金

初乗り(1㎞まで)	35B
以降、360mごと	5.5〜10.5B(距離による)
停車時間を含む時速6㎞以下の走行1分ごと	2B

自動車配車アプリ「Grab」

スマホにアプリをインストールしてインターネットが接続できる状態であれば、割安で現金取引不要なGrabの配車サービスを使うのも手だ。詳しくはGrabのサイトで出国前に確認、登録しよう。

難易度高めだけど安い

バス Bus

200近い路線があり市内をくまなく網羅する路線バス。観光客が乗りこなすのはなかなか難しいが、とにかく安いので“ViaBus”アプリを使ってチャレンジしてみては？

URL https://play.google.com/store/apps/details?id=com.indyzalab.transitia&hl=ja&gl=US

一部車両ではキャッシュレス決済化が進んでいる

料金

料金体系は路線によってではなく車体の種類によって異なる。例えばエアコンバス(青かオレンジ)は13Bで4kmまで。以降4kmごとに2Bの追加。

乗り方

通りにあるバス停から乗車。目当てのバスが見えたら腕を斜め下まで上げて合図すると停車する。バス停でこの合図がないとバスは通過してしまうので注意。また渋滞などにより中央車線で停車し乗車させることもある。集金は車掌が行うので目的地をタイ語で書いて持参するなど対策が必要。

バンコク名物の三輪車

トゥクトゥク Tuk tuk

バンコクの乗り物といえばこれ、名物三輪車トゥクトゥク。排気ガスをまき散らし渋滞の隙間を走り抜けるイメージそのままだ。欧米人と地元の人が多く利用しているが運転手との行き先と料金交渉が難しい。

料金

タクシーで行ってみるなどある程度の料金目安を把握しておくと料金交渉がしやすい。タクシーよりも割高だが、市内を走って100B以上は高すぎると覚えておいて。支払いは必ず降車後に。

乗り方

客待ちしているトゥクトゥクは避けるべき。観光客を相手にとんでもない料金を吹っかけてくるのが相場だ。思い出作りに100B程度支払い市内を少し移動するのも一案。窓がなく走行中のひったくりも多いので乗車したら手荷物の置き場所や持ち方に十分注意しよう。

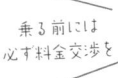

乗る前には
必ず料金交渉を

トラックの荷台で移動

ソンテオ Songthaew

小型や中型のトラックの荷台に乗客を乗せて走るのがソンテオ。大きな路地や住宅街、郊外でよく見かけ路線上ならどこでも乗り降りが可能な地元の乗り物。

料金

荷台部分に料金表示をしているソンテオもあり通常7～10B。観光地などへ行くと高い値段をいわれることもあるので乗車前に値段を確認するのが得策。

乗り方

バスと同様手を斜め下まで上げてひらひらさせて合図、運転手に行き先を告げて乗車する。路線上ならばどこからでも乗降可能だが短期滞在の旅行者が路線を把握するの難易度が高い。体験がてら歩いて戻れる程度の距離だけ乗ってみても。

安くて速い交通手段

ロットゥ Lotto

バンコク市内と郊外の町をつなぐ、小型のバンを改造した乗り合いのミニバス。発着は西、北それぞれのバスターミナルと西方面には旧南ターミナルからは西行きが出る。南バスターミナルとは異なるので注意。

料金

料金交渉の必要はなく、専用のブースで目的地を係員に伝える。1時間ほど走る距離でも80Bほどでとにかく安いのが魅力。

乗り方

チケットに手書きで記された乗り場の番号へ向かいロットゥに乗り込む。乗り場が離れていたり、わかりにくいことも多いので係の人を頼りにしよう。トイレなど身の回りのことを済ませたら車内で待っているほうがエアコンが効いていて快適だ。

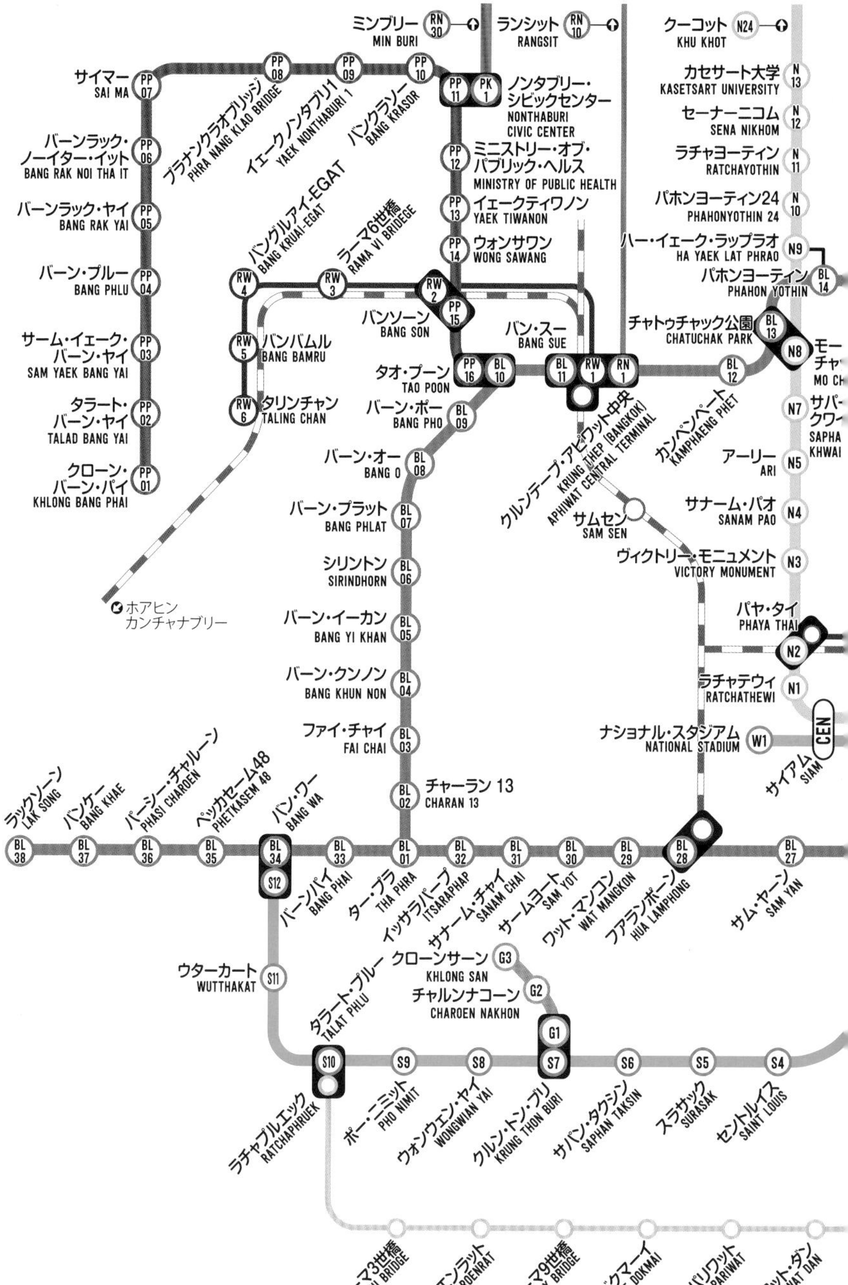
ミンブリー MIN BURI RN 30
ランシット RANGSIT RN 10
クーコット KHU KHOT N24
サイマー SAI MA PP 07
PP 08
PP 09
PP 10
プラナンクラオブリッジ PHRA NANG KLAO BRIDGE
イェークノンタブリ1 YAEK NONTHABURI 1
バンクラソー BANG KRASOR
PP 11 PK 1 ノンタブリー・シビックセンター NONTHABURI CIVIC CENTER
PP 12 ミニストリー・オブ・パブリック・ヘルス MINISTRY OF PUBLIC HEALTH
PP 13 イェークティワノン YAEK TIWANON
PP 14 ウォンサワン WONG SAWANG
バーンラック・ノーイター・イット BANG RAK NOI THA IT PP 06
バーンラック・ヤイ BANG RAK YAI PP 05
バーン・プルー BANG PHLU PP 04
サーム・イェーク・バーン・ヤイ SAM YAEK BANG YAI PP 03
タラート・バーン・ヤイ TALAD BANG YAI PP 02
クローン・バーン・パイ KHLONG BANG PHAI PP 01
バングルアイ-EGAT BANG KRUAI-EGAT RW 4
ラーマ6世橋 RAMA VI BRIDGE RW 3
RW 2 PP 15 バンソーン BANG SON
RW 5 バンバムル BANG BAMRU
RW 6 タリンチャン TALING CHAN
ホアヒン カンチャナブリー
バン・スー BANG SUE BL 11 RW 1 RN 1
タオ・プーン TAO POON PP 16 BL 10
バーン・ポー BANG PHO BL 09
バーン・オー BANG O BL 08
バーン・プラット BANG PHLAT BL 07
シリントン SIRINDHORN BL 06
バーン・イーカン BANG YI KHAN BL 05
バーン・クンノン BANG KHUN NON BL 04
ファイ・チャイ FAI CHAI BL 03
BL 02 チャーラン 13 CHARAN 13
クルンテープ・アピワット中央 KRUNG THEP (BANGKOK) APHIWAT CENTRAL TERMINAL
サムセン SAM SEN
カセサート大学 KASETSART UNIVERSITY N 13
セーナーニコム SENA NIKHOM N 12
ラチャヨーティン RATCHAYOTHIN N 11
パホンヨーティン24 PHAHONYOTHIN 24 N 10
ハー・イェーク・ラップラオ HA YAEK LAT PHRAO N9
パホンヨーティン PHAHON YOTHIN BL 14
チャトゥチャック公園 CHATUCHAK PARK BL 13 N8
モー チャ MO CH
カンペンペート KAMPHAENG PHET BL 12
N7 サパークワ SAPHA KHWAI
アーリー ARI N5
サナーム・パオ SANAM PAO N4
ヴィクトリー・モニュメント VICTORY MONUMENT N3
パヤ・タイ PHAYA THAI N2
ラチャテウィ RATCHATHEWI N1
ナショナル・スタジアム NATIONAL STADIUM W1
CEN
サイアム SIAM
ラックソーン LAK SONG BL 38
バンケー BANG KHAE BL 37
パーシー・チャルーン PHASI CHAROEN BL 36
ペッカセーム48 PHETKASEM 48 BL 35
バン・ワー BANG WA BL 34 S12
バーンパイ BANG PHAI BL 33
ター・プラ THA PHRA BL 01
イッサラパープ ITSARAPHAP BL 32
サナーム・チャイ SANAM CHAI BL 31
サームヨート SAM YOT BL 30
ワット・マンコン WAT MANGKON BL 29
ファランポーン HUA LAMPHONG BL 28
サム・ヤーン SAM YAN BL 27
ウターカート WUTTHAKAT S11
タラート・プルー TALAT PHLU
クローンサーン KHLONG SAN G3
チャルンナコーン CHAROEN NAKHON G2
G1 S7
ラチャプルエック RATCHAPHRUEK S10
ポー・ニミット PHO NIMIT S9
ウォンウエン・ヤイ WONGWIAN YAI S8
クルン・トン・ブリ KRUNG THON BURI
サパン・タクシン SAPHAN TAKSIN S6
スラサック SURASAK S5
セントルイス SAINT LOUIS S4
ラーマ3世橋 RAMA III BRIDGE
チャロエンラット CHAROENRAT
ラーマ9世橋 RAMA IX BRIDGE
ワット・ドクマーイ WAT DOKMAI
ワット・パリワット WAT PARIWAT
ワット・ダン WAT DAN

バンコク主要路線図

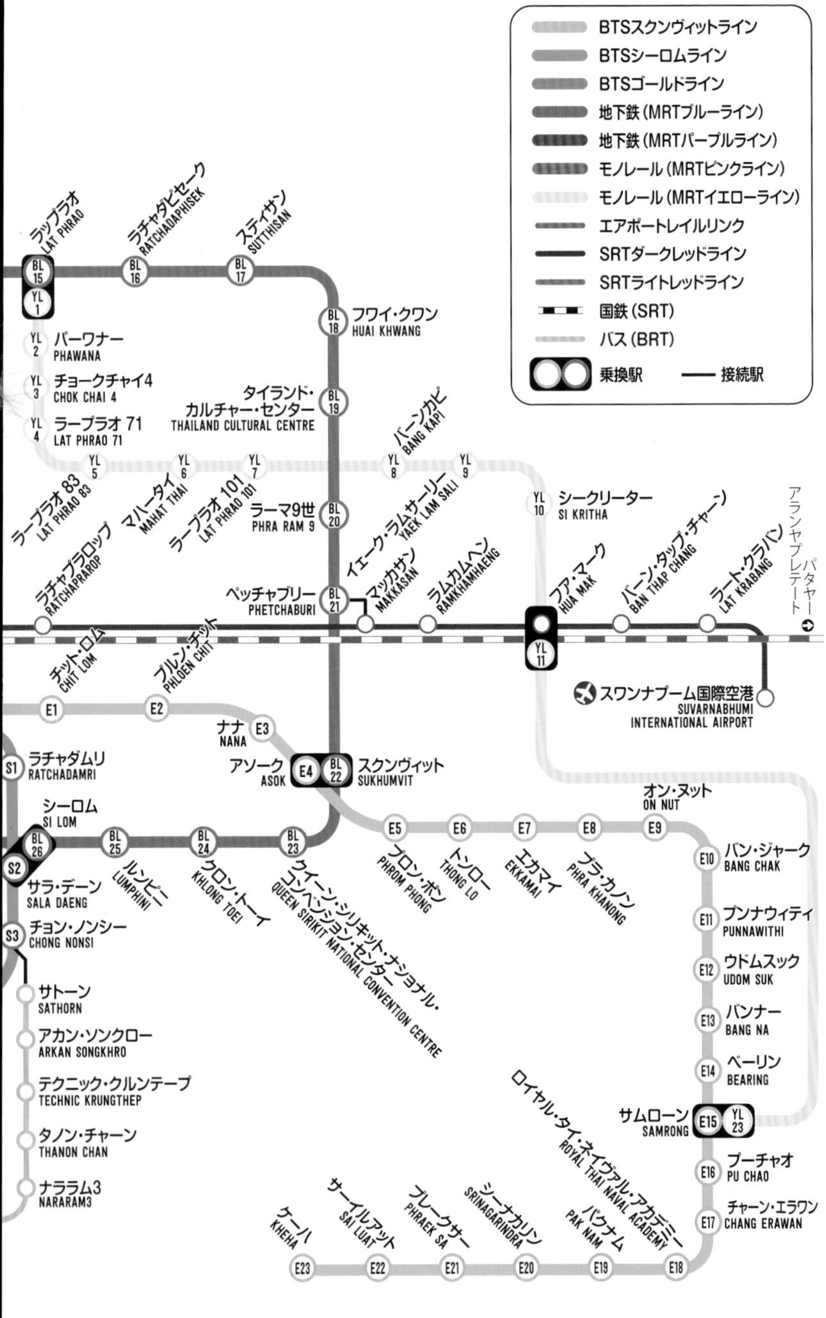
BTSスクンヴィットライン
BTSシーロムライン
BTSゴールドライン
地下鉄（MRTブルーライン）
地下鉄（MRTパープルライン）
モノレール（MRTピンクライン）
モノレール（MRTイエローライン）
エアポートレイルリンク
SRTダークレッドライン
SRTライトレッドライン
国鉄（SRT）
バス（BRT）
乗換駅
接続駅
ラップラオ LAT PHRAO BL 15 YL 1
ラチャダピセーク RATCHADAPHISEK BL 16
スティサン SUTTHISAN BL 17
フワイ・クワン HUAI KHWANG BL 18
タイランド・カルチャー・センター THAILAND CULTURAL CENTRE BL 19
ラーマ9世 PHRA RAM 9 BL 20
ペッチャブリー PHETCHABURI BL 21
パーワナー PHAWANA YL 2
チョークチャイ4 CHOK CHAI 4 YL 3
ラープラオ 71 LAT PHRAO 71 YL 4
ラープラオ 83 LAT PHRAO 83 YL 5
マハータイ MAHAT THAI YL 6
ラープラオ 101 LAT PHRAO 101 YL 7
バーンカピ BANG KAPI YL 8
イエーク・ラムサーリー YAEK LAM SALI YL 9
シークリーター SI KRITHA YL 10
フアマーク HUA MAK YL 11
ラチャプラロップ RATCHAPRAROP
マッカサン MAKKASAN
ラムカムヘン RAMKHAMHAENG
バーン・タップ・チャーン BAN THAP CHANG
ラートクラバン LAT KRABANG
アランヤプラテート
パタヤー
スワンナプーム国際空港 SUVARNABHUMI INTERNATIONAL AIRPORT
チットロム CHIT LOM E1
プルンチット PHLOEN CHIT E2
ナナ NANA E3
アソーク ASOK E4
スクンヴィット SUKHUMVIT BL 22
ラチャダムリ RATCHADAMRI S1
シーロム SI LOM BL 26
サラ・デーン SALA DAENG S2
チョン・ノンシー CHONG NONSI S3
ルンピニ LUMPHINI BL 25
クロン・トーイ KHLONG TOEI BL 24
クイーン・シリキット・ナショナル・コンベンション・センター QUEEN SIRIKIT NATIONAL CONVENTION CENTRE BL 23
サトーン SATHORN
アカン・ソンクロー ARKAN SONGKHRO
テクニック・クルンテープ TECHNIC KRUNGTHEP
タノン・チャーン THANON CHAN
ナララム3 NARARAM3
プロン・ポン PHROM PHONG E5
トンロー THONG LO E6
エカマイ EKKAMAI E7
プラ・カノン PHRA KHANONG E8
オン・ヌット ON NUT E9
バン・ジャーク BANG CHAK E10
プンナウィティ PUNNAWITHI E11
ウドムスック UDOM SUK E12
バンナー BANG NA E13
ベーリン BEARING E14
サムローン SAMRONG E15 YL 23
プーチャオ PU CHAO E16
チャーン・エラワン CHANG ERAWAN E17
ロイヤル・タイ・ネイヴァル・アカデミー ROYAL THAI NAVAL ACADEMY E18
パクナム PAK NAM E19
シーナカリン SRINAGARINDRA E20
プレークサー PHRAEK SA E21
サーイルアット SAI LUAT E22
ケーハ KHEHA E23

旅のタイ語＋英語
Thai & ENGLISH CONVERSATION

タイ語の難易度は高いが、外国人観光客の多いバンコクでは英語が通じることがあるので復習しておこう!

基本フレーズ

[　　　] をください(お願いします)。

Please [　　　].
プリーズ [　　　]

ขอ [　　　] ค่ะ
コ [　　　] カ

ex. これをください。

I'll take this.
アイル テイク ディス

ขออันนี้ค่ะ
コー アンニー カ

[　　　] をしていただけますか。

Could you [　　　] ?
クッジュー [　　　]

ช่วย [　　　] ได้ไหมคะ
チュアイ [　　　] ハイ ノイ カ

ex. 地図を描いていただけますか。

Could you draw me a map ?
クッジュー ドロー ミァ マップ

ช่วยวาดแผนที่ได้ไหมคะ
チュアイ ワート ペンティー マイ カ

[　　　] はどこですか。

Where is [　　　] ?
ウェア イズ [　　　]

[　　　] อยู่ที่ไหนคะ
[　　　] ユー ティナイ カ

ex. 地下鉄の駅はどこですか。

Where is the subway station ?
ウェア イズ ザ サブウェイ ステーション

สถานีรถไฟใต้ดินอยู่ที่ไหนคะ
サタニー ロットファイタイディン ティナイ カ

[　　　] をしてもいいですか。

Can I [　　　] ?
キャナイ [　　　]

[　　　] ได้ไหมคะ
[　　　] ダイ マイ カ

ex. 写真を撮ってもいいですか。

Can I take a picture ?
キャナイ テイクァ ピクチャー

ขอถ่ายรูปหน่อยได้ไหมคะ
コー タイ ループ ダイ マイ カ

街なかでの会話

空席はありますか。

Do you have any seats available ?
ドゥ ユー ハヴ エニィ シーツ アヴェイラボー

มีที่นั่งว่างไม่คะ
ミー ティー ナン ワーン マイ カ

すみません!

Excuse me.
エクスキューズ ミー

ขอโทษค่ะ
コートー カ

私のです。

It's mime.
イッツ マイン

เป็นของฉันค่ะ
ペン コン チャン カ

大丈夫です。

No problem.
ノー プロブレム

ไม่มีปัญหาค่ะ
マイ ミー パンハー カ

わかりません。

I can't understand.
アイ キャント アンダースタンド

ฉันไม่เข้าใจค่ะ
チャン マイ カオチャイ カ

ショッピングでの会話

カードは使えますか。

Do you take credit cards ?
ドゥ ユー テイク クレジットカーズ

ใช้บัตรเครดิตได้ไม่คะ
チャイ バッ(ト) クレディット ダイマイ カ

袋をください。

Can I have a bag ?
キャナイ ハヴァ バッグ

มีถุงไหมคะ
ミー トゥン マイ カ

いります。／いりません。

Yes, please. / I don't need it.
イエス プリーズ / アイ ドントゥ ニーディット

เอาค่ะ / ไม่เอาค่ะ
アオ カ / マイ アオ カ

レストランでの会話

メニューを見せてください。

Can I see a menu ?
キャナイ スィー ア メニュー
ขอดูเมนูน่อยค่ะ
コー ドゥー メニュー ノイ カ

頼んだ料理がまだきません。

My order hasn't come yet.
マイ オーダー ハズント カム イェット
อาหารยังไม่มาค่ะ
アハーン ヤン マイ マー カ

店の中で食べます。／テイクアウトします。

For here. / To go.
フォー ヒア / トゥー ゴー
ทานที่นี่ค่ะ / กลับบ้านค่ะ
ターン ティニー カ / カッバーン カ

会計をお願いします。

Check, please.
チェック、プリーズ
เช็คบิลล์ด้วยค่ะ
チェック ビン ドゥアイ カ

トラブル時の会話

警察を呼んでください!

Please call the police !
プリーズ コール ザ ポリース
โทรหาตำรวจค่ะ
トー ハー タムルアット カ

財布が盗まれました。

My wallet was stolen.
マイ ウォレット ワズ ストールン
กระเป๋าเงินถูกขโมยค่ะ
グラッパオングン トゥーク カモーイ カ

頭痛がします。

I have a headache.
アイ ハヴァ ヘディック
ปวดหัวค่ะ
プアット フア カ

救急車を呼んでください!

Please call an ambulance !
プリーズ コール アン アンビュランス
ช่วยเรียกรถพยาบาลให้หน่อยค่ะ
チュアイ リアック ロット パヤバーン ハイ ノイ カ

ホテルでの会話

チェックインをお願いします。

I'd like to check-in.
アイド ライク トゥ チェックイン
ขอเช็คอินน์ค่ะ
チェックイン カ

予約してあります。

I have a reservation.
アイ ハヴァ リザヴェイション
จองไว้ค่ะ
ジョン ワイ カ

荷物を預かっていただけますか。

Could you keep my luggage ?
クッジュー キープ マイ ラゲージ
เก็บกระเป๋าไว้ไหมคะ
ケップ グラッパオ ワイ マイ カ

朝食は何時からですか。

What time do you serve breakfast ?
ホワッタイム ドゥ ユー サーヴ ブレックファスト
อาหารเช้าเวลาตั้งแต่กี่โมงคะ
アハーン チャーオ ウエラー タンテー ギーモン カ

トラブル時に使う単語

警察署
สถานีตำรวจ
サターニー タムルワット

病院
โรงพยาบาล
ロン（グ）パヤバーン

事故証明書
ใบรับรองอุบัติเหต
バイ ラップ ローン ウバッティヘート

アレルギー
โรคภูมิแพ
ロー(ク)プミペー

盗難証明書
ใบรับรองการโจรกรรม
バイ ラップ ローン ガーン チョー ロッガラム

風邪(を引いている)
เป็นหวัด
ペン ワット

泥棒
ขโมย
カモーイ

吐き気
ป่วย
プワイ

パスポート
หนังสือเดินทาง
ナンスードゥーンターン

熱(がある)
มีไข้
ミー カイ

クレジットカード
บัตรเครดิต
バッ（ト）クレディット

骨折
กระดูกหัก
クラドゥック ハック

保険
ประกันภัย
プラガンパイ

薬
ยา
ヤー

おとな旅プレミアム
PREMIUM

付録

とりはずして使える

MAP
バンコク街歩き地図

TAC出版
TAC PUBLISHING

切り取り線

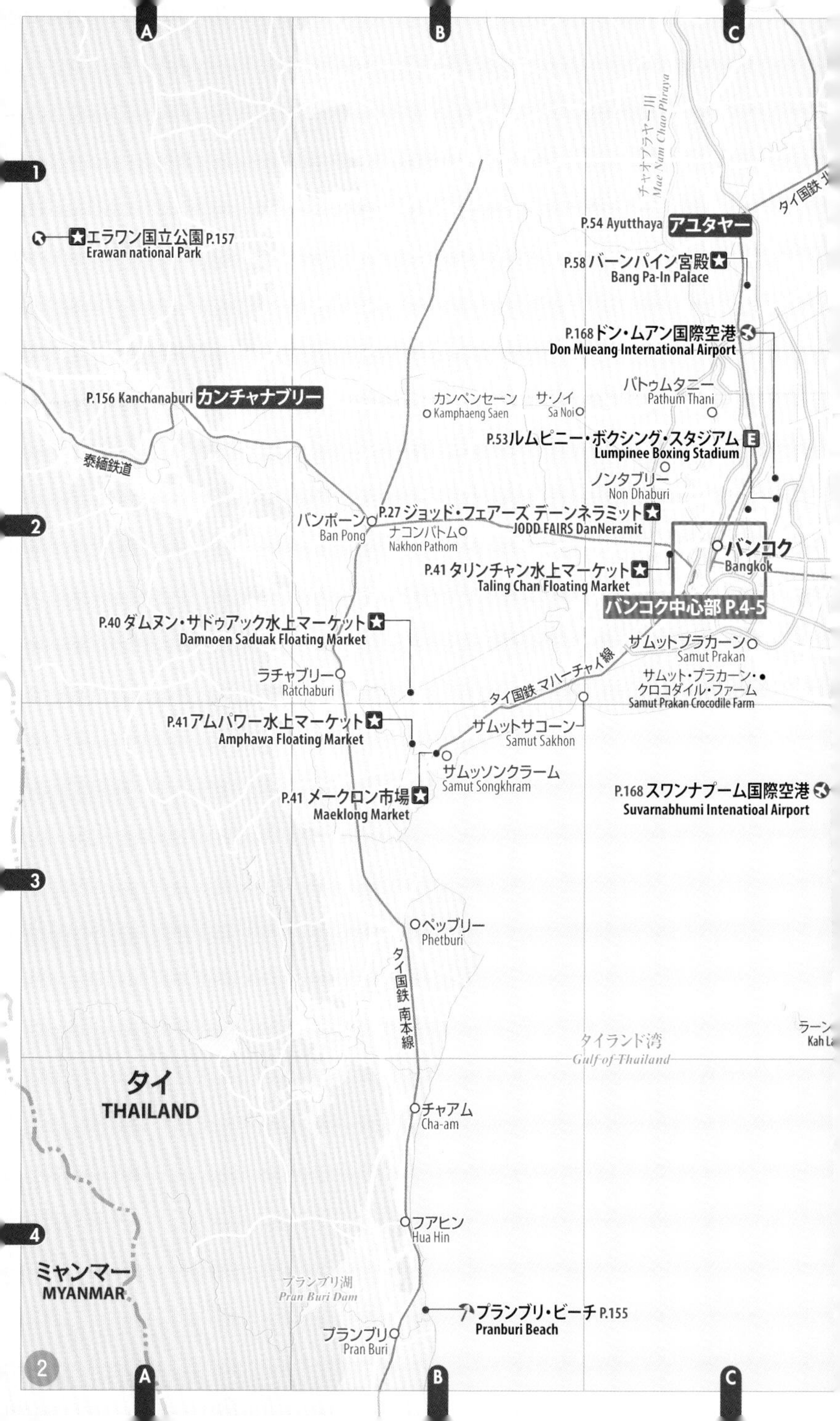

A
B
C
1
2
3
4
チャオプラヤー川
Mae Nam Chao Phraya
タイ国鉄 北
P.54 Ayutthaya アユタヤー
エラワン国立公園 P.157
Erawan national Park
P.58 バーンパイン宮殿
Bang Pa-In Palace
P.168 ドン・ムアン国際空港
Don Mueang International Airport
P.156 Kanchanaburi カンチャナブリー
カンペンセーン
Kamphaeng Saen
サ・ノイ
Sa Noi
パトゥムタニー
Pathum Thani
泰緬鉄道
P.53 ルムピニー・ボクシング・スタジアム
Lumpinee Boxing Stadium
ノンタブリー
Non Dhaburi
バンポーン
Ban Pong
P.27 ジョッド・フェアーズ デーンネラミット
JODD FAIRS DanNeramit
ナコンパトム
Nakhon Pathom
バンコク
Bangkok
P.41 タリンチャン水上マーケット
Taling Chan Floating Market
バンコク中心部 P.4-5
P.40 ダムヌン・サドゥアック水上マーケット
Damnoen Saduak Floating Market
サムットプラカーン
Samut Prakan
ラチャブリー
Ratchaburi
タイ国鉄 マハーチャイ線
サムット・プラカーン・クロコダイル・ファーム
Samut Prakan Crocodile Farm
P.41 アムパワー水上マーケット
Amphawa Floating Market
サムットサコーン
Samut Sakhon
サムッソンクラーム
Samut Songkhram
P.41 メークロン市場
Maeklong Market
P.168 スワンナプーム国際空港
Suvarnabhumi Intenatioal Airport
ペッブリー
Phetburi
タイ国鉄 南本線
タイランド湾
Gulf of Thailand
ラーン
Kah La
タイ
THAILAND
チャアム
Cha-am
フアヒン
Hua Hin
ミャンマー
MYANMAR
プランブリ湖
Pran Buri Dam
プランブリ・ビーチ P.155
Pranburi Beach
プランブリ
Pran Buri
2

おとな旅プレミアム
PREMIUM

付録

CONTENTS

バンコク MAP 街歩き地図

街の交通ガイド付き

おとな旅プレミアム
PREMIUM

バンコク
BANGKOK

日本からの✈フライト時間
約6時間

バンコクの空港
スワンナプーム国際空港 ▶P.168
バンコク市内へ鉄道で約30分

ドン・ムアン国際空港 ▶P.168
バンコク市内へ鉄道で約50分

ビザ
30日以内の観光なら不要

時差

東京	0	1	2	3	4	5	6	7	8	9	10	11	12	13	14	15	16	17	18	19	20	21	22	23
バンコク	22	23	0	1	2	3	4	5	6	7	8	9	10	11	12	13	14	15	16	17	18	19	20	21

通貨と換算レート
1バーツ（B）＝約4.3円（2024年5月現在）

チップ
基本的に不要 ▶P.63

言語
タイ語

バンコク

CONTENTS

バンコクでぜったいしたい11のコト … 19

BEST 11 THINGS TO DO IN BANGKOK

GOURMET … 61
グルメ

CAFE & SWEETS … 97
カフェ & スイーツ

本書の使い方

●本書に掲載の情報は2024年2～5月の取材・調査によるものです。料金、営業時間、休業日、メニューや商品の内容などが、本書発売後に変更される場合がありますので、事前にご確認ください。
●本書に紹介したショップ、レストランなどとの個人的なトラブルに関しましては、当社では一切の責任を負いかねますので、あらかじめご了承ください。
●料金・価格は「B」で表記しています。また表示している金額とは別に、税やサービス料がかかる場合があります。
●電話番号は、市外局番から表示しています。日本から電話をする場合には→P.165を参照ください。
●営業時間、開館時間は実際に利用できる時間を示しています。ラストオーダー(LO)や最終入館の時間が決められている場合は別途表示してあります。
●休業日に関しては、基本的に年末年始、祝祭日などを除く定休日のみを記載しています。

本文マーク凡例

- ☎ 電話番号
- 交 最寄り駅、バス停などからのアクセス
- Ⓜ 地下鉄駅
- 所 所在地（Hはホテル内にあることを示しています）
- 休 定休日
- 料 料金
- HP 公式ホームページ
- J 日本語が話せるスタッフがいる
- J 日本語のメニューがある
- E 英語が話せるスタッフがいる
- E 英語のメニューがある
- 予約が必要、または望ましい
- クレジットカードが利用できる

地図凡例

- 観光・見どころ
- 博物館・美術館
- タイ仏教寺院
- 中国寺院
- ヒンドゥー寺院
- 飲食店
- カフェ
- ショッピングセンター
- ショップ
- アクティビティ
- エンターテインメント
- ナイトスポット
- エステ・マッサージ
- 宿泊施設
- 観光案内所
- ビーチ
- 空港
- 乗船場

あなたのエネルギッシュな好奇心に寄り添って、
この本はバンコク滞在のいちばんの友だちです！

誰よりもいい旅を！ あなただけの思い出づくり

バンコクへ出発！

大河チャオプラヤーのほとりを歩き、ワット・アルンに思いを馳せる。
いたるところでナイトマーケットが復活し、カオサン通りは若者で賑わう。
都会の熱気と下町風情に満ちたエキゾチックな旅に出かけよう。

まずチャオプラヤー川を
見にいきませんか

BANGKOK

TEMPLE

バンコク最古の寺院として知られ、巨大な寝釈迦仏が鎮座するワット・ポー

タイといえばマンゴースイーツ。カフェでも屋台でも定番メニューです

IMMIGRATION
出国
DEPARTED
10. SEP 2026
IMMIGRATION

TEMPLE

エメラルド色に輝く天井画で有名なワット・パークナムでお祈り

ワット・アルン(P51)

WATER MARKET

エキゾチックな雰囲気
満載の水上マーケット
で値下げ交渉してみる?

バンコクで話題のテント群へ
熱気あふれるナイトマーケット

ジョッド・フェアーズ(P26)

シロッコ(P30)

カクテル片手に夜景を楽しむ
ルーフトップバー

POWER SPOT

ワット・チャナ・ソンクラーム
をはじめ、 ご利益いっぱい
のパワースポットが点在

旅の疲れを癒やしてくれる
ラグジュアリーなおもてなし

オアシス・スパ(P128)

MARKET

広いマーケットの中は水分補給しながらトゥクトゥクを有効利用しよう

世界遺産を巡るなら
エレファントライドで！

アユタヤー(P54)

出発前に知っておきたい

どこに何がある？
どこで何をする？

街はこうなっています！
バンコクのエリアと主要スポット

**観光にグルメ、買い物を満喫したいバンコクの街歩きは暑さとの勝負！
エリアごとに街の特徴を押さえて、効率よく巡りたい。**

新しく誕生したナイトマーケット「ジョッド・フェアーズ」

バックパッカーで有名な名物エリア

A カオサン通り ▶P.34

● Khao San Rd.

かつては安宿や旅行代理店が軒を連ね、アジアを巡るバックパッカーの聖地と呼ばれ西洋人が多く集まった通り。現在はナイトクラブやブティック、ホテルが並ぶ若者に人気のエリアに。

ここを訪れずしてバンコク観光は語れない

B 王宮周辺 ▶P.136

● Grand Palace

王宮や有名な寺院が集まるバンコク有数の観光エリア。荘厳な建物や立派な仏教寺院が立ち並び、見どころが満載。周囲には昔ながらの雰囲気が漂う旧市街もありコントラストが楽しめる。

©iStock.com/SDecha

下町の雑多な雰囲気が独特の中華街

C チャイナタウン ▶P.138

● Chinatown

安宿や中華料理店、雑貨店が並び昼夜を問わず混沌とした活気あふれるチャイナタウン。漢字表記が街なかにあふれ、バンコクのなかでも独特の雰囲気。屋台料理やチープな雑貨探しに。

高級ホテルと古びた街並みが隣り合う

D チャルン・クルン通り

● Charoen Krung Rd.

チャオプラヤー川沿いに高級ホテルが並び、その通りにはアンティークを扱う店などの古めかしいショップが連なる。最もバンコクらしいともいわれる古いビジネス街でもある。

バンコクってこんな街

チャオプラヤー川が街を東西に分けるバンコク、街の中心や見どころは東側に集中している。チャオプラヤー川のボートに乗り、まずは王宮周辺の観光を。歴史を感じたあとはショッピングセンターやレストラン、ホテルが集まる中心部で近代的なバンコクを楽しもう。

現王宮とタイ王国の行政機関が集まる

E ドゥシット地区 ▶P.140

● Dusit

現在の王室が暮らす宮殿や、国会議事堂などがあり行政を司る機関が集中している。旅行者は少ないが、大理石寺院や動物園、木造宮殿など見どころも多い。

買い出しはここで決まり！週末以外もOK

F チャトゥチャック周辺 ▶P.32

● Chatuchak

週末の旅程は定番のウィークエンド・マーケットへ。平日には整備の行き届いた広大な公園やショッピングモール、食品を扱うオートーコー市場をのんびりと訪ね歩きたいエリア。

最新バンコクをアップデートするならここ

G サイアム・スクエア周辺 ▶P.144

● Siam Square

モダンなショッピングモール、デパートが隣り合わせに立ち並ぶ繁華街。バンコクファッションの最先端を感じることができる。飲食店も多く入店しており一日過ごしてもあきない。

昼と夜の2つの顔をもつ名物ストリート

H シーロム通り ▶P.146

● Silom Rd.

タイの大企業や外資系企業のオフィスがある近代的なビジネス街。日が暮れると歓楽街へと姿を変え、地元の人と世界中からの旅行客が集まり賑わう。有名なパッポン通りもここ。

在住外国人の多いおしゃれエリア

I スクンヴィット通り ▶P.148

● Sukhumvit Rd.

閑静な高級住宅街として発展し、在住外国人が多く住む地域。異国情緒たっぷりで、おしゃれなカフェやレストラン、雑貨店も多い。日本人が多く住むジャパニーズタウンもここに。

地元セレブ御用達の高級店も

J トンロー ▶P.150

● Thong Lo

高級ホテルや百貨店、スパ、雑貨店が立ち並び地元セレブも買い出しに訪れる。レストラン激戦区としても知られており、高級食材を使用した創作タイ料理のお店も続々オープン。

まずはこれをチェック！

滞在のキホン

熱帯モンスーン気候のタイ。熱帯独特の暑さや豪雨に負けない旅行が楽しめるよう事前に情報をチェックしよう。

タイの基本

国名
タイ王国
The Kingdom of Thailand

首都
バンコク

人口
約6605万人
（2023年推計）
バンコクの人口は
約547万人

面積
約51万4000km²

言語
タイ語

宗教
国民の90%以上が上座部仏教を信仰し生活に根付いている

政体
立憲君主制

元首
ワチラーロンコーン国王（ラーマ10世）
（2016年10月～）

日本からの飛行時間

直行便は東京・大阪から5時間半～6時間のフライト

現在バンコクへは東京、大阪、名古屋、福岡、札幌、沖縄などから直行便の就航がある。日系の航空各社のほかタイ国際航空も定評がある。

スワンナプーム国際空港 ▶P.168
ドン・ムアン国際空港 ▶P.168

為替レート&両替

1B（バーツ）=約4.3円。銀行、両替所を利用

両替は街なかにある民間の両替所のレートがいちばん良く、空港（地下）での両替は街なかの両替所とほぼ同じレート。24時間営業しているので到着後に両替するのに便利。空港の2階や3階の両替所や銀行はレートがあまり良くない。両替にはパスポートの提示が必要。

パスポート&ビザ

30日以内の観光目的ならビザは不要

観光目的で30日以内の滞在ならば、日本国籍の旅券所持者はビザ不要だがパスポートの有効期限が6カ月以上あることが条件。31日以上の滞在や観光以外の目的での入国にはビザの事前申請が必要。

気温と降水量

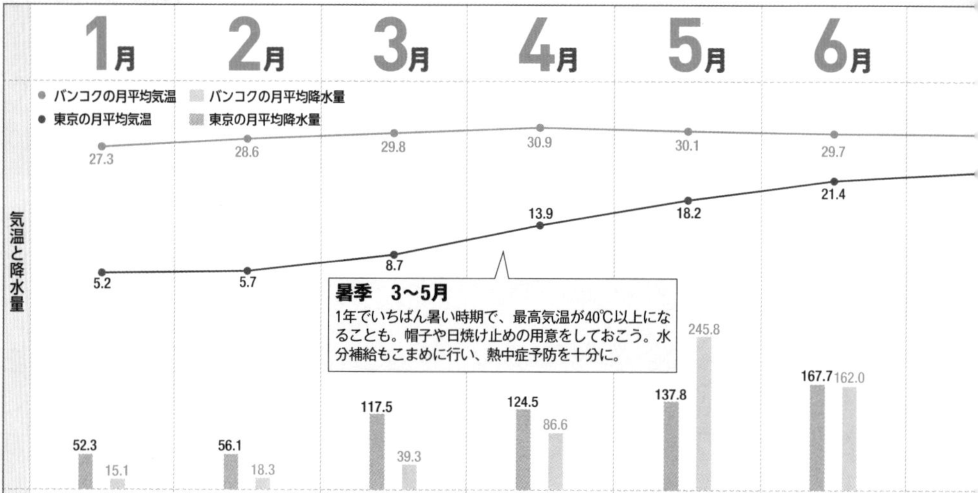

祝祭日とイベント

- 1月1日 元日
- 2月24日 ※マカブーチャ（万仏節）
- 4月6日 チャックリー王朝記念日
- 4月13～15日 ソンクラーン（旧正月）
- 5月1日 レイバーデイ
- 5月4日 ワチラーロンコーン国王戴冠記念日
- 5月22日 ※ヴィサカブーチャ（仏誕節）
- 6月3日 スティダー王妃誕生日

掲載している日程は2024年のものです
※印のある祝日は、毎年日程が異なります
土・日曜は翌平日が振替休日となる場合もあります

日本との時差

日本との時差は−2時間。日本が正午のときバンコクは午前10時となる。

東京	0	1	2	3	4	5	6	7	8	9	10	11	12	13	14	15	16	17	18	19	20	21	22	23
バンコク	22	23	0	1	2	3	4	5	6	7	8	9	10	11	12	13	14	15	16	17	18	19	20	21

言語

基本はタイ語

使用する文字はタイ文字。地方によって方言があり、独自の言語を持つ少数民族もいる。観光地では英語が通じるところも多いが、タクシーの運転手には通じないと心得て、出発前にホテルでタイ語の行き先を書いてもらおう。

交通事情

悪名高いラッシュアワーを避けて!

バンコクのラッシュアワーは交通渋滞が深刻な問題。時間帯を上手に見はからってBTSやMRTを活用すると移動もらくらく。観光で寺院などへ行くときはチャオプラヤー川のボートを利用する。もちろんタクシーはバンコクの交通手段のメインだ。

物価＆チップ ▶P.63／P.170

東京の物価より割安だが、輸入品は高価なことも

食品や日用品などは東京に比べるとかなり安いが、嗜好品やブランド品は日本より高くなることも。チップの習慣はないが、飲食店などでは小銭でのおつりを受け取らない人も多い。マッサージ師はチップが収入源となるため50～100Bほど満足度に合わせて渡す。

ベストシーズン

ベストシーズンは11月～2月の乾季

タイには乾季と雨季、暑季の3シーズンあるが年間を通して高温多湿。乾季は比較的雨も少なく気温も涼しいため観光しやすくベストシーズン。雨季は激しい雨に降られることが多いので、服装や持ち物に気をつけよう。暑季は無理のない日程で体力温存を。

気温と降水量

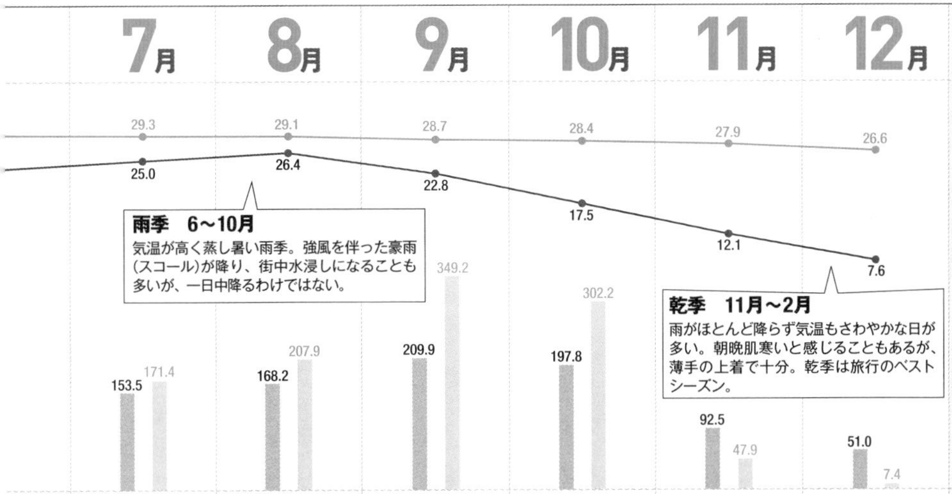

祝祭日とイベント

- 7月20・21日 ※アサラハブーチャ(三宝節)　※カオパンサー(入安居)
- 7月28日 ワチラーロンコーン国王誕生日
- 8月12日 シリキット王太后誕生日(母の日)
- 10月13日 ラーマ9世記念日
- 10月23日 チュラロンコン大王記念日
- 12月5日 国家の日(旧ラーマ9世誕生日)
- 12月10日 憲法記念日
- 12月31日 大晦日

月平均気温、月平均降水量は、東京は『2023年理科年表』、バンコクは国立天文台編『理科年表2024』による

NEWS & TOPICS

ハズせない街のトレンド！

バンコクのいま！ 最新情報

発展がめまぐるしいバンコクでは続々と新店舗がオープン。「とにかく楽しむ！」という気質がこの地を進化させる。

2023年12月オープン

未来のトレンドとライフスタイルを融合！ 未来型商業施設 エムスフィア

プロンポン駅直結のデパート、「EMPORIUM」「EMQUARTIER」に続き、「EMSPHERE」がオープン。IKEAやコンサートホールも入った商業施設となっている。なかでも注目はG階・GM階に展開する飲食店。話題の店舗をピックアップ！

エムスフィア EMSPHERE

スクンヴィット通り MAP 付録P.26 C-4

☎02-269-1000 交 BTS Phrom Phong プロン・ポン駅直結 所628 Sukhumvit Road 営10:00〜24:00 ※閉店時間は店舗により異なる 休無休 E

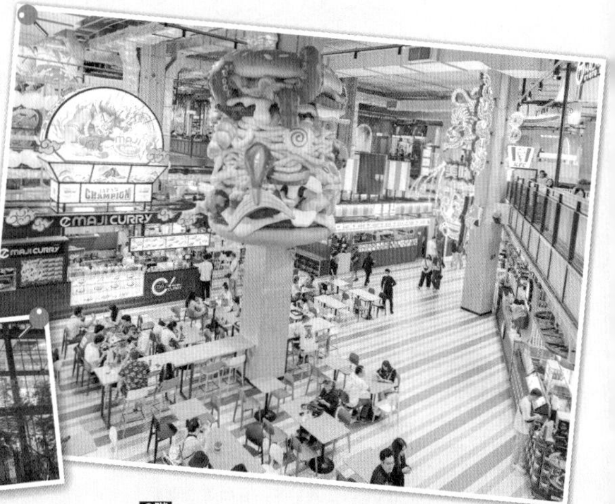

⬇➡2つのモールとスカイウォークで連結

G階

ナラ タイ キュイジーヌ NARA THAI CUISINE

ツーリストにも人気のタイレストラン「Nara」。こちらは一人でも入りやすいカフェのような雰囲気で、スイーツだけの利用も可能。

⬆⬅川海老のパッタイ230B(上)、プーパッポンカリー390B(左)

パッタイとプーパッポンカリーにフォーカスした新業態

⬅⬇マンゴーマンゴー315B(左)、ココパラダイス360B(下)

スイーツとドリンクが一体型となった、映えデザート

G階

ファプラータン FA PLA THAN

「ALL ABOUT FISH」がコンセプト。自家製ルクチン(魚団子)に加え、白身フライが入っているのが特徴。スープと麺の種類を選択し、紙に記入してオーダー。写真付きメニューあり。

➡クイッティアオトムヤムセンレック199B

タイ人にも大人気！ 話題のクイッティアオ屋

G階

スーリ SOURI

日本でもヒットしたタイのBLドラマ「2gether」の主演俳優、WINさんがオーナー。カラフルでかわいいマカロンをはじめ、さまざまなスイーツを展開。ポップでキュートな店構えが印象的。

⬇かわいいだけでなく味もおいしいと評判

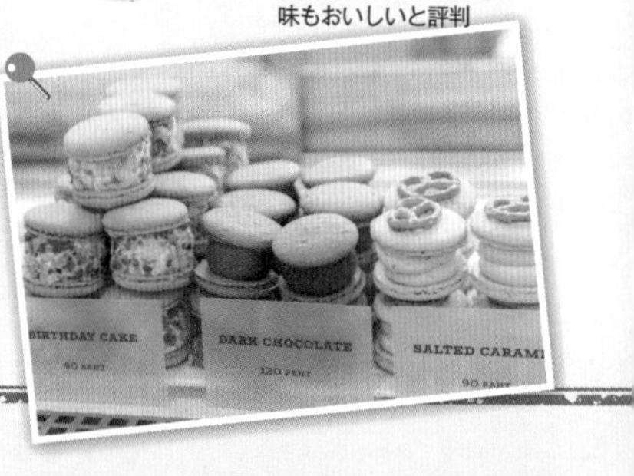

⬇イビサ島やバリ島のリゾートをイメージしたインテリア

2023年12月オープン

飲んで、泳いで、最高のチルタイム！天空のビーチクラブ トライブ

夜は音と光の洪水に包まれながらお酒を楽しめるクラブの姿に変身するが、昼間はまるでビーチリゾートに来たかのようなラグジュアリー空間へ。

トライブ TRIBE
スクンヴィット通り
MAP 付録P.26 C-4
☎02-595-6046 交 BTS Phrom Phong プロン・ポン駅直結 所 628 Sukhumvit Road EMSPHERE 5F
営 11:00〜翌1:00 休 無休
E 💳

プールサイドでシグネチャーカクテルを楽しんで

2024年9月リニューアル

名門ホテルの本家 デュシタニ が待望のリニューアルオープン

2019年1月の閉館から5年の歳月を経てリニューアルオープン。伝統に新たな風を吹き込み、ラグジュアリーフラッグシップホテルとして生まれ変わる。

デュシタニ・バンコク Dusit Thani Bangkok
シーロム通り周辺 MAP 付録P.25 E-1
☎02-200-9000 交 BTS Sala Deang サラ・デーン駅から徒歩3分 所 98 Rama IV Rd, Silom

⬇客室数は517室から257室と減らし、ゆったりしたスペース

ストリートアートとカフェの街 映えスポット満載の タラートノイ に注目！

中華系の人々が集うコミュニティエリア。細い裏路地に、隠れ家のようにひっそりとたたずむおしゃれなカフェが並び、アート作品も次々登場。国内外から観光客が訪れる人気エリアとなっている。

タラートノイ Talat Noi
チャルン・クルン通り周辺
MAP 付録P.16 A-1
交 M Hua Lamphong フアランポーン駅から徒歩12分 所 Talat Noi Samphanthawong

⬅⬆廃業した鉄屑工場の2階にある人気カフェ「Mother Roaster」(左)。中国式家屋を改装したカフェ「So Heng Tai Mansion」の入口(右)

東南アジア初の ルイ・ヴィトンカフェ ゲイソン・アマリンにオープン

2023年3月オープン

高級ショッピングモールで知られる「ゲイソン・アマリン」にオープン。インド人ミシュランシェフ、ガガン・アナンド氏とコラボしたレストランをはじめ、カフェ、ショップ、エキシビジョンが一体となり、ルイ・ヴィトンの世界を五感で楽しめる複合施設。

LV ザ・プレイス・バンコク LV The Place Bangkok
サイアム・スクエア周辺
MAP 付録P.23 E-3
☎098-279-5240 交 BTS Chit Lom チット・ロム駅から徒歩3分
所 502 Ploenchit Road
営 10:00〜20:00 休 火・水曜
E 💳

モノグラム柄が散りばめられたデザート550B

⬆建築家・重松象平氏が空間デザインを手がけた

TRAVEL PLAN BANGKOK

至福のバンコク モデルプラン

とびっきりの
3泊5日

食べて、見て、遊んで。定番から旬のおすすめスポットまでを効率よく網羅する厳選のプランでワンランク上のバンコク旅行を。

旅行には何日必要？

大人のバンコクを満喫するなら
3泊5日以上

バンコク旅行の定番観光スポットと買い物、グルメ、ナイトライフを楽しむには現地で4日間の日程を確保したい。午前出発で深夜に帰国するフライト利用ならバンコク3泊でたっぷり満喫できる。

プランの組み立て方

❖ 観光重視なら郊外のアユタヤー行きを中心に旅程を
見どころが多く、かつバンコク旅行のハイライトにもなる郊外のアユタヤー観光はコンパクトにまとめても夕方までかかるので、まずはアユタヤー行きの日程を組んでからほかの日程を調整しよう。

❖ 曜日別に日程を組もう
アジア最大のウィークエンド・マーケットや水上マーケットを訪れる予定なら週末限定営業なので土・日曜を日程に。また美術館や博物館は月曜休館なので注意。

❖ 夕食と夜遊びを上手に組み合わせて効率よく
ニューハーフショーやナイトマーケット、ルーフトップ・バー、それに夕食で食べたいグルメもたくさんあるのでまずは優先順位を決めよう。

❖ 暑さや雨対策も忘れずに!
あまりにぎっしりと日程を組むと思いがけず時間を取られてしまうことが多いのもバンコクならでは。雨で道路が冠水したり、暑さで体力を奪われて途中休憩が必要になることもあるので少しゆったりとした旅程を組むのがおすすめ。

【移動】日本➡バンコク

DAY 1

まずはバンコクに到着。熱帯の気温と強めの冷房に体を慣らしながらさっそく街へと繰り出そう！

日本とは異なる文化を楽しもう

15:00 バンコク到着

グアム国際空港からタモンのホテル街までは車で約20分。

エアポートレイルリンクで26分

17:00 ホテルにチェックインして街へお出かけ

空港からまずはホテルに直行してチェックイン。荷物を置いて身支度を整えたらさっそく街へ出かけよう。

18:30 初日は軽くバーで夕飯 ▶P.79

夜の活動に備えて軽く腹ごしらえを。ホテルや繁華街のバーでタイ料理の軽食を夕食代わりに。

ご飯もおいしいバーがたくさん！

◀早い時間からたくさんの客で大賑わい

MRTでラーマ9世駅まで

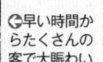

20:30 ジョッド・フェアーズでナイトマーケットを満喫 ▶P.26

いざナイトマーケットへ！買い物だけでなく飲食も充実しているので旅の気分が一気に盛り上がる。

屋台のほかファッションや雑貨店も並ぶ

【移動】バンコク➡アユタヤー➡バンコク

DAY 2

古代王朝にふれる郊外への旅は外せないスポット。
遺跡巡りのあとはバンコクで贅沢な夜を！

➡王室関連の仏塔が立ち並ぶアユタヤー。戦いによって破壊されたままの姿だ

7:00 アユタヤーへ移動！

早起きして朝のうちにアユタヤーに着くのがおすすめ。遺跡には日陰がなく日中はかなり暑くなる。

9:00 バンコク観光のハイライト！ アユタヤーを半日でギュッと巡ろう！ ▶P.54

アユタヤーまで電車で1時間半。アユタヤー観光はトゥクトゥクを活用

見どころたくさんのアユタヤー。ピンポイントで見たいところを事前に予習しておこう。

アドバイス
仏塔に上ったり遺跡間を徒歩で移動するので歩きやすい靴で。

⬆いにしえの王様気分が味わえる象乗り体験も

16:00 バンコクに戻ったら、自然と調和するスパでリラックス ▶P.128

早起きして歩きまわった疲れは話題の一軒家スパで回復。夢心地の施術にうたた寝しつつ長い夜に備えてリチャージ！

車で20分

⬆一軒家スパは地元マダムにも大人気

お手ごろ価格でホテル並みのサービス

19:00 チャオプラヤー川でディナークルーズを堪能 ▶P.23

BTS利用でサイアム駅まで

リバーサイドの寺院がライトアップされて幻想的なチャオプラヤー川をディナークルーズ。思い出に残る夜に！

22:00 ルーフトップ・バーからバンコクの夜景にうっとり

長い一日の終わりはおしゃれなルーフトップ・バーできらめく夜景を眺めながら乾杯。 ▶P.30

⬆連日大盛況の人気ナイトスポット

熱帯の夜にはさっぱりしたカクテルを

悠然と横たわる実物を見ると、改めて大きさに驚くワット・ポーの寝釈迦仏

【移動】バンコク市内

DAY 3

バンコクの定番観光スポットが集まる川沿いで過ごす一日。体力を温存しつつ3大寺院を巡る。

9:00

ワット・ポーで巨大な寝釈迦仏にご挨拶 ▶P.50

観光客でごった返す人気寺院の寝釈迦仏に会わずしてバンコクは語れない。朝一番に出かけたい！

徒歩で15分

10:00

王宮＆ワット・プラケーオで王様の暮らしに思いを馳せる ▶P.46

王朝を遷都して以来王族の住居であった王宮と王室守護寺院のワット・プラケーオは見ごたえたっぷり。

徒歩で15分

12:00

バックパッカーの街カオサン通りで昼食＆街歩き ▶P.34

安宿の集まる場所として知られていたカオサン通りでランチ＆カフェタイム。みやげ物店をのぞくのも楽しい。

車で30分

➲安宿街からおしゃれショップエリアに変貌！

プチプラファッションもおしゃれ

敷地内に混在する異なる建築様式の調和や細かな装飾にも注目してみよう

緻密で芸術的に価値のある美しい装飾

プランの組み立て方

❖ **3大寺院を中心に周辺の寺院やショップを歩く**

このエリアへはチャオプラヤー・エクスプレス・ボート(→P.22)でアクセスする。3大寺院を中心に情緒ある下町を一日散策するつもりでプランすると移動の無駄が少ない。

14:30 アフタヌーンティーで優雅な午後を過ごす ▶P.105

車とボートで30分

憧れのホテルで足を休めつつ気持ちとお腹を満たしてくれるアフタヌーンティーを。

プチ贅沢を楽しめるのもバンコクならでは

16:30 川辺にそびえ立つワット・アルンの大仏塔に見惚れる ▶P.51

時間と体力に余裕がなければ船上からでも！

陶器の破片できらめく花模様がびっしりの寺院は下船して近くで見学したいスポット。

ボートと徒歩で10分

18:00 リバーサイドで絶景ディナー！ ▶P.24

ボートで30分

刻一刻と変わる夕暮れどきのリバーサイドの風景のなか、洗練されたタイ料理で思い出に残るディナーを堪能したい。

アドバイス 予約が取れず現地でがっかりしないよう、日本で予約しておこう

⬆夕日に染まるワット・アルンを対岸から眺めるベストシート

20:00 女性以上に美しい！ ▶P.52 ニューハーフショーを満喫

今日の締めくくりはエキサイティングなショーでうっとり、ドキドキ、大笑いしたい。

ブロードウェイ並みの本格派

⬆脚線美とボディラインにドキドキする！

好みのままに。アレンジプラン

バンコクから日帰り可能なビーチと話題のパワースポットを日程に組み込むのもおすすめ。

南国気分を満喫したい

タイ屈指のビーチリゾート パタヤ・ビーチでバケーションを楽しむ

欧米人に人気のビーチリゾートは雑然として活気にあふれている。夜のパーティを楽しむなら1泊の計画で。

▶P.154

➡夜通し続くバーやナイトクラブの活気は圧巻

⬇リゾート気分で散策するのが楽しい

願い事を叶えに参拝へ

ワット・サマーン・ラッタナーラームで開運祈願！

郊外にあるタイ最強のパワースポットと話題の寺院。ユニークかつご利益ある神様に願いを叶えてもらいたい！

▶P.60

➡南国の青空に映える神様たち

⬇金ピカでカラフルな神様はタイならでは！

【移動】バンコク市内

DAY 4

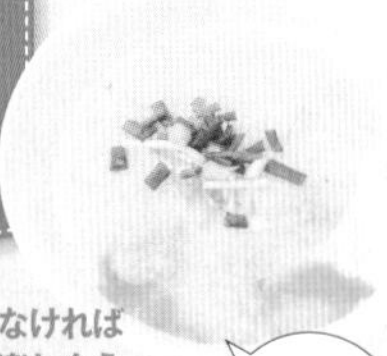

深夜の便で出発の最終日もフルに遊ばなければもったいない！ぎりぎりまでたっぷり楽しもう。

朝食は豆腐屋台がおすすめ

8:00 ルンピニ公園で屋台めしに挑戦！ ▶P.90

地元の人に交じって屋台めしに挑戦！ジョギングや体操に励む人たちを見ながら朝ごはん。

MRTと徒歩で40分

10:00 美しすぎる寺院 ▶P.38 ワット・パークナムで写真撮影

MRTとBTSでプロン・ポン駅へ

神秘的な天井画で知られる由緒正しい寺院で写真撮影とパワー充電目的で。

金色に輝く巨大な仏像がお出迎え

11:30 お昼は多国籍料理に決まり！どの国の料理にする？ ▶P.84

多国籍料理がおいしいことでも知られるバンコク。タイ料理に小休止！

本格イタリアンから飲茶、和食もある

13:00 スクンヴィット通りでおみやげ選び ▶P.110

センスのよい雑貨店は在住日本人も御用達。お店をはしごしておみやげ選びを。

➡素敵な店内に雑貨がたくさん！

⬇サンカローク焼の趣ある小皿

⬆籠バッグの種類も豊富で目移り必至

プロン・ポン駅からBTSで10分

15:00 人気のヘルシーカフェでほっとひと息 ▶P.100

オーガニック志向が高まりつつある話題のカフェに入ってひと休み。出発までのエネルギーをチャージ。

⬆雰囲気のよい空間でヘルシーなカフェタイム

18:00 一軒家レストランでタイ料理を堪能 ▶P.42

ホテルで荷物をピックして余裕をもって空港へ

最後の食事は上質な空間で本格タイ料理をじっくり楽しみたい。

締めくくりにぴったりの優雅なひとときを

深夜 スワンナプーム国際空港から日本へ帰国

BEST 11 THINGS TO DO IN BANGKOK

バンコクで ぜったいしたい 11のコト

Contents

ワット・アルンを望み、王宮を望む、
川辺に暮らす人びとの営みを感じる

青空のもとでも
大河は黄金色

01 チャオプラヤー川 悠久の流れのほとりで

川というものは人を引き寄せるものらしい。
人々の生活の場でしかなかったチャオプラヤーは
今では一大観光地となって、昼も夜も大賑わいだ。

Chao Phraya River

早朝のワット・アルンに静寂を聴く

早朝、広いバンコクの空が明け渡っている。乾季の空とはいえ、抜けるほどのブルーではないが、今日も酷暑になるだろう。それでもこの時間のチャオプラヤーの水上には、微かな川風があって肌に心地よい。向こう岸に暁の寺ワット・アルンがそそり立っている。東の船着場から乗った渡し舟がゆったりと対岸に向かう。

バンコクは、夜は遅く朝は早い。チャオプラヤー川も行き交う舟で混み始めている。だが観光バスがワット・アルンに着くにはまだ早い。門が開く8時前、ツアー客が押し寄せる前に寺院に着きたい。舟を降りればすぐそこに寺院がある。対岸から見るよりはずっと大きく、敷地も広い。中央の仏塔は75mもあるという。それを小さな仏塔が囲み、装飾の石仏はヒンドゥーのものだ。三島由紀夫は『暁の寺』でインド仏教を書いた。

観光客のいない、静寂のなかにたたずむバンコクの寺院はいい。

大観光地となったバンコクの大河

バンコクの寺院はどこでも、あまりの華美な装飾に目を見張る。金色と原色の組み合わせはすごいとしかいいようがない。これは信仰の篤さゆえか、アートな感覚のせいなのか。チャオプラヤー沿岸は、このところ変貌が激しいが、信仰でもアート感覚でもない。その変わりようは昼よりも夜のほうが強い。

沿岸の寺院がライトアップされると黄金色を増し、川面から見る王宮の屋根やワット・プラケーオが文字どおり威光を放っている。

歴史的には、往古チャオプラヤーの上流にスコータイやアユタヤー等の王朝が栄え、バンコクが王国になったのは19世紀も末のこと。王朝は、チャオプラヤーとともに下ってきてバンコクにたどり着いたといえるだろう。

今チャオプラヤーはさらに変わろうとしている。両岸にビルが林立し、ナイトマーケットも開かれ、ディナークルーズが光をきらめかせてしきりに行き交う。チャオプラヤーが街のエンタメと化している。

チャオプラヤー川沿いにたたずむ美しいワット・アルン ▶ P.51

©iStock.com/southtownboy

滔々と流れるバンコクの大動脈を走る

チャオプラヤー川を船で往く

Chao Phraya River

チャオプラヤー川を“旅する”方法はさまざまで、エクスプレス・ボートや多種多様なクルーズなど。うまく使い分けて満喫したい。

渋滞を知らないチャオプラヤー川を利用すると街は別の顔を見せる

渋滞の激しいバンコク市内の移動手段としてはBTS(高架鉄道)やMRT(地下鉄)、バス、タクシーなどがあるが、チャオプラヤー川を運航する「チャオプラヤー・エクスプレス・ボート」もそのひとつで、地元住民の足としてばかりではなく、観光客にとっても便利な乗り物として利用されている。いくつもの種類があり、うまく乗りこなせば効率的に目的の観光スポットに行き着ける。ほかにさまざまなタイプのクルーズ船も運航していて、少し贅沢な気分が味わえる。

©iStock.com/traumschoen

チャオプラヤー川をクルーズ

チャオプラヤー・エクスプレス・ボート

Chao Phraya Express Boat

チャオプラヤー川を走る高速ボートで、船着場や運航日時によって種類が異なり、船に掲げた旗の有無・色によって見分ける。旗なしは普通船、オレンジ色の旗は毎日運航の急行だ。

☎02-449-3000 営休料右表参照

HP www.chaophrayaexpressboat.com/en/home/

旗の色	運航日	運航時間	運航間隔	料金
旗なし Nonthaburi～Wat Rajsingkorn	月～金曜	6:45～7:30 16:00～16:30	20～25分	9～13B
オレンジ Nonthaburi～Wat Rajsingkorn	毎日	6:00～18:10	5～20分	15B
緑 Pakkret～Nonthaburi～Sathorn	月～金曜	6:00～7:50 15:45～17:45	20～30分	14～33B
黄 Nonthaburi～Sathorn	月～金曜	Sathorn行き 6:00～8:10 Nonthaburi行き 17:05～19:05	15～25分	21B

乗り方

1 チケットを買う

船着場に到着したら船の種類と旗の色から目的地を確認し、チケット売り場で、あるいは船内で係員から目的地までのチケットを直接購入する。

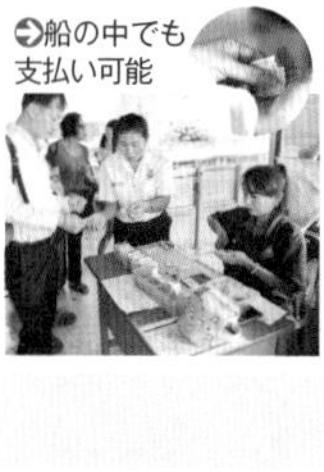

➲船の中でも支払い可能

2 乗船する

目的の船が接近してきたら、係員の誘導で船着場まで移動し、着岸したら足元に注意しながら乗船する。船内では係員による乗車券のチェックがある。

3 下船する

目的地に着いたら係員の指示に従って後方から下船する。足元に注意。

ライトアップされると吊り橋に張られたワイヤーが不思議な印象を与える

ラーマ8世橋

King Rama 8 Bridge

MAP 付録P.6 C-2

2002年に開通した全長475mの斜張橋で、交通渋滞緩和のために施工された。アシンメトリーの姿が美しい。西側のたもとにあるラーマ8世公園は住民に人気のスポット。

王宮御座船博物館

Royal Barge Museum

MAP 付録P.6 A-3

御座船とは高貴な人が乗る儀式用の船。美しい意匠のタイ王室専用の御座船が展示されている。

☎02-424-0004 交 Phra Pin Klao Bridge プラ・ピンクラオ橋桟橋から徒歩12分 所 80/1 Arun Amarin Rd. 開 9:00～17:00 休 無休 料 100B

圧巻は国王専用の御座船"スパンナホン"

王宮

Grand Palace

MAP 付録P.10 B-2 ▶P.47

初代国王ラーマ１世が1782年に築いた王宮。隣接するワット・プラケーオは華麗な建造物で、本堂には"エメラルド仏"が鎮座する。

タイで最も高い格式を誇る美しい仏教寺院

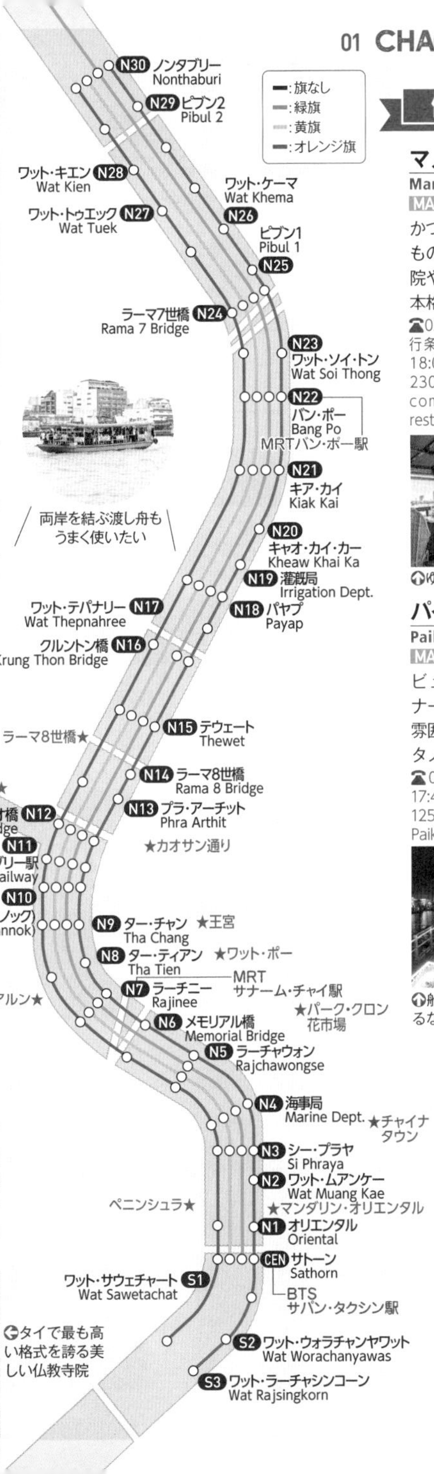

両岸を結ぶ渡し舟もうまく使いたい

優雅にクルーズ

マノーラ・クルーズ

Manohra Cruise

MAP 付録P.4 B-4

かつては木造の運搬船だったものをクルーズ用に改造。寺院や橋の光景を目にしながら本格的タイ料理を賞味する。

☎02-476-0022 営 8:30～10:00(運行条件あり。HP参照)、17:00～18:00、19:30～21:30 休 無休 料 2300B HP https://www.anantara.com/ja/riverside-bangkok/restaurants/manohra-cruises

ゆったりと大人のクルーズを

パイカン・カタマランズ

Paikan Catamarans

MAP 付録P.4 A-4

ビュッフェスタイルのディナークルーズ。カジュアルな雰囲気でクルーズが楽しめる。タノントックPierから出発。

☎094-342-9966 営 16:15～17:45、18:15～20:30 休 無休 料 1250B～ HP www.facebook.com/PaikanCatamarans

船上にあるハンモックで寝そべるなど、楽しみ方が豊富

ワット・ポー

Wat Pho

MAP 付録P.10 B-2 ▶P.50

巨大な涅槃仏で有名なバンコク最古の寺院。敷地内にはタイ古式マッサージ場があり、施術が受けられる。

4基の仏塔が美しい

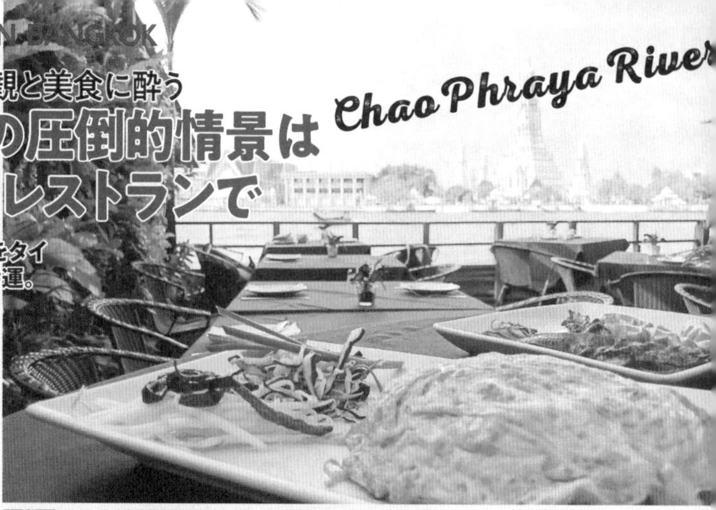

川辺に憩いながら美観と美食に酔う

寺院や夜景の圧倒的情景はリバーサイドレストランで

対岸の息をのむような風景をタイ料理といっしょに賞味する幸運。

ザ・デッキ

The Deck

王宮周辺 MAP 付録P.10 B-3

〝暁の寺〟を眼前に望む
絶好の立地に建つ人気店

川を挟んでテラス席からワット・アルンを眺めながら、おいしい料理を味わう。メニューはイタリアンかタイ料理から選ぶ。スタッフの応対も好評。ただし虫よけ対策は必須。

☎02-221-9158 交Tha Tien ター・ティアン桟橋から徒歩5分 所36-38 Soi Pratoo Nok Yoong, Maharat Rd. 営11:00～22:00(金・土曜は～23:00) 休無休

↑リバーサイド席は競争率が高く、ディナーでの利用は予約しておきたい。ランチもおすすめ。2階には室内席、3階にはバーもある

対岸の夜の仏塔

日没時にライトアップされ変化していくワット・アルンの姿は格別。3階のバーからの眺めはさらに素晴らしい。

スパンニガー・イーティング・ルーム

Supanniga Eating Room

王宮周辺 MAP 付録P.10 B-3

バンコクに展開する3店舗のひとつで、ター・ティアンにある。タイ料理も各地でさまざまだが、ここではオーナーの祖母の味が提供される。東部地方の伝統的家庭料理だ。

☎02-714-7608 交ⓂSanam Chai サナーム・チャイ駅から徒歩6分 所Riva Arun Hotel River Front, 392/25-26 Maharaj Rd. 営11:30～14:30、17:30～23:00 休無休

↑新鮮な魚介が豊富で丁寧なメニューが評判の店

夕暮れどきの絶景

飲食は店内、あるいはルーフトップでとるが、ワット・アルンの景観はもちろんルーフトップからがおすすめだ。

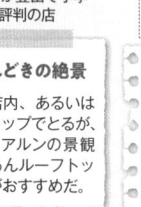

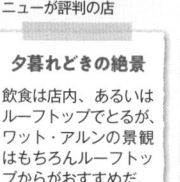

タイの家庭料理が人気
写真付きメニューがうれしい

バーン・カニタ・ヘリテージ

Baan Khanitha the Heritage

チャオプラヤー川周辺 MAP 付録P.16 A-2

宮廷料理と夜景を
リバーサイドで賞味

2018年にオープンしたきらびやかな商業施設「アイコン・サイアム」の4階にあり、タイ宮廷料理をディナーコースで提供する高級店。人気はバンコクで最高と称されるトムヤムクン。

☎02-288-0414 交所アイコン・サイアム(→P.122)内 営11:00～22:00 休無休

バンコクの夜の絶景

テラス席から見えるバンコク市街の夜景は日常を忘れさせる。夜3回開催される噴水ショーとのコラボも見事。

←コースメニューの前菜プレートが美しい

川沿いに並ぶテラスが
有名な"ザ・テラス"。
爽快な気分で食事を

チャオプラヤーのほとりに建つアジアを代表するホテル

極上の施設ともてなしがゲストを夢の中へ

**「1人の宿泊客に4人のスタッフ」といわれるほど質の高いサービス。
贅を尽くした優雅なホテルライフが約束されている。**

マンダリン・オリエンタル

Mandarin Oriental

チャルン・クルン通り周辺 MAP 付録P.16 B-3

対岸には人気のスパやタイ舞踊が鑑賞できるレストラン

1887年に開業した世界的に知られる最高級ホテルのひとつで、多くの著名人やロイヤルファミリーが利用する。客室にはタイの伝統を思わせる意匠が見られ、レストラン「ル・ノルマンディ」は2ツ星のフランス料理店。

☎02-659-9000 交 BTS Saphan Taksin サパン・タクシン駅から徒歩10分 所 48 Oriental Ave. 料 1万6150B～ 室数 331 日本での予約先 ☎0120-663-230
HP https://www.mandarinoriental.com/bangkok/chao-phraya-river/luxury-hotel
J J E E

こんな人たちが訪れた

多くの著名人が愛してきたホテルだが、特にオーサーズ・ウイング(写真下)にあるスイートには、ホテルで長期にわたって執筆活動を行ったサマセット・モームやノエル・カワードら4人の名が冠されている。三島由紀夫はこのホテルで『暁の寺』を執筆した。2017年には現上皇・上皇后も宿泊している。

ラウンジ&レストラン
Lounge & Restaurant

飲食や憩いの選択肢は豊富で、利用客のさまざまな目的や趣向に対応することができる。

↑ロビーに広がるラウンジには気品ある時間が流れる

↑ホテル運営の王宮レストラン「サラ・リム・ナーム」

↑「オーサーズ・ラウンジ」ではアフタヌーンティーを

客室
Rooms

広々とした客室はエレガントなタイ様式をベースにスタイリッシュかつモダンな設備。

↓デラックス・ルームの大きな窓からはチャオプラヤー川のゆったりとした景観が望める
※リバーウィング改装工事終了後は客室の仕様が写真とは異なります

クールなテントの下は
食べる・買うの屋台遊園地

02 ナイトマーケットでアジアの夜に親しむ

気軽でおいしい&センスが良い
これぞバンコクローカルライフ

Night Market

生活の中心、それがタラート。食べるものも着るものもすべてマーケットで買う。そんなローカルタイライフを身近に感じられる場所。

それぞれ特徴のあるタラート どんなエリアなのかがわかる

指差しで気軽に購入できるので、とても楽しいマーケット。買いすぎてもバッグ売り場もあるから大丈夫。購入意欲がある場合は屋台の人とも積極的に話をしてみよう。人気のジョッド・フェアーズはとにかく人の多さに驚く。駅からエントランスまでお祭りのような状態の場所も。バッグを小脇に抱えたり、リュックを前にかけるなど歩きやすさに配慮し、商品を運ぶ人たちを優先しよう。

食べ物や雑貨、服まで何でも揃うオールマイティな市場

カラフルでかわいい、おみやげにぴったりのサンダル

巨大マーケットは楽しさいっぱい！

ジョッド・フェアーズ

JODD FAIRS

バンコク郊外 MAP 付録P.5 D-2

2021年12月、惜しまれながら閉鎖したタラート・ロットファイ・ラチャダー（鉄道市場）の運営会社によるマーケットが誕生。ローカルの多く集まる場所であることから常に賑わっている。

092-713-5599 交 M Phra Ram 9 ラーマ9世駅から徒歩4分
所 Rama IX Rd, Huai Khwang
営 11:00～24:00 休 無休

↑ビルの谷間でワクワクするエントランス

こんな雰囲気です

↑暑いのでジュースを飲める休憩スペースもある

↑「アオニー！（これください）」と指さして

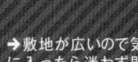

→敷地が広いので気に入ったら迷わず即買いがベター

キラキラと白で統一されたテント群。どこかヨーロッパの雰囲気も楽しめる

ナイトマーケットQ&A

楽しむためのポイントは?

比較的すいている17時頃に軽く下見。混み合ってきたら、もう一度戻るのは困難。いいと思ったらその場で購入。雨の日は閉める店が多い。

値切りマナー「理由なく」はNG

「気に入ったので2つ欲しい。いくらになる？」が模範。初めに「いくら？(タオライ？)」と聞いたときから店は値引きを始めてくれている。

衛生面はどうなの?

氷は基本的に問題ないといえる。すべて体調次第。少しでも不調なときはフルーツなど生ものは避けよう。雨天時に足元が汚れたらよく洗おう。

系列マーケットにも注目!!

城の内部に入ることもでき、マーケットが一望できる

⬆2023年4月にオープンした、いま注目のマーケット

お城がある!? 新たな映えマーケット

ジョッド・フェアーズ デーンネラミット

JODD FAIRS DanNeramit

バンコク郊外 MAP 付録P.2 C-2

ネラミットの意味は創造。お城が中心のテーマパークのような施設で、アンティークやフードに服、すべてがおしゃれなマーケット。

☎098-709-8779 交 BTS Phahonyothin 24 パホンヨーティン24駅から徒歩6分 所 Phahonyothin Rd, Chom Phon, Chatuchak 営 17:00～24:00 休 月～水曜

広くて清潔なモールはバンコク観光の入門編。気軽に楽しもう

大きな観覧車が目印の巨大マーケット

アジアティーク・ザ・リバーフロント

Asiatique The Riverfront

チャルン・クルン通り周辺 MAP 付録P.4 B-4

ニューハーフショーのカリプソ・キャバレー・バンコク(→P.52)も入っている商業施設では、広い敷地内で食事やショッピングができる。まるで遊園地の入口付近のよう。川沿いに位置しているので、観覧車あたりに吹く風が心地よい。

☎092-246-0812 交 BTS Saphan Taksin サパン・タクシン駅、Sathorn サトーン桟橋からシャトルボートで15分 所 2194 Charoenkrung Rd. 営 11:00～24:00 休 無休 HP www.asiatiquethailand.com/

シャトルボートでアクセス

BTS サパン・タクシン駅の2番出口から専用乗り場へ向かう。

営 16:15～23:30(約30分おきに運航)
休 無休 料 無料 ※時刻表は予告なく変更する場合あり

広い敷地には撮影スポットもたくさん！

お気に入りの屋台が見つかるはず！どんどんチャレンジ！

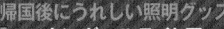

こんなお店があります

ソープの香りに誘われて入店

カース

Khas

ディフューザーなどを扱うアロマショップ。センスよくユニークなデザインが豊富。かわいい石鹸がたくさんある。

☎086-656-1445
営 17:00～24:00
休 無休 E

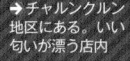

➔チャルンクルン地区にある。いい匂いが漂う店内

↓キャンドル450B

↑バスソルト(左)、ソフトスクラブ(右)各190B

↑フルーツソープ各90B

↑アイスキャンディソープ各90B

帰国後にうれしい照明グッズ

コットンボールライト屋

Cotton Ball Light

コットンボールや日本では見かけないライトがいっぱい。梱包や電圧についてはショップで聞いてみよう。英語はある程度OK。

☎なし 営 16:00～24:00 休 無休 E

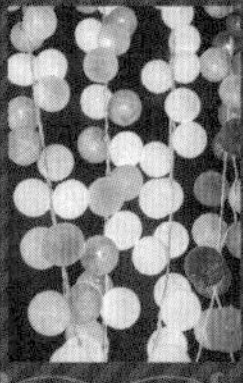

➔フランスで人気の出たコットンボールも販売している

素敵なタイルがずらり

バンコク タイルファクトリー

Bangkok tile factry

壁面に陳列されたタイルの数に圧倒される。おみやげにぴったりなアロマセットは、よく見るとデザインがとてもキュート。

☎なし 営 16:00～24:00 休 無休 E

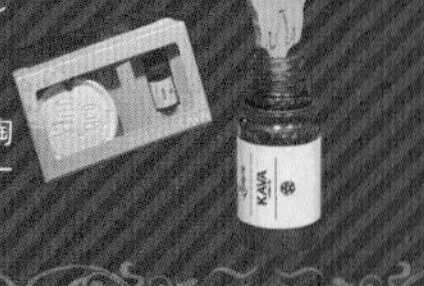

➔アロマオイルと陶器のディフューザースティック400B

ASIATIQUE
ChaTraMue
海の見えるテラス席
で少し早めの
ディナーはいかが
タイティーでおなじみ
「チャトラムー」も
あります

白いテントがびっしり。
ヤシの木が南国気分を盛
り上げてくれる

混雑を避けるならここがおすすめ

ザ・ワン・ラチャダー

The One Ratchada

バンコク郊外 MAP 付録P.5 D-2

カラフルテントで人気を博したタラート・ロットファイ・ラチャダー(鉄道市場)の跡地にできたマーケット。広い通路で少し落ち着いた雰囲気。ゆったり買い物をしたい時に最適。

☎02-006-6655 交 Ⓜ Thailand Cultural Centre タイランド・カルチャー・センター駅から徒歩4分
所 55 10 Ratchadaphisek Rd, Din Daeng 営 17:00〜24:00 休 無休

↑歩きやすいことが魅力のマーケット。ゆっくり物色できる雰囲気

↓アジアティーク専用カップのスムージー

香りだけでお店がすぐわかる

ドリアニズム・カフェ

Durianism Cafe'

新鮮なドリアンはチーズのようにクリーミーでとてもおいしい。お酒との組み合わせは良くないのでご注意。ドリアン以外もお試しを。

☎なし 営 16:00〜24:00 休 無休 E

チャトゥチャックが閉まる頃に活気づく

JJグリーン

JJ Green

バンコク郊外 MAP 付録P.5 D-1

おしゃれなバーなどもあり、若いタイ人アーティストが繰り出すナイトマーケット。ショッピングのあとに立ち寄ってみよう。雑貨、衣料品店のセンスも良い。

☎092-216-1555 交 BTS Mo Chit モー・チャット駅から徒歩5分 所 JJ Green prachachuen soi 10 営 17:00〜24:00 休 月〜水曜

→夜見ると欲しいものが増えるかも

→スムージー各種80B

ひとくち飲めば暑さ吹き飛ぶ

サイアム・マンゴー

Siam mango

新鮮フルーツをその場でスムージーにするジュース屋台。いろんな味を楽しんでみよう。

☎なし 営 16:00〜24:00 休 無休

多国籍ムードたっぷり。
「ここ座っていい？」と
気軽に聞いてOK

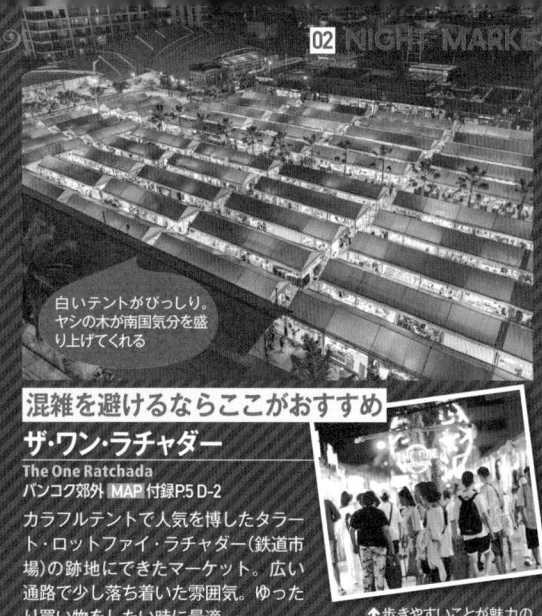

見上げれば湿気を含んだ月
バンコクの濃密な異国情緒

おしゃれなドリンク片手に
バンコクナイトを満喫

03 南国の空に涼やかな風が渡る 贅沢にルーフトップ・バーの夜

多くが高級ホテル内にあるため、ビーチサンダルやショートパンツは好まれない。飲む前も飲んだあとも足元に注意し、星空への階段を行こう。

ダイブしたくなる
パノラマビューの夜景

吹く風に舞い上がる心抑えて

シロッコ

Sirocco

シーロム通り MAP 付録P.16 B-3

シーロム地区のホテル、ルブア最上階のさらに上、高さ世界一を誇るルーフトップ・バー。店名はアフリカ北部から地中海に向けて渡る季節風を意識したもの。目の前を遮るものが一切ない光景は、断崖に立っているような感覚になるほど。

☎02-624-9555 交 BTS Srasak スラサック駅から徒歩15分 所 H タワー・クラブ・アット・ルブア(→P.163)内 営16:00～翌1:00 休無休 E E

↑夜空に浮かぶバー

↑質のよい本格的な料理を空中で堪能

←ハーブがたっぷりのモヒート

360度のパノラマビューはとびきりの絶景。ドリンクだけでなく軽食も

きらめく夜景はもちろん
夕暮れどきの眺めもきれい

スクンヴィットでバンコクを見渡す

オクターヴ・ルーフトップ・ラウンジ&バー

Octave Rooftop Lounge & Bar

スクンヴィット通り MAP 付録P.21 D-3

便利な立地であることはいうまでもなく、食事には定評のあるマリオットグループのスカイバー。360度見渡せるスカイバーからはBTSやチャオプラヤー川も見え、動いてきた位置を確認しつつ夜景を楽しめる。

☎02-797-0000 交 BTS Thong Lo トンロー駅から徒歩3分 所 H バンコク・マリオット・ホテル・スクンヴィット(→P.161)内 営17:00～翌2:00 休無休 E E

←駅から至近のホテルのバー

夜風にあたりながら
チャオプラヤー川や
キラキラとした街灯り
にうっとり

最高にロマンティック 夜景をクルーズ気分で

段差のある店内は
天空に飛び立つ船の
デッキのよう。夜景の
美しさにため息

↑本格グリル料理は味にも定評あり

めくるめく月の近きに酔いしれて

ヴァーティゴ&ムーンバー

Vertigo & Moon Bar

ルンピニ公園周辺 MAP 付録P.25 F-4

オフィス街にそびえるホテル、バンヤンツリー・バンコクにあり、レストラン「ヴァーティゴ」とバー「ムーンバー」が61階を分け合っている。船のブリッジを模したしつらえには、都会の荒波をものともしない頼もしさがある。

☎02-679-1200 交Ⓜ Lumphiniルンピニ駅から徒歩10分 所Ⓗバンヤンツリー(→P161) 内 営18:00～22:30 休無休 E E ✆ 💳

↓カクテルを注文して気分も盛り上がる！

ワインエンジェルが降臨した

レッド・スカイ

Red Sky

サイアム・スクエア周辺 MAP 付録P.23 D-2

下界セントラル・ワールドでのショッピング後は隣接センタラ・グランドホテル55階の天空へ。絶景の広がるガラスの回廊を過ぎるとシンボルの巨大アーチが出現。涼しい風が吹き通る場所で、気鋭のイタリア人シェフの味を存分に楽しみたい。屋内のワインセラーは必見。

☎02-100-6255 交BTS Chit Lomチット・ロム駅から徒歩10分 所999/99 Rama 1 Rd. 営16:00(バー17:00)～翌1:00 休無休 E E ✆ 💳

天使の都 バンコクを空から見下ろす

眺望はもちろん360度。
ときどき色の変わるアーチが
夜景の雰囲気を
盛り上げる

↓アンバー ルーフトップ320B(右)、ティベリー320B(左)

↗サーフ＆タール タワー 6955B

東南アジア最大級
怒濤の買い物エリア

なんでもあります!
巨大な週末市場

Chatuchak Weekend Market

04 1万5000店舗! チャトゥチャック・ウィークエンド・マーケットへ

時期によっては気が遠くなるほどモノと活気に満ちる。人混みに乗じたスリにもご用心。昼間に訪れる際は熱中症対策を忘れずに!!

1日じゃたりないくらいお店がたくさん!

バンコクへ来たら
絶対に行きたいマーケット

チャトゥチャック・ウィークエンド・マーケット

Chatuchak Weekend Market

チャトゥチャック MAP 付録P.5 D-1

マーケットではなく今や「チャトチャ」と呼びたい。欲しいものが必ず見つかるといわれる場所に挑戦してみよう。

☎02-272-4270 交Ⓜ Kamphaeng Phet カンペンペート駅からすぐ、BTS Mo Chit モーチット駅から徒歩3分 所 Kamphaengphet Rd. 営9:00〜18:00 休月〜金曜

こんなお店があります

手編みアクセサリー

ミン

Ming

Section 2 soi 40 No.196

かぎ針編みのかわいいピアスやネックレスが所狭しと並ぶ。

☎086-771-6402 営9:00〜19:00

➡色は多種あり。二重でも一重でもおしゃれなネックレス

190B

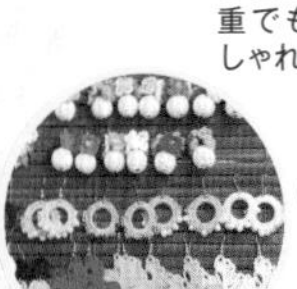

⬅選ぶのが楽しいピアスがたくさん

250B

⬆季節を問わないデザインのネックレス

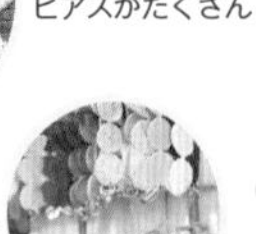

➡どれもこれもキュートなデザイン

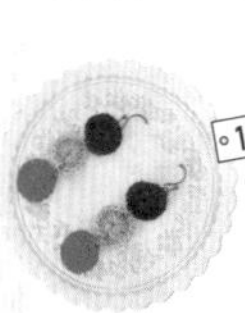

120B

⬅かわいいシートにのせて包装してくれる

⬆種類も色も豊富で迷う

オリジナルを手に入れる

マダム・カピ

Madam kapi

Section17 soi 9/4 No. 327/328

私だけの籠バッグとサンダルを。材料によって値段が変動。楽しいに決まってる!女性のための店。

☎094-426-5697
営10:00〜20:00

➡スタッフが机で作業している

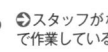

⬇狭い店にベースのかごバッグが並ぶ

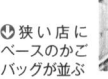

➡オリジナルバッグも作れちゃう

約150B

かわいいサンダル目白押し

スリー

Three

Section24 soi 34/5 No.024

靴屋は山ほどあるが、ここはデザインと質がワンランク上。バレエシューズもあるので夏以外にもお役立ち。

☎089-671-5535
営10:00〜19:00

⬆良いサンダルある!とすぐわかる

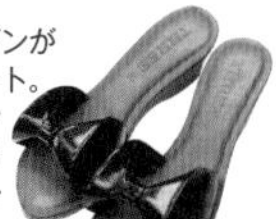

➡リボンがキュート。履きやすいサンダル

⬇革の質が良いので履きならそう

⬇差し柄アニマルトングも革製品

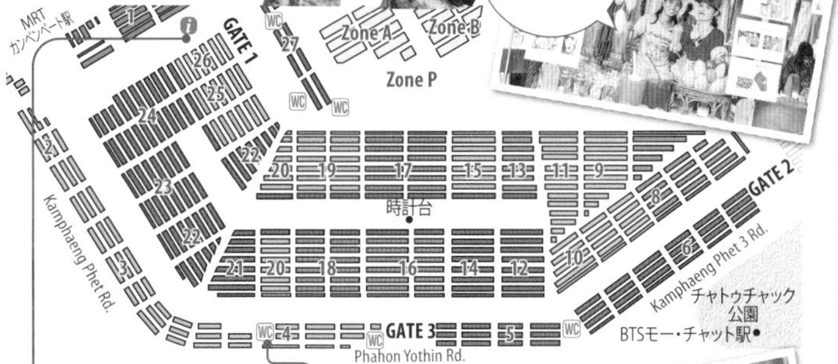

インフォメーション
まずはここで地図を手に入れて全体を把握。セクションの位置関係を確認。

トイレ
使用料金2～3Bが必要。小銭を用意しておこう。隣接のJJモールも使用可。

ショッピングアドバイス

MAP・案内板を利用
現在地の確認は案内板がスムーズ。チャトゥチャックの専用アプリもあるので、インストールしておくと便利。

値段交渉にチャレンジ
英語での交渉可能。なかには日本語を少し話す店員も。いくら？「タオライカ？」でスタート。しつこく値引きを要求しないほうがいい。

目印は時計台
時計台からどちら方向、としておくとわかりやすい。広大な敷地なので戻って見る、は至難。気に入ったらその場で購入しよう。

熱中症・スリに注意
狭い通路が続くので人ともよくすれ違う。バッグは小脇に、リュックは前に。いろんなジュースを楽しみながら、こまめに水分補給を。

ココナッツアイスを食べながら歩こう

刺繍が綺麗な帽子店

ハット アンド ハット
HAT & HAT
Section23 soi 31/6 No.240 252

センスのよい帽子が並ぶ。手刺繍の細やかさがセンスの良さを感じさせる。

☎なし 営10:00～20:00

キャップもハットも販売

刺繍入りの帽子もある
290B～

笑顔が素敵なスタッフは日本好き

150B～

静かなアロマショップ

アンヤダル
ANYADARU
Section3 soi 43

チャトチャの喧騒とのコントラストにホッとする香り。

☎02-513-0145
営10:00～20:00

テーマはライブラリー

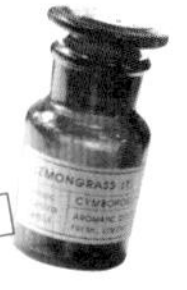
アロマボトル
325B

店内に入るといい香りが

キュートなアクセが目白押し

チュアンピサマイ
Chuan Pisamai
Section3 soi 43/2 No.125-126

元AKB48の小嶋陽菜さんが使っていたことで知られているブランド。ガーリーなイメージが強いが、差しアクセとして一見の価値はあり。

☎095-54-0638
営10:00～20:00

レトロな時計は一点もの

レジあたりに多数のかわいいアクセサリー

すべてがラブリーな店

ガーリーすぎないピアスも販売

パエリアおじさんに会おう

ヴィヴァエイト
VIVA8
Section8 soi 16/1 No. 375-367

名物おじさんはマジシャン。パエリアもおいしい！

☎02-618-7425 営8:00～21:00

毎週大人気！

パフォーマンスが調味料

大きな鍋で作るパエリア
150B

気楽な格好で歩ける
パワフルな若者天国

今やこの街は
バックパッカーだけの街ではない

05 若い外国人であふれ返るカオサン通りへ

©iStock.com/MosayMay

**バックパッカーの聖地として
名を知られたカオサン通りをメインに、
ワット・チャナ・ソンクラームなど
由緒ある寺院、市場などが散策できる。**

独特の無国籍な雰囲気は散策するだけでも楽しい

特に80年代、バックパッカー向けの安宿街として有名になったカオサン通り。近年、安宿は近隣のランブトリ通りなどに移転し、レストランやショップが増え旅行者の憩いのエリアとなっている。安宿街時代の名残から小さな旅行会社も多く、サムイ島などへの格安ツアーを申し込むことも可。大河、チャオプラヤー川から吹くバンコクの風を感じながらモダンなカフェでひと休み。バンランプー市場で庶民的なおみやげを探すのもおすすめだ。

㊋Phra Arthit プラ・アーチット桟橋から徒歩10分、BTS National Stadium ナショナル・スタジアム駅から車で20分

ランブトリ通り
Ram Buttri Alley

カオサン通りの北側にある閑静な安宿街。カフェやレストランもあり疲れた旅行者を癒やすストリート。

大人の雰囲気漂う裏カオサン

カオサン通りの裏手にあることで「裏カオサン」とも

プラ・アーティット通り
Phra Athit Rd.

川沿いの通りで、しゃれたカフェやレストランが並ぶ。

1 ワット・チャナ・ソンクラーム
Wat Chana Songkhram

MAP 付録P.6 C-4

チャクラボン通り沿いにある寺院。アユタヤー王朝時代の建立と伝えられ、名前のチャナ・ソンクラーム(戦勝)は、ビルマとの戦争に勝利したことに由来。

☎02-281-9396 ㊋カオサン通りから徒歩2分 ㊏Chakrabongse Rd. ㊐8:00～21:00 ㊡無休 ㊕無料

"戦勝"という名で勝負運UPスポット

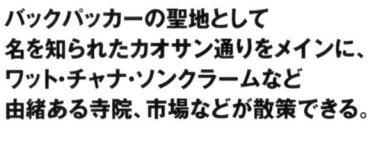

白壁と黄金色で飾られた窓が美しく屋根の装飾が見事

アユタヤー王朝時代から続き王室とも関わり深い寺院

トゥクトゥクに乗ってみよう

トゥクトゥク ▶付録P.31

Tuk tuk

バンコクでよく見かけるバイクを改造した三輪自動車。窓やドアがなく、荷台部分が客席に。

乗り方

1 トゥクトゥクをつかまえる
停車しているものか、走行中を見かけたら歩道から腕を体の斜め下の方向に突き出し合図

2 値段交渉
値段は乗車前に交渉。事前に相場を把握しておき、できるだけ安い値段までがんばる！

3 乗車
ドアがないので、必ず手すりにつかまって。かなりのスピードなので振り落とされないように

4 降車&支払い
値段交渉した金額を支払う。チップなどを要求されないよう、おつりが出ないのがベスト

街歩きチャート

チャオプラヤー・エクスプレス・ボート
プラ・アーチット桟橋
徒歩7分
1 ワット・チャナ・ソンクラーム
徒歩8分
2 プラ・スメン砦
徒歩7分
3 ワット・ボウォーンニウェート
徒歩6分
4 カオサン通り
徒歩10分
プラ・アーチット桟橋
チャオプラヤー・エクスプレス・ボート

歩く距離 約3.7km

街歩きのポイント

王族にも関係する貴重な寺院が点在し、風光明媚なチャオプラヤー川沿いや庶民が集う市場、外国人の聖地など、多彩なバンコク風情に浸れる。

2 プラ・スメン砦
Phra Sumen Fort

MAP 付録P.6 C-3

チャオプラヤー川とバンランプー運河の分岐点にあるラーマ1世時代の砦。城壁の最北端に位置し、バンコクの防衛線や水上交通の要所として重要な役割を果たした。
交 カオサン通りから徒歩10分 所 Phra Sumen Fort Pra R-Thit Rd. 開 休 料 見学自由

バンランプー市場
Banglamphu Market

衣料品やアクセサリーの露店など商店がずらりと並ぶ。

3 ワット・ボウォーンニウェート
Wat Bowonniwet

MAP 付録P.7 D-4

1826年、ラーマ3世の副王によって建立され、王子時代のラーマ4世を初代管長に迎えた由緒ある寺。厳しい戒律で知られるタマユットニカーイ派の総本山。
☎02-629-5854 交 カオサン通りから徒歩3分 所 248 Phra Sumen Rd. 開 6:00~18:00 休 無休 料 無料

4 カオサン通り
Khao San Rd.

MAP 付録P.6 C-4

約300mほどの通りで外国人旅行者がたくさん行き交う。

カオサン通りで
食べる、買う、癒やされる

Khao San Rd.

多国籍な観光客の集まるカオサン。安宿があることで有名だが、昼間の「落ち着いたカオサン」には大人っぽい魅力がある。

街なかなのにリゾート感あふれる雰囲気

フュージョンな魅力のレストラン
Ⓐバディ・ビア
Buddy Beer

MAP P.35

ホテル併設のレストラン。通り沿いの賑やかな屋外席か、落ち着いた雰囲気の店内席を選べる。スタンダードなタイ料理のほか、イタリアンなど幅広いメニューが揃う。スタッフの質がいいのも魅力。

☎02-629-5101 営11:00～翌2:00
休無休

↑カオサン通りに現れるおしゃれな看板

↑ハズレなしの盛り付けがきれいなタイ料理

↑テンモーパン130B(右)、マンゴースムージー130B(左)

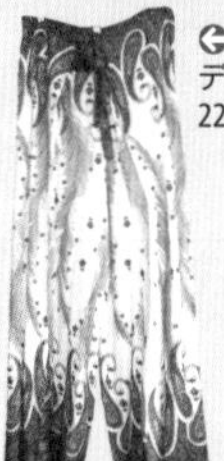
←タイパンツもデザイン豊富220B

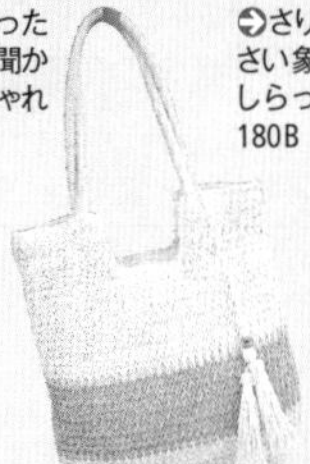
→どこで買ったの？と日本で聞かれそうなおしゃれトート350B

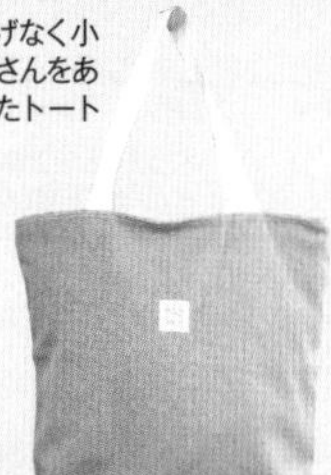
→さりげなく小さい象さんをあしらったトート180B

タイパンツもバッグもおまかせ
Ⓑ雑貨ショップ
Thai variety shop

MAP P.34

カオサン通りを歩いていると華やかなファブリックに誘われてついつい商品を見たくなる。タイパンツもあったりすると大当たり！

☎なし 営9:00～21:30
休無休

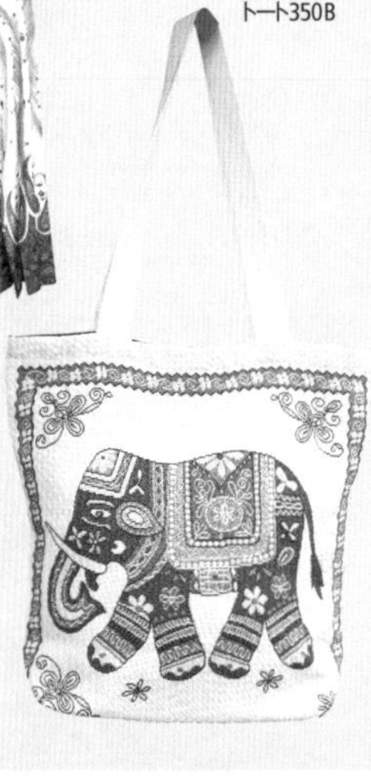
→ひと味違う象さんプリントがグッとくる手さげ150B

入ってすぐにカラフルタイパンツ

C タイパンツ
No Name

MAP P.34

タイパンツをまず購入しておきたい。そんな気持ちが読まれているかのよう。複数枚購入するけどいくら？という交渉がマナー。

☎なし
営10:00～日により異なる
休不定休

➡鮮やかなブルーに心惹かれるバッグ250B

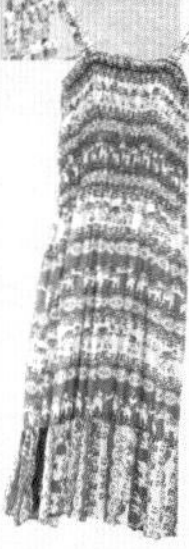

➡海で着たいし日本でもうまくコーデしたいドレス300B

➡旅の思い出にぴったりなタイ雑貨も揃う

段違い席に座ってみたい

D ザ・ワン・カオサン
The One Khaosan

MAP P.34

カオサン通りでひときわおしゃれな外観のレストラン。ローカルな店も楽しいけれど、落ち着いて座りたいという人におすすめだ。夜は音楽が流れ、外国人で賑わう。料理はタイ料理の定番から写真映えする見た目のものなど豊富。カクテルも味わえる。

☎061-415-8990 営10:00～24:00
休無休

⬅広々とした立体的な空間が目を引く

カオサンでもマッサージ

E ミニマル・マッサージ
Minimal Massage

MAP P.35

足の疲れを癒やすマッサージ店はどこにでもあるが、カオサンはスクンヴィット界隈よりも料金設定が低い。少し眠りたいなら足マッサージを1時間よりも1時間30分でお願いしよう。マッサージ1時間250B。

☎02-629-1332
営9:00～翌2:00
休無休

➡いつも笑顔のマッサージ師さん

混む時間帯には席がずらりと埋まることもある

天井の高いバディ・ビアは目立つので見つけやすい
BUDDY BEER

現在位置を把握しやすい、明るいうちに歩きたい

トゥクトゥクの停まっている場所がランブトリ通りの入口

Wat Paknam
ここは格式の高い王室寺院
だったらお参りしなきゃね

SNSで有名になった寺院は
最強パワースポット

06 「映え」すぎる寺院 ワット・パークナム

タイ人なら誰でも知っている高僧にゆかりのある第3級王室寺院は信仰の場として人気が高い。

思わず息をのむ極彩色の天井画 エメラルド色のガラスの仏塔

アユタヤー王朝時代時に建立された寺院は高僧の故プラ・モンコン・テムニー師にゆかりがあり、瞑想修行の場としても有名。平日も地元の人たちで賑わっている。境内の白い仏塔の内部が博物館で観光客のお目当ては最上階(5階)。頭上に広がるこの世のものとは思えないほど幻想的な世界観に思わず息をのむ。

ワット・パークナム

Wat Paknam
バンコク郊外
MAP 付録P.4 A-3
☎02-467-0811 交Ⓜ Bang Phai バーンパイ駅から徒歩12分 所300 Ratchamongkhon Prasat Alley 開8:00～18:00 休無休 料無料

➲4階はタイ仏教重鎮のメモリアルホールとなっている

仏陀の生涯が描かれている天井画からパワーを感じて

アドバイス

日本語パンフレットで知識を補充

寺院で日本語のパンフレットがもらえるので入手しよう。説明を読みながら境内をまわるとより興味深い。

神聖な場所だからマナー厳守で

撮影スポットとして人気でもここは寺院。タンクトップや短パンなど肌の露出が多い服装は避けること。

←いたるところに鎮座する黄金の座像
↓高さ80mの大仏塔の中へ入場！

併せて訪れたい

一風変わった表情の仏像から目が離せない

ワット・クンチャン
Wat Khun Chan

バンコク郊外 MAP 付録P.4 A-3

運河の橋を渡ってすぐの由緒正しい寺院。ここの仏像はほかでは見られないユニークな表情が特徴的で必見。

☎02-465-1901 交ワット・パークナムから徒歩10分 所1144 Thoet Thai Rd. 開8:00～18:00 休無休 料無料

↑白象に支えられた大仏がこの寺院の中心

↑来訪者を静かに迎える金の大仏

↑寝そべる釈迦像も不思議な表情

↑お供えに含まれる金箔を丁寧に貼る

奇観寺院を楽しんだあとはカフェでひと息

ジャン・コーヒー
Jann Coffee

バンコク郊外 MAP 付録P.4 A-3

2018年にオープンした気さくな若い夫婦のカフェ。近隣でも人気の店でローカル気分を味わおう。

☎088-678-4408 交ワット・クンチャンから徒歩5分 所1631 Thoet Thai Rd. 営9:30～18:00 休無休 E E

↑ラテなどコーヒー各種

Jann Coffee

→バス通り沿いのオープンな店内

小腹が減ったらあっさりヌードル

クイッティアオ・ヌアトゥン・ムートゥン
Kuayttiaw Nua tun Moo tun

バンコク郊外 MAP 付録P.4 A-3

創業50年以上の歴史を持つ老舗店。清潔な店内で朝昼を米ヌードルですます現地スタイルを体験しよう。

☎081-811-9491 交ワット・クンチャンから徒歩5分 所1627 Thoet Thai Rd. 営8:30～17:30 休日曜 E E

↑牛肉入りクイッティアオ50B

→注文後目の前で麺を茹でる

整備されても相変わらず
ローカルなユニーク市場

水上マーケットは数カ所
それぞれに個性があります

07 まるで水の上のお祭り 水上マーケットが楽しい

観光客にも大人気の水上マーケットはタイの伝統文化。活気にあふれ異国情緒たっぷり、タイ旅行に来た実感を味わえる。

桟橋からの見学もいいけれど
小舟の目線で楽しみたい！

ダムヌン・サドゥアック 水上マーケット

Damnoen Saduak Floating Market

バンコク郊外 MAP 付録P.2 B-2

バンコクから西に80kmの場所にある水上マーケットは、伝統文化保存のために政府が開発したもの。小舟の一艘一艘が商店になっていて、販売している商品もそれぞれ。おみやげにぴったりの小物や果物から麺類などの食べ物もあり活気があって楽しい。

☎087-969-3428 交バンコクから車で2時間 所Damnoen Saduak Ratchaburi 営7:00～14:00 休無休

←麺類やご飯などアツアツで提供してくれる移動食堂さながらの小舟も多い

©iStock.com/Goldquest

↓串焼き販売の小舟も！早朝のツアーだから朝ごはん代わりに

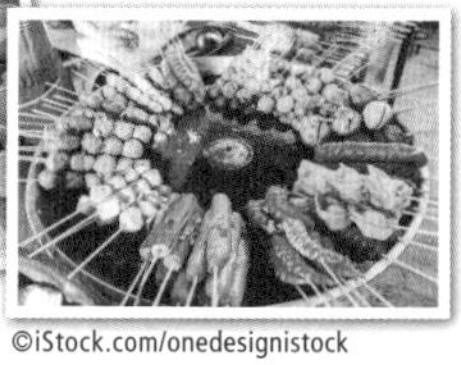

©iStock.com/onedesignistock

→野菜や果物だけを専門に扱う小舟。舟ごとに異なる専門店だ

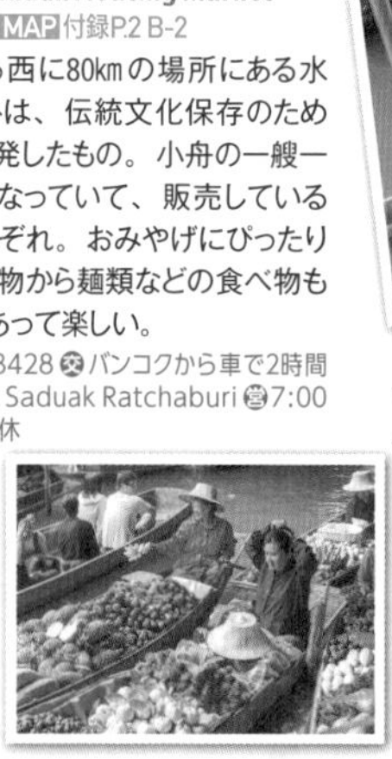

©iStock.com/Dmitry_Chulov

観光アドバイス

ツアーを利用しよう

朝がいちばん活気のある水上マーケットは早朝に来なければ意味がない。バンコクから公共交通機関を使うと到着するのは9時前後が最速。時間を有効活用するためにもツアーに参加するのが賢明だ。

購入方法

バンコクの露店などと同様に値段交渉と現金払いがマスト。高額紙幣ではおつりがないといわれることもあるので、小銭や20Bや100B紙幣などの小額紙幣を用意して買い物を。

衛生面・スリに注意

観光客でごった返す水上マーケットでは常に身の回り品に気を配ってスリやひったくり被害から身を守って。食べ物は食材の管理方法や鮮度を見極めて購入を。

水上マーケットは桟橋からも楽しめる。ごちゃごちゃした雰囲気はタイならではの風情！

水上マーケットとは?

川を使った水運が昔から発展していたこのエリアで水路や運河網が広がり、たくさんの物と人が行き交う水上での商取引が水上マーケットの始まりといわれている。タイ政府もこの伝統文化を残そうと整備を進めている。

©iStock.com/Ozbalci

ローカル色いっぱいの見どころをまわり一日楽しめる

©iStock.com/RibeirodosSantos

買い物以外にも楽しめる
ローカル色強めの市場

タリンチャン水上マーケット

Taling Chan Floating Market

バンコク郊外 MAP 付録P.2 C-2

水上生活を垣間見たり寺院巡りができる運河クルーズが地元の人にも人気。桟橋に横付けされた小舟に料理を注文して楽しもう。

☎なし 交バンコクから車で40分 所324 Chakphra Rd. 営7:30～18:00 休月～金曜

➡約2時間で寺院や見どころを小舟で巡るツアーが人気

⬆横付けされた小舟で調理してもらって桟橋で食べよう

©iStock.com/niponbk

夜のホタル観賞も素敵
午後から間に合う市場

アムパワー水上マーケット

Amphawa Floating Market

バンコク郊外
MAP 付録P.2 B-3

週末の午後限定で開催される古き良き趣のある水上マーケットは観光客だけでなくタイ人にも愛されている。人気のナイトクルーズで観賞できるホタルの姿は感動的。

☎034-751-359 交バンコクから車で2時間 所Amphawa, Samut Songkram 営9:00～15:00、18:00～21:00ごろ 休月～木曜

船上で作った料理は竹竿で桟橋にいる客に渡される

⬅スパイシーなサラダやご飯ものもある

➡エビやイカなど海鮮も豊富に並ぶ

⬇朝の市場とはひと味違う夜の水上マーケット

こちらも一緒に

珍風景として名物市場
コントのような展開が！

オモシロ市場ならここ

メークロン市場

Maeklong Market

バンコク郊外
MAP 付録P.2 B-3

線路ぎりぎりに店を開き電車が来ると一斉に店をたたむ有名な市場。

☎なし 所Maeklong, Samut Songkram 営4:00～17:00ごろ 休無休

⬇通過後は何事もなかったかのように店を再開する

リノベもあり庭付きもあり、
現代風も古風も、さまざま

House Restaurant

料理は一級です
行く価値あり!

08 風情があって意外とおしゃれな 一軒家レストラン 厳選の7店

建物、食器、料理、すべてにレストランごとのこだわりがうかがえる。到着した瞬間、その世界に吸い込まれる。五感から全身に行き渡らせ、タイをまるごと感じる。

プールの照明がエッセンス

ルアン・ウライ

Ruen Urai

シーロム通り周辺 MAP 付録P.24 B-1

ホテル敷地内にあるこのタイ料理レストランは、築100年を超えるお屋敷をそのままに、アンティークと現代ホテルの対比を大事にしている。メニューもかなり豊富。別棟にバーカウンターもある。

☎02-266-8268 交Ⓜ Sam Yan サム・ヤーン駅から徒歩3分 所118 Thanon Surawong 営12:00〜23:00 休無休

1.古き良き水上での暮らしを彷彿させるプールサイド 2.築100年を超える建物は博物館レベル 3.ホテルの敷地内エントランス 4.オーキッドをあしらったドリンク

エビのグリーンカレー
Green Curry Gun
エビの出汁で肉とは違う味わい。コクありサッパリのゲーンキアオワーン
400B

川エビグリル
River Prawn Grill
大きな手長エビを贅沢に焼く。タマリンドソースが絶品
500B

創作料理に心打たれる

オラヌチ バンコク

Oranuch Bangkok

スクンヴィット通り周辺

MAP 付録P.26 B-1

旅好きオーナーが厳選した食材を使用して作る創作料理を味わえる。バンコクの友人宅を訪れたような気持ちになれるレストラン。食事の場所に迷ったら、観光客がタイで何を食べたいかを追求し創作するこの店がおすすめ。

☎02-125-3715 交BTS Asok アソーク駅から徒歩16分 所36/1 Soi Sukhumvit 23 営11:30〜23:00 休無休 E E

1.洗練されつつも南国らしいどこか落ち着くダイニング 2.ビジネス街を抜けた静かな場所にたたずむ店舗 3.自家製ローストベビーチキンを特製チリガーリックソースにつけて1本ずつ食べられる

川エビの魚醤と豚皮添え

River shrimp with fish sauce & pork skin

新鮮で大きな川エビに香り豊かな魚醤と豚皮ソースを漬けて焼いた一品

800B

富裕層御用達の隠れ家レストラン

カーオ

Khao

スクンヴィット通り周辺

MAP 付録P.21 F-2

米にこだわるシェフがオープンした人数限定の店から発展、人気を博している。具材も吟味しているため少々お高めの設定だが、申し分のない味だ。内装も上品でスタッフの質も高く、訪れるべき場所。

☎02-381-2575 交BTS Ekkamai エカマイ駅から徒歩19分 所15 Ekkamai Soi 10 営12:00〜14:30、18:00〜22:30 休無休 E E

タイ式ふわふわオムレツカニ肉入り

Kai Jiaw Poo

ふわふわのオムレツにカニの肉がたっぷりと入ったタイ風オムレツ

520B

1.食事は人と人をつなぐ絆というコンセプトのもと明るくオープンな店内 2.味はもちろん、鉄人の料理は目にも美しい 3.穀倉がイメージの建物

観光地とは思えないレベルの高さ

ジム・トンプソン レストラン&ワインバー

Jim Thompson Restaurant & Wine Bar

サイアム・スクエア周辺 MAP 付録P.13 D-2

説明不要の「ジムトン」。在住者にも「何を食べてもおいしいので日本からの友人をお連れしても安心」とお墨付き。「ジム・トンプソンの家(→P.144)」を見学後に立ち寄ろう。夜はタイ舞踊も観られる。

☎02-612-3601 交 BTS National Stadium ナショナル・スタジアム駅から徒歩5分 所 6/1 Soi Kasem san 2, Rama 1 Rd. 営 12:00〜16:30、18:00〜23:00 休 無休 E E

パッタイ・グン
Phad Thai Goong Sod
見た目もいいがエビの処理が素晴らしく食べやすい(ディナーのみ)
320B

1. タイ人マダムになりきれるインテリアの数々 2. 水辺の屋外席は乾季がおすすめ 3. 憧れの「ジム・トンプソンの家」敷地内 4. パッタイ・トムヤム320B(ディナーのみ) 5. 前菜は色合いを大切にした野菜中心のものが多い。こぶみかんの香りが食欲をそそる。Cho Muang290B(ディナーのみ)

宮廷料理と家庭料理のコラボ

ザ・ローカル

The Local

スクンヴィット通り周辺 MAP 付録P.26 B-1

木造平屋建てのレストラン。昼は明るくカジュアルな雰囲気、夜はムードのある店内に。オーナーシェフが母の家庭料理に、まぼろしとされる宮廷料理のレシピをブレンド。ユニークかつ種類豊富なメニューが特徴。

☎02-664-0664 交 M BTS Asok アソーク駅から徒歩9分 所 32 32/1 Soi Sukhumvit 23 営 11:30〜14:30、17:30〜23:00 休 無休 E E

前菜5種盛り合わせ
Assortment of 5 appetizers
5種類の前菜が少量ずつ盛り合わせになっていて、さまざまな味が楽しめる
290B

1. 高級レストランでありながらもナチュラルで落ち着いた雰囲気とセンスの良さが評判 2. 野菜と卵の炒め物とココナッツミルクスープ 3. タイの伝統家屋風、木造平屋建ての一軒家レストラン

築100年の邸宅レストラン

イッサヤー・サイアミーズ・クラブ

Issaya Siamese Club

ルンピニ公園周辺 MAP 付録P.19 D-4

緑豊かな庭園にたたずむ伝統的な邸宅がレストラン。見つけにくいロケーションにあり、まさに隠れ家だ。凄腕シェフによる斬新な創作メニューと遊び心あふれる盛り付けも話題。

☎02-672-9040 交Ⓜ Khlong Toei クロン・トーイ駅から徒歩8分 所 4 Soi Si Akson 営 11:30～15:00、17:00～24:00 休 無休 E

1.かわいらしい色合いの店内から外の熱帯庭園を眺める 2.地元の人でも探すのが困難といわれているロケーション 3.セットメニューのひとつ、羊の骨付きモモ肉マッサマンカレー

ソフトシェルクラブの唐揚げ Fried soft shell crab
甲羅のやわらかいシェルクラブの香ばしい唐揚げ。盛り付けにワクワクする
480B

美しすぎるタイレストラン

マ・メゾン

Ma Maison

プルン・チット駅周辺 MAP 付録P.14 B-2

ガラス張りでモダンなレストランは実業家の旧邸宅。緑あふれる庭園を眺めながら約90年前の邸宅夫人がもてなしに使っていたレシピを再現したタイ料理を。素材にこだわった料理は見た目も美しい。

☎02-252-0123 交 BTS Phloen Chit プルン・チット駅から徒歩10分 所 4 Soi Somkid, Ploenchit Rd. 営 11:00～14:30、18:00～22:00 休 無休 E

1.テラス席も気持ちがいい。都心とは思えないほど緑あふれる庭園 2.盛り付けが美しいことでも知られる 3.客人をもてなしていた夫人のオリジナルレシピを再現している

エビの炭火焼き
Char Grilled river prawn with Charcoal
川エビを炭火で香ばしく焼いたものをレストラン特製のソースでいただく
1500B

なんというきらびやかな装飾！
タイ文化の核をなすスポット

時間がなくとも この4カ所はマスト！

微笑みの国タイの歴史と文化が凝縮したまさに“珠玉”のエリア

09 装飾と信仰の篤さに圧倒される 王宮と3大寺院へ詣でる

現王朝の開祖ラーマ1世が1782年に遷都して以来、ラーマ8世までが居住した王宮。周囲に凝集する格式高い寺院群はバンコクの象徴。

バンコク3大寺院

バンコク観光客の目玉の3大寺院「ワット・プラケーオ」「ワット・ポー」「ワット・アルン」。すべてこのエリアにあり1日でまわれるのがうれしい。

©iStock.com/kumpolstock

遷都の果て生まれたバンコク発祥の地 タイ王国の歴史、文化、心が凝縮

近代化が進むバンコクに遺されたルーツを感じさせる歴史遺産エリア。ラーマ1世が対岸のトンブリーから遷都したバンコク発祥の地、ラターナコーシン島。8世の国王の住まいであった王宮では、歴代国王が建造した豪華な宮殿が見られる。王宮と隣接するワット・プラケーオ、別名“エメラルド寺院”は、歴代の国王が眠る黄金の仏舎利塔を有し、最も格式の高い寺院だ。

王宮の近く、全長46mの黄金の大寝釈迦仏があるを王室寺院ワット・ポーは、バンコク最古の寺院で、タイ式マッサージの総本山でもある。チャオプラヤー川の対岸でひときわ目を引く高層の仏塔を有する寺院ワット・アルンは、三島由紀夫の小説『暁の寺』の舞台となった。

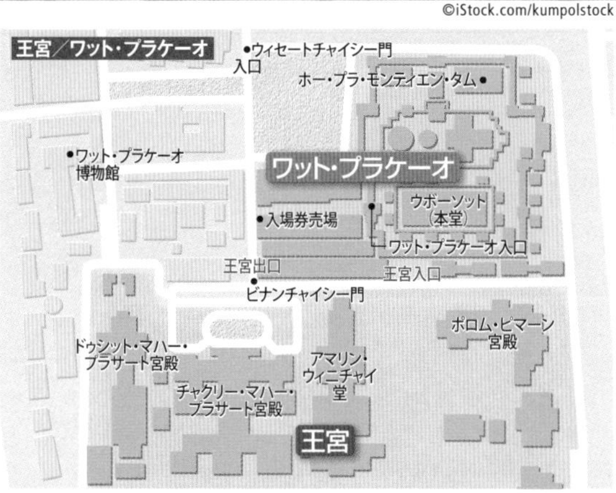

歴代国王が過ごしたタイの聖域
国王の力を示す豪華な王宮

高い白壁に守られた国王の居宅。歴代国王が競うように建造した豪華絢爛な宮殿群は圧巻!

幾層にも重なった屋根と尖塔はタイの伝統建築のシンボル　©iStock.com/SDecha

王宮
Grand Palace

MAP 付録P.10 B-2

タイの芸術建築技術を極めた建築美と王の権威の象徴

白壁に囲まれた20万㎡の敷地内、“エメラルド寺院”と隣接する王宮。ラーマ1世の遷都以来、ラーマ8世までが住んでいたが、現国王は、ドゥシット地区のチェトラダー宮殿で暮らし、王宮では王室の重要祭典などが行われている。歴代の王により建造、改築された豪華な宮殿が立ち並び、特に注目すべきはタイ様式と西洋様式が融合したチャクリー・マハー・プラサート宮殿。2012年にオープンしたシリキット王妃テキスタイル博物館も人気。

☎02-623-5500 交Tha Chang ター・チャン桟橋から徒歩3分 所Na Phra Lan Rd. 開8:30～15:30 休無休 料500B(ワット・プラケーオも含む)

参観時は服装に注意

王宮とワット・プラケーオは権威ある王室関係の施設なので、ノースリーブ、タンクトップ、短パン、ミニスカートなど肌を露出する服装はNG。

伝統建築と西欧建築が融合
チャクリー・マハー・プラサート宮殿
Chakri Maha Prasat Hall

1882年にラーマ5世によって建てられた。1階から3階までは白亜の大理石を用いたルネサンス様式。重なった屋根と尖塔はタイの伝統的な様式を継承、庭園は西欧の宮殿風という、独特な折衷建築で宮殿のなかでもひときわ目を引く。

現在、王族の納骨堂となり、1階は武器博物館として公開

国王の玉座がある王室会館
アマリン・ウィニチャイ堂
Amarin Winitchai Hall

チャクリー・マハー・プラサート宮殿の東側。王室会館であり、国王の誕生日を祝う式典や国家の重要な式典や儀式が行われ、国王のための玉座が置かれている。

背後にある即位式場のパイサン・タークシン堂(左)

ラーマ8世が謎の死を遂げた宮殿

昭和天皇が宿泊した迎賓館
ボロム・ピマーン宮殿
Borom Phiman Mansion

ラーマ4世が即位したとき王宮の東に建て、ラーマ5世・6世が改築して現在のように。今は迎賓館として使われている。

王朝100周年を記念した宮殿
ドゥシット・マハー・プラサート宮殿
Dusit Maha Prasat Hall

ラーマ5世によりチャクリー王朝100周年を記念して建てられた。3階までは大理石のヴィクトリア様式で、その上の尖塔はタイ様式という特異な建物。

1789年にラーマ1世により建造。火災により再建

“エメラルド寺院”として名高い
タイ仏教の頂点ワット・プラケーオ

王室の菩提寺でタイ仏教の最高峰の寺院。本尊がエメラルド色に輝いていることから“エメラルド寺院”と呼ばれている。

黄金の仏塔、塔堂、クメール様式の3つのそびえる尖塔が印象的

ワット・プラケーオ
Wat Phrakaeo

MAP 付録P.10 B-2

ラーマ1世が建立した王室の守護寺院

王室専用の礼拝堂を持つ最高位の寺院。本堂にエメラルド仏を祀っていることから、“エメラルド寺院”と呼ばれている。アユタヤー様式の本堂は、ラーマ1世が1784年に建立したものである。幅48cm、高さ66cmのエメラルド仏は、タイ国の本尊で、エメラルドで造られているのではなく、緑色翡翠で彫られている。この仏像は、ラーマ1世がラオス遠征時に戦利品として持ち帰った。

☎02-221-5315 交 Tha Chang ター・チャン桟橋から徒歩3分 所 Thanon Naa Phalaan khween Pra-Barom Mahaa-Rachawang 開 8:30～16:30 休 無休 料 500B(王宮も含む)

↑王宮の門番ヤック(鬼)。逆側にはモック(猿神)がいる

美しいタイルの外壁
1 鐘楼
Ho Rakang

境内全体に音が響き渡るように鐘は高々と吊り下げられている。壁のパステルカラーのタイルが美しい。

←細かいモザイクはSNS映えの人気フォトスポット

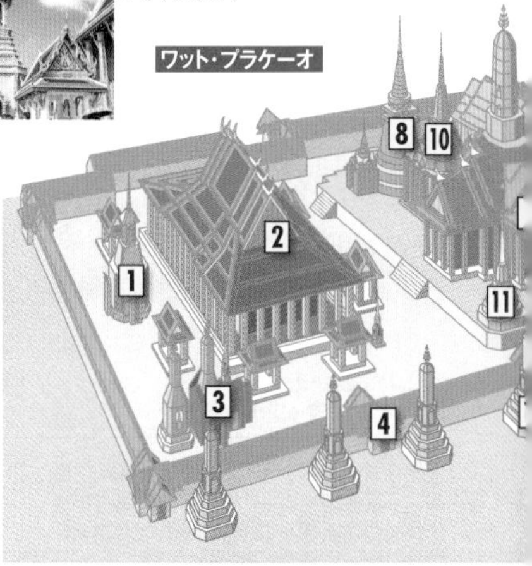

エメラルド本尊が鎮座
2 ウボーソット(本堂)
Phra Ubosot

1784年、エメラルド色に輝く翡翠の本尊を安置するために建てられた本堂。金箔、色ガラスのモザイクで彩られた豪華絢爛な建物で、黄金の仏像や細やかな装飾が実に見事。

→清水を蓮の花で体にかける場所がある

エメラルド色の本尊は国王の手で年に3回衣替えをする

青と黄色のポップな外観
3 ウィハーン・ガンダーラ
Wiharn Gandhara

本堂の入口近くにあり、ヘレニズム文化とインドの伝統美術が融合した、珍しいガンダーラ様式の仏像が安置されている。

→カラフルな外観で周囲の建物とは異質な美しさ

タイの神話が描かれた回廊
4 回廊
Cloister Gallery

境内は回廊に囲われている。回廊に描かれた絵は、インドの叙事詩『ラーマーヤナ』をもとにしたタイの神話『ラーマキエン』178のシーン。

→絵画の緻密ながらも力強い作風に圧倒される

Wat Phrakaeo

神話に登場する金の半神的仏像

ヒンドゥーの神を祀る堂

5 ウィハーン・ヨート
Wiharn Yod

ヒンドゥー教の蛇の神様「ナーク(ナーガ)」を祀る堂。花柄の繊細なデザインのタイル装飾がとても美しく、壮麗だ。内部は非公開。

↑アユタヤー時代に造られた扉にも注目

↑プラ・モンドップに隣接した模型

ラーマ4世が感動し造営

6 アンコール・ワットの模型
Model of Angkor Wat

ラーマ4世がアンコール・ワットの素晴らしさに感銘を受けて模型を造らせた。本物のように精巧に造られていることに感動。

バンコク一美しい装飾

7 ホー・プラ・モンティエン・タム
Ho Phra Monthien Tham

ウィハーン・ヨートと向かい合う建物は、王室専用図書館で経典などが所蔵されている。正面のきらびやかな装飾はバンコク随一の美しさだと評判が高い。

↑白く伸びる柱や切妻屋根も優美

黄金に輝く巨大な尖塔

8 プラ・シー・ラッタナー・チェディ
Phra Sri Ratana Chedi

境内でひときわ目を引く巨大な金色の仏塔。仏舎利には、お釈迦様の遺骨が納められているとされている。

↑アユタヤーのワット・プラ・シー・サンペットを模した建物

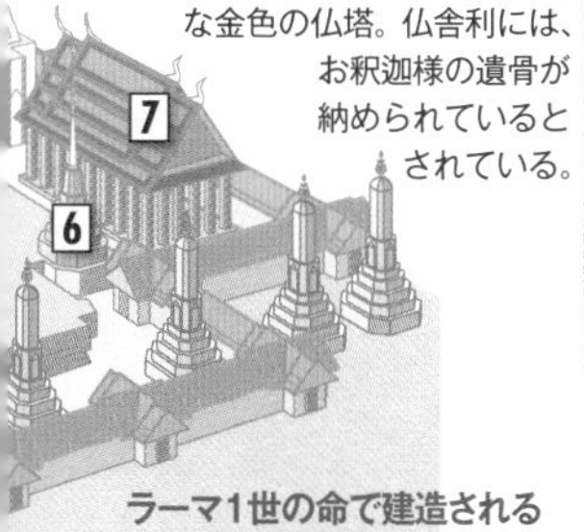

等身大の国王像が安置

9 プラサート・プラ・テープ・ビドーン
Prasat Phra Dhepbidon

アンコール・ワットの模型の斜め前。もともとエメラルド仏を安置するために建てられたが、狭かったため国王像が置かれることに。

↑ラーマ1〜8世の国王像があり

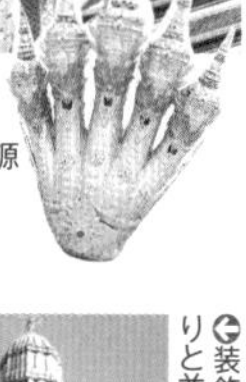

→インド神話に起源をもつ蛇神の頭

ラーマ1世の命で建造される

10 プラ・モンドップ
Phra Mondhop

プラ・シー・ラッタナー・チェディの隣にある経堂。金の法典である三蔵経(トリピタカ)が納められている。

両親への感謝を込めて

11 プラ・スワンナ・チェディ
Phra Suwanna Chedi

黄金の2基の仏塔は、ラーマ1世が両親のために建立したものだが現存は4世時代の再建。台座を支えるヤックとモックが目を引く。

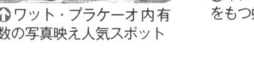

↑ワット・プラケーオ内有数の写真映え人気スポット

↑寺院建立時に建設が着工

境内で最も古い建築物のひとつ

一直線に並ぶ美しい仏塔

12 8つの仏塔
Eight Prangs

同じ形をした色違いの8つの仏塔は、白＝仏陀、紺＝仏教、ピンク＝僧侶、緑＝尼僧、紫＝釈迦、青＝国王、赤＝観音菩薩、黄色＝弥勒菩薩と仏教的な意味を表している。

←装飾が美しい仏塔がずらりと並ぶ光景が神々しい

微笑みをたたえる黄金仏
寝釈迦仏像
Reclining Buddha

体長46m、高さ15mの黄金の像はラーマ3世時代に造営。足裏には仏教世界を表わす108の図が描かれる。

寝釈迦仏の裏手には煩悩を捨てるための108つの鉢が並ぶ

108の絵は螺鈿細工で描かれている

最古で最大の敷地を誇る王室寺院

ワット・ポーで巨大寝釈迦仏が微笑む

巨大な寝釈迦仏の微笑みに出会えるアユタヤー朝時代に建造された最古の寺院で、タイ古式マッサージの総本山として知られる。

ワット・ポー
Wat Pho

MAP 付録P.10 B-2

最古で最大の敷地を有し タイで最初の学問所にも

創建は14世紀のアユタヤー時代で、バンコク最古の寺院でタイ古式マッサージの総本山。ラーマ1世・3世によって長い歳月をかけて改修された。約8万㎡という広大な敷地は南北に二分されていて、北側には本堂、礼拝堂、マッサージ場が、南側には僧房がある。

☎02-226-0335 交 Tha Tien ター・ティアン桟橋から徒歩3分 所 2 Sanamchai Rd. 開 8:30～18:30(寝釈迦のお堂は8:30～16:00) 休 無休 料 200B

台座にラーマ1世の遺骨が
1 ウボーソット(本堂)
Phra Ubosot

ラーマ1世が建立した本堂は、外回廊と内回廊によって二重に取り囲まれている。本尊や150の仏像が安置。

↑上品で厳かな雰囲気の本堂

歴代王を表す4基の仏塔
2 四天王の仏塔
Suan Misakawan

本堂の周りには、ラーマ1世から4世までの歴代王を象徴する4基の大きな仏塔が囲んでいる。

↑仏塔の各色が各王を表す

仏像コレクションを鑑賞
3 回廊
Cloister Gallery

2重回廊には、数多くの仏像が納められている。内回廊には約150体の仏陀像、外回廊には244体の仏陀像が。

↑さまざまな表情の仏像が並ぶ

タイ古式マッサージの総本山

ワット・ポー・マッサージ・サービスセンター
Wat Pho Massage Service Center

ラーマ3世が開校したタイ古式マッサージの学校がある。勉強中の学生さんからマッサージが受けられる。

☎02-622-3533 開 8:00～18:00 休 無休 料 ボディマッサージ30分220B、フットマッサージ45分360B

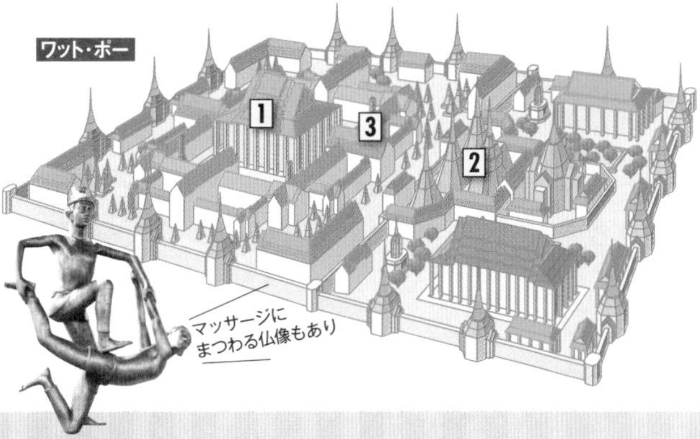

仏塔は夜間に美しくライトアップ

三島由紀夫の小説の舞台となった
暁の寺ワット・アルンに魅了

文豪・三島由紀夫の名作『暁の寺』の舞台として日本人観光客に知られる。巨大仏塔が天に向かい伸びている景観はけっして忘れられない思い出に。

1
2
3
ワット・アルン
Wat Arun

ワット・アルン
Wat Arun

MAP 付録P.10 B-3

かつてエメラルド仏が安置 巨大な仏塔に圧倒される

アユタヤー時代に建立され当時は小さな寺院だったが、1779年、トンブリー王朝のタークシン王がエメラルド仏を祀りワット・アルンと名付け、第一級王室寺院とした。高さ約75mの大仏塔の右にある本堂はラーマ2世の建立で、台座には王の遺骨が納められている。

☎02-891-2180 交Wat Arun ワット・アルン桟橋からすぐ 所158 Thanon Wang Doem, Khwaeng Wat Arun 開8:00～18:00 休無休 料50B

巨大仏塔の足元にある本堂
1 ウボーソット(本堂)
Phra Ubosot

山門を抜けて本堂へ。本尊はラオスから持ち込まれたアルン像で、壁には釈迦の生涯を表した絵画がびっしり描かれている。

↑本堂は回廊で囲まれている

カラフルな陶片や彫刻
2 小仏塔
Small Prangs

大仏塔を囲むように建つ4本の小仏塔。陶器のモザイクが美しく見る人の目を奪う。大仏塔同様に上れる。

→ラーマ4世時代の改修のときに装飾

四方に急こう配な階段があり、中央部のテラスまで上がれる

クメール様式の大仏塔
3 大仏塔
The Central Prang

チャオプラヤー川のほとりに建つ高さ約80m、台座の周囲は237mの巨大仏塔。夜のライトアップにも注目！

洗練されたタイ舞踊とニューハーフショー
本場の迫力満点! キック・ボクシング

見なければわからない
見ればその人気に納得

10 タイ独自の猥雑とプライドが交錯 興奮! バンコク・エンタメの夜

きらびやかで華麗なニューハーフショーから
国技のムエタイまで、どれも見逃せないバンコク名物。
眠らない街バンコクの夜を楽しく遊ぶ!

美意識の高い私たち。キラキラのショーは必見よ!

美女たちのプロポーションの良さと脚線美に目が釘付け

美女たちが華麗に舞う ニューハーフショー

バンコクの夜遊びの定番ショー。底抜けに明るくて美しい美女たちに魅了されまくる!

information

● チケットの入手方法　チケットは旅行会社の送迎付きパッケージなどのほかにオンライン(日本語有)で予約購入できる。メールで届く予約確認書を印刷して持参(スマホの画面表示でもOK)して当日チケットカウンターで本券と交換しよう。

● 写真撮影も　ショーが終わると写真撮影サービスのためにダンサーがずらりと並んで待ち構えている。勝手に撮影したりせず、一緒に写真を撮ったら1人につき50B以上のチップを必ず払うのがお約束!

楽しさ満載の老舗キャバレー

カリプソ・キャバレー・バンコク

Calypso Cabaret Bangkok

チャオプラヤー川周辺 MAP 付録P.4 B-4

華やかな衣装をまとった「彼女」たちが繰り広げるきらびやかなニューハーフショーの老舗キャバレー。バンコク一の人気を誇り、ショーやディナー、伝統舞踊と好みに合わせたパッケージが選べるのも魅力。ステージとの距離が近くスピーディーにシーンが展開する踊りと歌のショー。お色気からお笑いまで美女たちに圧倒されまくりの70分はドキドキ楽しい夜遊びの定番。

02-688-1415 交所 アジアティーク・ザ・リバーフロント(→P.28)参照 開 19:30〜、21:00〜 休 無休 料 ショーのみ1200B、食事付2000B E :E

↑お客さんを巻き込んで大盛り上がり!

↑終演後は写真撮影も。チップを渡そう

セクシーありコメディーありで女子もたっぷり楽しませるわよ!

世界最強格闘技はタイの国技
ムエタイ

独特の雰囲気のなかで繰り広げられる白熱の戦い。地元の人にも人気が高いタイの国技を観戦

選手の体がぶつかり合う音や飛び散る汗を肌で感じて

information

● チケットの入手方法　チケットは旅行会社経由またはオンライン(日本語有)で購入。大きな試合の場合地元の人気も高いので早めの予約が必要。スタジアムの外にいる契約販売員から購入する場合には料金が適正かどうか見極める必要がある。
● 座席の種類　座席のグレードによって観戦料金が異なる。スタンド席がいちばんリーズナブルだが賭けをする地元のタイ人でかなり混み合うので迫力を間近に感じられるリングサイド席での観戦がおすすめ。

激しいパンチやキック、芸術的なフェイントから目が離せない

↑顔面への攻撃や膝蹴りも許される激しくかつ華麗な格闘技

熱気満々でローカル色たっぷり
ラーチャダムヌーン・ムエタイ・スタジアム
Rachadamnoen MueThai Stadium

カオサン通り周辺 MAP 付録P.7 F-3

1941年に王室管理のもと創立したスタジアム。バンコク最古のスタジアムだが空調完備の会場で快適に観戦できる。2階以上は地元の人でごった返す。入口付近にムエタイグッズのショップもある。

02-281-4205 交 BTS Ratchathewi ラチャテウィ駅から車で15分 所 1 Ratchadamnoen Nok Rd. 開 18:00(日曜17:00)～21:00 休 火・金・土曜 料 1000～2000B
E:E

5000席の陸軍系スタジアム
ルムピニー・ボクシング・スタジアム
Lumpinee Boxing Stadium

バンコク郊外 MAP 付録P.2 C-2

2014年に郊外に移転、モダンで清潔な施設に生まれ変わったスタジアムは照明や音響設備が整った施設でテレビ中継もされる。ラーチャダムヌーン・ムエタイ・スタジアムと同様バンコクで最も権威のある会場のひとつ。

02-522-6843 交 M Phahon Yothin パホンヨーティン駅から車で10分 所 6 Ram Intra Rd.
開 18:00～23:00 土曜16:00～19:00、20:00～24:00 休 月・水・木・日曜 料 1000～2000B
E:E

400年以上前から軍隊の護身術として取り入れられていた
地元の人たちの怒号や応援が飛び交う会場はすごい熱気

バンコクから
🚆or🚌で
約1時間30分
～2時間

Ayutthaya

アユタヤーで最も有名な寺院、ワット・プラ・シー・サンペットなど寺院や遺跡がいっぱい

14世紀半ばから400年余り
5つの王朝が栄えたタイの古都

バンコクの北約80km
3つの仏塔と破壊された王宮

11 世界遺産の遺跡に王朝の栄華を偲ぶ 1DAYでアユタヤーへ行く

14～18世紀、ウートン王から始まるアユタヤー王朝の王都。
その繁栄の面影は、現存する遺跡や寺院で見られる。
1991年にユネスコの世界文化遺産に登録され、人気観光都市へ。

MAP 付録P.2 C-1

アユタヤー・ツーリストセンター
Ayutthaya Tourist Center

MAP P.55 A-2

エレファント・パレスの南側にあるツーリストセンター。1階に観光案内所がある。

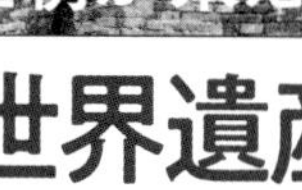

☎035-246-076 交アユタヤー駅から車で6分 所Sri Sanphet Rd. 開8:30～16:30 休無休

散策アドバイス

歴史、遊び、グルメを一挙に堪能
代表する6遺跡など王朝時代の歴史遺産の見学、象による人気遊覧、水の都が育んだグルメまで楽しみたい。

迷ったらツアーに参加しよう
限られた時間で効率的にまわるにはツアーがおすすめ。個人の場合は事前にルートや交通手段等の計画は必須。

王朝417年間の栄華を随所に残す世界的な歴史文化都市

1350年にウートン王が開祖となったアユタヤー王朝は、チャオプラヤー川水系に囲まれ、かつては「水の都」と呼ばれた。その水運により東南アジア最大の交易地に発展し17世紀に最盛期を迎えた。その頃には日本人商人も多く訪れ、日本人町を形成。日本人町の頭領が山田長政で長政は国王の親衛隊長にも任命された。1767年、ビルマ(現ミャンマー)軍の攻撃を受けて王朝は滅亡したが、今も当時の寺院や遺跡が残り、世界文化遺産にも登録されたことで、世界中から観光客が訪れる。

⬆ワット・チャイ・ワタナラームは別名「夕焼け寺院」。サンセットには幻想的な風景に

エレファントライドに挑戦!

象に乗らなきゃ始まらない!? 古都アユタヤーでは象の歩みを一歩ずつ感じ、ゆったりと高い視点から市街を眺めるのがおすすめ。

バンコクからのアクセス

電車で

フアランポーン駅からアユタヤーまでは1日32本の電車がある。快速や特急があり所要時間は平均約90分。なかには2時間かかるものも。

バスで

乗合ミニバン(ロットゥ)で。乗り場は、BTSのヴィクトリー・モニュメント駅戦勝記念塔の前とモー・チャットバスターミナル(北バスターミナル)の2つ。

タクシーで

タクシーをチャーターするのもおすすめ。アユタヤーまで片道なら約1500B。2500～3000Bで往復と移動を合わせて1日チャーターの交渉もあり。

ツアーを利用するのもおすすめ

インターネットや現地のツーリストへ1日ツアーを申し込むのが気軽。ホテルでピックアップ、効率的に観光できて、帰りもホテルまでなら超安心!

アユタヤー・エレファント・パレス

Ayutthaya Elephant Palace

MAP P.55 A-1

乗り場への階段を上りながらワクワク。アユタヤーでの象乗りではパラソルや象使いのコスチュームが王族気分を醸し出す。優雅な時間のあとは現代へ戻り、象使いにチップを。

☎065-009-9361 交アユタヤー・ツーリストセンターから徒歩7分 所Pratu Chai Sub-district Ayutthaya 休無休 料15分400B、25分500B 料9:00～17:00 HP www.facebook.com/elephantpalaceth/timeline E E

⬆象の背中から遺跡群の景色を見られる

➡道路も堂々と歩く象

体験の流れ

⬆チケットを購入。アユタヤーの地図もここで入手可能

⬆溜まり場では象の表情が見られる。近づきすぎないよう注意

⬆パラソルで日よけしながら王族気分で揺られる

⬆遺跡が背景のスポットで記念撮影の時間を取ってくれる

王都の繁栄を物語る遺跡群
6大遺跡を巡る
Ayutthaya

世界文化遺産登録された古都アユタヤーには、かつての繁栄を物語る遺跡が点在。なかでも代表する6つの遺跡は有名観光地として見逃せない。

↑3基のスリランカ様式の仏塔が印象的。初代ウートン王が王宮を築いた場所

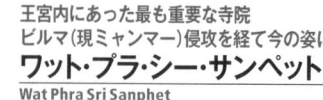

王宮内にあった最も重要な寺院
ビルマ(現ミャンマー)侵攻を経て今の姿に
ワット・プラ・シー・サンペット
Wat Phra Sri Sanphet
MAP P.55 A-1
アユタヤー王宮内にあった最重要な寺院で、たとえるなら昔のエメラルド寺院。トライローカナート王時代の1448年に建立され、以降はここで宮中儀式が執り行われていた。
㊋アユタヤー・ツーリストセンターから車で3分 所Amphur Muang 開8:00～18:00 休無休 料50B

↑王宮焼失後、王室の守護神として3仏塔が建設

↑ビルマ軍の攻撃で崩壊。戦後、修復された

初代国王が瞑想のために建立
72mの巨大仏塔は勝利の証
ワット・ヤイ・チャイ・モンコン
Wat Yai Chai Mongkon
MAP P.55 B-2
アユタヤーを建都した初代ウートン王が、セイロン(現スリランカ)に留学中の修行僧たちの瞑想のために建てた寺院。ひときわ目立つ高さ72mの仏塔は戦勝記念塔。
交アユタヤー駅から車で10分 所Khlong Suan Phlu Phra Nakhon Si 開8:00～17:00 休無休 料20B

↑横たわる巨大な涅槃仏や黄金の釈迦仏も必見

↑仏塔を囲むようにたくさんの石仏が配される

→階段を上がれば仏塔内の礼拝堂が見学できる

人々の信仰の中心だったため
ビルマ侵攻時に激しく破壊された

ワット・マハタート

Wat Mahathat

MAP P.55 B-1

1369年頃の2代ラーメスアン王が建てたという説と、1370年ごろの3代ボロムラーチャー1世が建てたという説がある重要な寺院のひとつ。人々の信仰の中核を担っていた。

交 アユタヤー・ツーリストセンターから車で3分 所 Tha Wasukri Phra Nakhon Si 開 8:00～18:00 休 無休 料 50B

↓建設当時は高さ44mの黄金の仏塔があった(上)、木の根に埋め込まれた仏頭。激しい破壊の痕跡(下)

↑1424年、8代王ロムラーチャー2世が建立(上)、クメール様式のプラーンと呼ばれる塔状祀堂(下)

ちょっと怖い逸話が残された
閑静でミステリアスな寺院

ワット・ラーチャブラナ

Wat Rajaburana

MAP P.55 B-1

「この寺を訪れた王は死ぬ」という噂が流れ、全歴代王が訪れることがなかった。王位継承を巡って殺し合った2人の兄の遺骨を納めるために弟が建立。

交 アユタヤー・ツーリストセンターから車で4分 所 Pratuchai Phra Nakhon Si 開 8:00～18:00 休 無休 料 50B

残されたのは横たわる涅槃仏のみ
写真映えするのは間違いなし

ワット・ロカヤ・スター

Wat Lokaya Sutharam

MAP P.55 A-1

横たわった涅槃仏の姿が有名。建設当初は寺院や本堂などがあったと伝えられるが、ビルマ軍によって完全に破壊。現在の涅槃仏は1956年に復元された。

交 アユタヤー・ツーリストセンターから車で6分 所 Pratuchai Phra Nakhon Si 開 8:30～16:30 休 無休 料 無料

↑高さ5m、全長28mの巨大寝釈迦仏

↑夜になると遺跡全体がライトアップされる

当時に近い姿を見ることができる
アユタヤー随一の美しい寺院

ワット・チャイ・ワタナラーム

Wat Chai Wattanaram

MAP P.55 A-2

アユタヤーのなかで最も荘厳華麗だったと伝えられている寺院。修復がされ往時に近い姿を見ることができる。1630年、プラサート・トン王が20年の歳月を費やして建立。

交 アユタヤー・ツーリストセンターから車で9分 所 Tambon Baanpom, Amphur Pra Nakorn Sri 開 8:00～18:00 休 無休 料 50B

遺跡だけではないアユタヤーを発見

周辺のおすすめスポット

日本と深い関わりのアユタヤーには知識欲をそそる場所が多くある。歴史にふれ、探求してみる。それがこの地での醍醐味かもしれない。

↑個性豊かな欧風、アジア風の建物が豊富
←ラーマ4世によって建設された優美な離宮

Ayutthaya

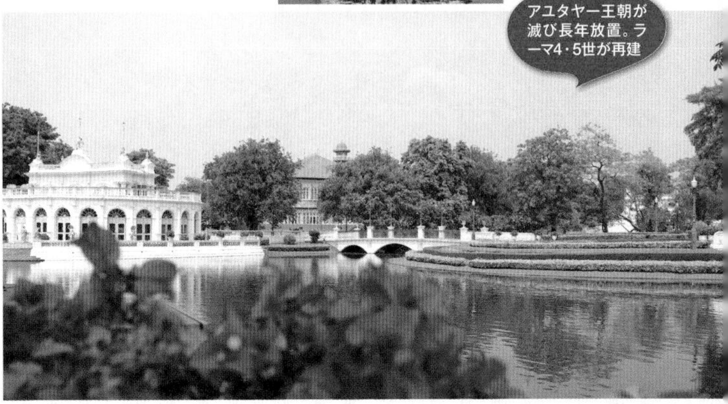

アユタヤー王朝が滅び長年放置。ラーマ4・5世が再建

歴代国王が別荘として使用
豪華で華麗な建築物を拝観

バーン・パイン宮殿

宮殿

Bang Pa-In Palace

MAP 付録P.2 B-1

1637年にアユタヤー王朝24代目のプラサート・トン王が建てた宮殿で、歴代の国王たちが夏を過ごす別荘として利用。美しい庭園や豪華な建築物などが見どころ。

☎03-526-1044 交アユタヤー駅から車で30分 所Ban Len, Bang Pa-in 開8:00～16:00 休無休 料100B

アユタヤー王朝の栄華を今に伝える貴重な博物館

チャオ・サム・プラヤー国立博物館

博物館

Chao Sam Phraya National Museum

MAP P.55 A-2

1956～57年、政府の調査によってワット・マハタートとワット・ラーチャブラナから発見された金の仏像など貴重な発掘物を多数展示する資料館。

↑テーマごとに貴重な遺物を展示

☎03-524-4570 交アユタヤー・ツーリストセンターから徒歩5分 所Pratuchai Phra Nakhon Si 開9:00～16:00 休月・火曜 料200B HP www.virtualmuseum.finearts.go.th/index.php/en/

優雅に舟で遊覧しながら買い物やグルメを楽しめる

アユタヤー水上マーケット

市場

Ayotthaya Floating Market

MAP P.55 B-1

アユタヤーにはアユタヤー・クローン・サブアとアヨダヤ2カ所の水上マーケットがある。たくさんのみやげ物店、飲食店、劇場などを舟で遊覧して楽しめる。

↑タイ人も利用。飲食など格安

☎なし 交アユタヤー駅から車で40分 所65/12 Moo 7 Pailing District Ayutthaya 開9:00～18:00 休無休

アユタヤーの地でタイと日本の友好関係を知ろう

日本人町跡

タウン

Japanese Village

MAP P.55 B-2

御朱印船貿易に携わった日本人の築いた町の跡地で、町長の山田長政や王宮の菓子部長となったターオ・トーンキープマー女史について学ぶことができる。

↑刀など時代を超えた展示品

☎03-525-9867 交アユタヤー駅から車で8分 所Ko Rian, Phra Nakhon Si Ayutthaya District 開8:00～17:00 休無休 料50B

激安で夕飯をゲットするならここ

バン・ラン・ナイト・マーケット

市場

Bang Lan Night Market

MAP P.55 B-1

地元の客で賑わう路上市場。昼間は普通の道路だが、夕方過ぎに屋台が並び始める。ポリ袋に入ったご飯やおかず、サラダや麺類など種類も豊富。

↑20時過ぎには閉店する店も

☎なし 交アユタヤー・ツーリストセンターから車で3分 所Bang lan Rd., Tambon Tha Wa Su Kri, Phra Nakhon Si Ayutthaya District 開17:00～22:00 休無休

お腹減った! スゴイのあります!
名物グルメを堪能

小さいものから大きいもの、さらには細いものまで。アユタヤーで根付いている食文化はなかなかすごい。変わらぬ味は何かを物語る。

川沿いにあるシーフードが自慢の店
エビや魚の大きさ、味に仰天！

サイトン・リバー

エビ

Sai Thong River Restaurant

MAP P.55 B-2

対岸と往復する渡し舟などローカルな景色のなかでのタイ料理は、英語と写真メニューで指差しオーダー可能。大きくて新鮮な川エビと魚がおいしい。

☎03-524-1499 交アユタヤー・ツーリストセンターから車で5分 所45 Moo 1, Uthong Rd. 営10:00～21:30 休無休 J E E

↑行き交う舟が見られるリバーサイド
←新鮮な川エビはかなり大きい。特製ソースと相性抜群(左)、入口をまっすぐ進むと突然川の眺望が広がる(右)

↑指差しで麺を選べる
→バミー(卵麺)はもちろん定番

豚の血を使ったクイッティアオ・ルアは
何杯でも食べられるあっさり味

クイッティアオ・パーレック・ボート・ヌードル

麺

Pa Lek Boat Noodles

MAP P.55 B-1

創業40年以上の「小さなおばさん(パーレック)の舟(ルア)」という名前の店で、かつては舟で営業していた。豚の血をスープに使った麺料理が1杯20B～で食べられる。

☎なし 交アユタヤー・ツーリストセンターから車で3分 所Baang laan Rd. 営8:00～17:00 休無休

アユタヤー名物のお菓子
ロティ・サイマイは必食！

クレープ

ロティ・サイマイ・アビディーン

Roti Sai Mai Abideen

MAP P.55 A-2

「ロティ(生地)」「サイマイ(絹糸)」は、昔懐かしいような何ともいえないおいしさ。お昼前後はかなり混み合うので注意しよう。

☎089-005-9948 交アユタヤー・ツーリストセンターから車で2分 所Pratu Chai Sub-district 営8:00～17:00(日により異なる) 休無休

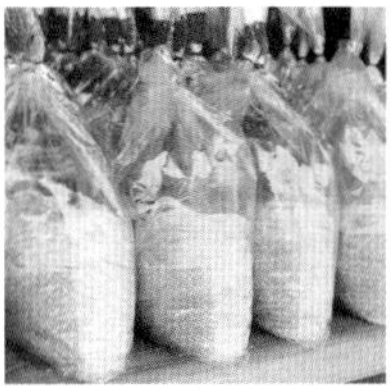

↑店先に並ぶ大袋が飛ぶように売れていく。小25B、大50B
→糸状の飴を生地に置き、くるくる巻いてパクっ。綿あめのようだが違う不思議な味

宿泊もおすすめ

神秘的な遺跡に宿泊して
夜のアユタヤーを満喫

サラ・アユタヤー

Sala Ayutthaya

MAP P.55 A-2

遺跡風のレンガ色と白のコントラストが印象的。川沿いのレストランでは遺跡を眺めつつ食事を楽しめる。

☎035-242-588 交アユタヤー・ツーリストセンターから車で5分 所9, 2 Moo 4 Uthong Rd. 料ⓈⓉ4500B～ 室数26 E

アユタヤー駅にほど近い
リバーサイド老舗ホテル

クルンシリ・リバー・ホテル

Krungsiri River Hotel

MAP P.55 B-1

駅近でコンビニも近くにある。クラシカルな老舗庶民派ホテル。鉄道でアユタヤーを訪れるには最適。

☎035-244-333 交アユタヤー駅から車で5分 所27/2 Moo 11 Rochana Rd. 料ⓈⓉ1950B～ 室数200 E

ガネーシャとは?

ヒンドゥー教の神様で商売繁盛や金運をもたらすとされている。象の頭に大きなお腹、4本の手、片方折れた牙が特徴。

あなたの願いは何ですか? 使者のネズミが聞きます

フォトジェニック・スポット

「ピンクのガネーシャ」に会いに行く

願いごとが迅速に叶うと人気のピンク・ガネーシャは最高にフォトジェニック! 南国の青空に映えるピンクの神様だ。

注目ポイント

高さ22m、幅16m

巨大なガネーシャはワット・ポーの大寝釈迦仏より高さがある

タイきってのパワースポット
3倍の速さで願いが叶う!?

ワット・サマーン・ラッタナーラーム

Wat Saman Rattanaram

バンコク郊外 MAP 付録P.3 D-2

ヒンドゥー教から仏教までさまざまな神様が祀られた賑やかな寺院。祈願成就までのスピードが速くご利益があると以前から人気の高いパワースポット。今はフォトスポットとしても大人気だ。

☎081-983-0400 所 Moo 2, Tambom Bang Kaeo, Amphoe Muang Chachoengsao, Chachoengsao 開 8:00〜17:00 休 無休 料 無料

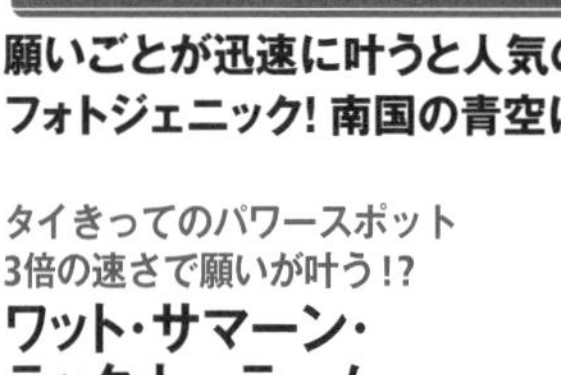

↑テーマパークのようにカラフルな寺院

アクセス

バンコクのバスターミナルからロットゥとソンテオを乗り継いで約2時間強。バンコク初心者はオプショナルツアーを利用するのが安心。

参拝方法

願い事が外に漏れないよう反対側の耳をふさぎながら、ガネーシャの周りのネズミの耳に願い事を囁く。

→7体のネズミから自分の生まれ曜日のネズミにお願いしよう

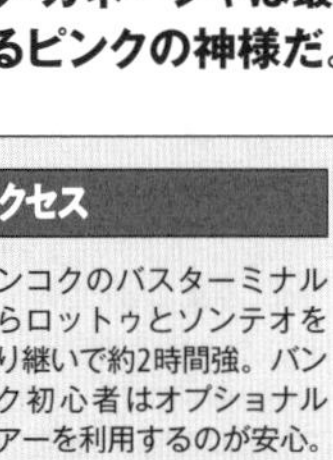

ほかにもある! 撮影スポット

ピンクの蓮の花

川に浮かぶド派手なピンクの蓮の浮島。真ん中には黄金の祠、上陸してご利益にあずかろう。

©Nattapan

ブラフマー神

4つの顔を持つヒンドゥー教の神様。神像が設置されている台座の中に入ることができる。

2頭の龍

水辺にある赤と緑の巨大な龍の精霊ナークは守護神。ハート形にも見える撮影スポット!

©banjongseal324

YOUR UNFORGETTABLE LUNCH AND DINNER

グルメ

スパイスがやみつきになる!

Contents

バンコクの食事で気をつけよう 食べたいものを食べる!

屋台のB級グルメからミシュランの星付きレストラン、伝統的なタイ料理からモダンなタイ料理まで。美食の街バンコクで辛いだけじゃないタイ料理を食べ尽くそう。

出かける前に

どんな店を選ぶ?

世界中から旅行客が集まるバンコクのグルメシーンは、予算も雰囲気もメニューもバラエティ豊か。その日の気分や予算に合わせて正しいお店選びをすれば、気持ちよくおいしい食事が楽しめる!B級グルメだけでなく地元で流行のお店、カフェやスイーツもしっかり堪能しよう。

高級レストラン ……Fine Restaurant

P.64

雰囲気や盛り付けにこだわりのある店が多く、英語が通じることも多い。

庶民派レストラン …Commoner Restaurant

P.81

おいしい料理が手ごろな値段で楽しめる、ローカルの雰囲気たっぷり。

フードコート ……………Food Court

P.94

屋台よりも安心感があるローカルフード街は一人でも食事がしやすい。

屋台 ……………………Food Stall

P.90

早朝から夜までいい匂いがする屋台はバンコク名物。早くて安いのがうれしい。

カフェ ……………………Cafe

P.98

おしゃれなカフェがブームのバンコク。地元の人たちに交じって休憩に。

バー ………………………Bar

P.79

大人気のルーフトップ・バーやステージのあるバーまでナイトシーンは豊富。

予約は必要?

お目当ての高級店があれば予約したほうがよい。希望日の時間と人数を伝えればOKだが、言葉に不安があればホテルのコンシェルジュにお願いしても。ローカル食堂はマップアプリやSNSで調べてから出かけよう。

19時に2名で予約したいのですが。
(ฉัน)ต้องการจอง2คนคืนนี้(เวลา)7โมงค่ะ
(チャン)トンガーンジョンソンコンクーンニー(ウエラー)チェットモーンカ

おいしいお店を見分けるコツ

ローカル食堂のおいしいお店は地元の人たちや旅行者で賑わっているのですぐにわかる。

ドレスコードは?

高級レストランではスマートカジュアルを心がけ、短パンやタンクトップ、ビーチサンダルなどの軽装は避けたい。それ以外は普段着でも大丈夫。

お酒はいつでも飲める?

タイのアルコール販売は時間の規制がある。販売時間は11～14時と17～24時のみで、ライセンスのない屋台ではアルコールが出ない。また万仏節や仏誕節などの仏教関連の祝日の日は一日を通して販売が禁止される。

入店から会計まで

入店して席に着く

勝手に入店して着席したりせずに入口で店員を待ち、席に案内してもらうのが基本スタイル。希望の座席があれば伝えてみて。

注文する

まず最初に飲み物の注文を。飲み物が運ばれてくる間に、または飲みながらじっくりと料理を選ぶ。辛さの調整や、食べたい食材を告げておすすめ料理を聞いても。

注文をお願いします。
สั่งอาหารหน่อยคะ
サン アハーン ノイ カ

日本語のメニューはありますか?
มีเมนูภาษาญี่ปุ่นไหมคะ
ミー メニュー パサー イープン マイ カ

食後のデザート

香辛料たっぷりの食事の口直しにほんのり甘いデザートやトロピカルフルーツを注文しよう。

会計する

レストランやカフェでの会計はテーブルで。ローカル食堂やフードコートでは注文後の先払いが多いので確認を。

会計をお願いします。
เช็คบิลด้วยค่ะ
チェック ビン ドゥアイ カ

お店に行ってから

テーブルに置かれた水は有料

屋台や食堂のテーブルの上にペットボトル入りの水や飲料が置かれていても無料ではない。それほど高価ではないが値段を確認してから飲もう。

チップは必要？

会計時に10%のサービス料が加算されていればチップは不要だが、良いサービスを受けたらチップを渡そう。

飲み物、氷について

レストランやフードコートで提供される飲み物や氷は衛生上まず問題ないが、屋台などでは氷を入れない飲み物、缶や瓶入りのものをその場で開栓してもらうのが安心。お店の衛生状況を見極めて、水もミネラルウォーターを注文しよう。

知っておきたいテーブルマナー

タイでは左手にフォーク、右手にスプーンで食べるのがマナー。麺類で箸を使うときは左手にれんげを持つ。麺類をズルズルとすする習慣がないので、女性は麺をれんげにのせて食べるとスマート。

たばこは吸っていい？

オープンテラスの一部の飲食店を除いて全面的に禁煙。喫煙をすると罰金が科せられるので、吸う前に必ず店員にひと言確認しよう。

料理を持ち帰りたいときは？

料理を注文しすぎたり、食べきれなかった場合には持ち帰ることもできる。店員さんにお願いしよう。

持ち帰りたいのですが。
อยากเอากลับบ้านค่ะ
ヤーク アオ カッバーン カ

食器は持ち上げてはいけない？

食器を持ち上げ、器に口をつけて汁物を飲むのが日本流でもタイではマナー違反。食器は持ち上げず、汁物やご飯もスプーンやれんげですくって食べよう。

メニューの読み方

タイ料理のメニューはシンプル。素材と調理法、味付けがそのまま料理名になっているので、辛い、酸っぱい、甘い、塩辛い、といった単語と食材を組み合わせよう。

調理方法から読み解く

ยำ(ヤム)…和える
ผัด(パット)…炒める
ต้ม(トム)…煮る
ย่าง(ヤーン)…焼く
ทอด(トート)…揚げる
นึ่ง(ヌン)…蒸す

味付けから読み解く

หวาน(ワーン)…甘い
เผ็ด(ペット)…辛い
เค็ม(ケム)…塩辛い
เปรี้ยว(プリアオ)…酸っぱい

材料から読み解く

ข้าว(カーオ)…米
ไก่(ガイ)…鶏
วัว(ヌァ)…牛
กุ้ง(クン)…エビ
ปลา(プラー)…魚
วุ้นเส้น(ウンセン)…春雨
ผัก(パク)…野菜

フルーツの旬を知る

トロピカルフルーツの宝庫タイでは南国の珍しいフルーツがお手ごろ価格で楽しめる。旬の果物屋台もたくさん出ているので、気になるものがあれば試してみよう。

1月	2月	3月	4月	5月	6月	7月	8月	9月	10月	11月	12月	一年中食べられる

ポメロ
日本では「ザボン」の名で知られる

ライチ

ドラゴンフルーツ
真っ赤な見た目が特徴的。キウイのような食感

マンゴスチン
やわらかい果肉で強い甘みとさわやかな酸味が特徴

ジャックフルーツ
やさしい甘みで人気。乾燥したものも売られている

ドリアン
熱帯フルーツの王様。強烈な匂いだが、味は絶品

マンゴー

ランブータン
少々エグみがあり、すっきりとしたさわやかな味わい

ポメロ

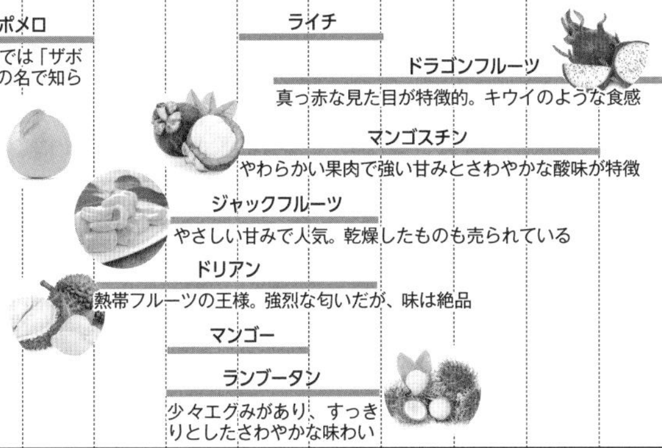

一年中食べられる：ザクロ、グァバ、スターフルーツ、ジャワフトモモ、パパイヤ

揺るぎないコンセプトを保ち続ける名店

贅沢に食事を楽しむ高級レストラン3店

料理にあしらう花でさえもテーブルコーディネートの一部。
プロデュースされるそれぞれのタイらしさを感じながら、一品一品ゆったりと楽しみたい。

1

2

3

4

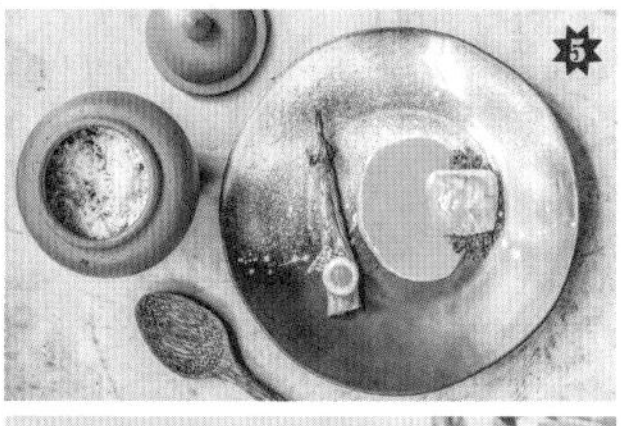

5

6

オープン後すぐに星付きに

サワーン

Saawaan

ルンピニ公園周辺 MAP 付録P.25 E-4

バンコクで今最も話題のミシュラン1ツ星レストラン、店名はタイ語で「天国」の意味。伝統的なタイ料理の調理法にモダンなアレンジを加えた料理は味はもちろんのこと、見た目にも芸術的に美しいと評判。タイ各地から集められた厳選素材のみを使用している。

☎02-679-3775 交 Ⓜ Lumphini ルンピニ駅から徒歩20分 所 39/19 Soi Suan Phlu, Sathron Rd. 営 18:00〜21:30 休 無休

1.黒のウッドフロアに鮮やかな壁紙が映える店内 2.季節ごとに新鮮で旬の素材を厳選。生魚やウニも 3.24席のみの店内はゆったりとしており優雅 4.秀逸なプレゼンテーションにため息が出る 5.タイの伝統的な調理法を使用しつつモダンなひねり 6.タイ国内各地から集められる旬の野菜も美味

おすすめメニュー

9皿のテイスティングコース

1950B

メニューはコース料理のみ。別料金でワインペアリングまたはお茶のペアリング

予算 Ⓓ2000B〜

スパイス控えめモダン・タイ

ペースト

Paste

サイアム・スクエア周辺
MAP 付録P.23 D-3

宮廷料理本を読み解き研究した調理法やスパイスで完成したモダン・タイ料理はスパイス控えめで食べやすい。シェフのこだわりが詰まった可憐で美しい盛り付けは食べるのが惜しくなるほど。

☎02-656-1003 交 BTS Chit Lom チット・ロム駅からすぐ 所 999 Ploenchit Rd. ゲイソーン(→P.123)内 営 12:00～14:00、18:30～23:00 休 無休 E 日

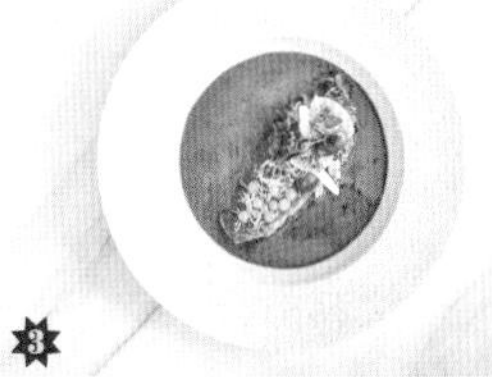

1.ドレスコードはスマートカジュアル 2.花をあしらった一皿 3.アートのような一皿 4.オーストラリア人とタイ人の夫妻が腕をふるう

おすすめコース

テイスティングメニュー1
3400B(1人前)
シェフのこだわりが詰まった8皿コースメニュー。2人前～

テイスティングメニュー2
3500B(1人前)
タイ料理のエッセンスが詰まったモダン料理の8皿コース。2人前～

予算 Ⓛ Ⓓ 3500B～

安定のおいしさならここ

ナラ・エムクオーティエ

Nara EmQuartier

スクンヴィット通り MAP 付録P.27 D-4

バンコクに展開する人気のタイ料理店。写真付きメニューで辛さの表示もあるので注文しやすい。紫を基調にしたスタイリッシュな店内でも堅苦しくない雰囲気。上品なタイ料理が楽しめる。

☎02-003-6258 交 BTS Phrom Phong プロン・ポン駅からすぐ 所 621 Sukhumvit Rd. エム・クオーティエ(→P.123)内 営 11:00～21:00 休 無休 E 日

おすすめメニュー

プーパッポンカレー
1100B
カニをイエローカレーのソースで炒めたもの。タイ・シーフードの定番

予算 Ⓛ Ⓓ 1500B～

1.かわいいデザートもぜひオーダーして 2.ショッピングモールの中にあるので入りやすい 3.上品なタイ料理が地元の人にも人気

ダイニングはホテルのシグネチャー

サービスから味まで大満足のホテルダイニング4店

高級食器、良質素材、重厚なインテリア、納得のホスピタリティなど、
安心がホテルダイニングの魅力。それぞれの特徴が自国料理レストランに詰まっている。

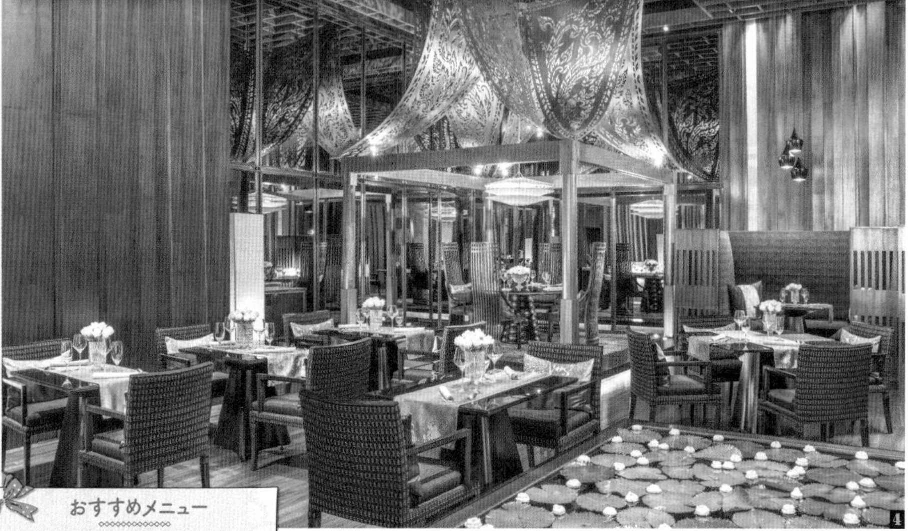
4

おすすめメニュー

ミニ・ジャーニー・セットランチ 1850B

4皿のランチ限定コースメニュー。シェフのこだわりを味わうのにぴったりのメニュー

予算 Ⓛ Ⓓ 2000B～

5

1

6

2

3

1.タラのグリーンカレー 2.食べるのがもったいないくらい可憐なサラダ 3.花畑のようにかわいいタイ風セビーチェ 4.ドレスコードはエレガント。男性は長ズボン着用、サンダルと運動着は禁止 5.ソフトクリームに見えるカニのラクサ（カレー） 6.タイ料理の概念を覆す美しいプレゼンテーション

エレガントなモダン・タイ料理

スラブア・バイ・キンキン

SRA BUA by KiiN KiiN

サイアム・スクエア周辺 MAP 付録P.22 B-1

コペンハーゲンにある世界でも稀なミシュラン星付きタイ料理店「キンキン」のシェフ、アンデルセン氏がプロデュースした逆輸入型レストラン。高級モダン・タイ料理で有名。

☎02-162-9000 交 BTS Siam サイアム駅からすぐ 所 H サイアム・ケンピンスキー(→P.163)内 営 12:00～15:00、18:00～24:00 休 無休

バンコク屈指の食のオアシス

ナーム

Nahm

サトーン通り周辺

MAP 付録P.25 E-4

ラグジュアリーホテルグループ「COMO」が運営するレストラン。タイの伝統料理を現代の調理技術でアレンジしたガストロノミータイ料理を楽しむことができる。ランチ、ディナーともコースがおすすめ。

☎02-625-3388 交Ⓜ Lumphini ルンピニ駅から徒歩10分 所Ⓗメトロポリタン・バンコク内 営12:00～14:00、18:00～21:00 休月・火曜

1. シックな雰囲気が漂う店内
2. 香り豊かで洗練された料理でミシュランの星を6年連続で獲得している
3. プールサイドに面したテラス席も

おすすめメニュー 3400B

ヘリテージコース

前菜からデザートまで全8～9種からなるシェフのおすすめコース
※写真は参考メニュー

予算 ⓁⒹ1200B～

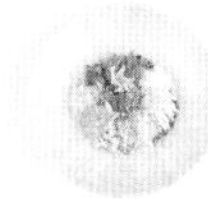

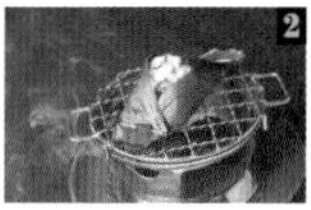

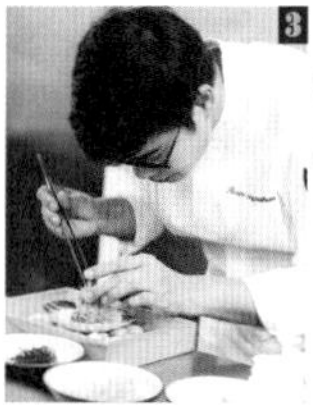

1 バンコクのなかでも特に有名店

セラドン

Celadon

サトーン通り周辺 MAP 付録P.25 F-3

バンコクの有名ホテルスコータイの離れにあり抜群の雰囲気。味もサービスも一流として知られるレストランの庭園ではハーブを栽培し、料理に使用している。夜はタイの舞踊ショーも楽しめる。

☎02-344-8888 交Ⓜ Lumphini ルンピニ駅から徒歩8分 所Ⓗスコータイ(→P.161)内 営17:00～23:00 休無休

1. 彩りが美しいサラダに気分も上がる **2.** 風味豊かで独創的なメニューが豊富 **3.** シェフこだわりの細やかな仕事が一皿一皿に反映されている

おすすめメニュー 2200B

テイスティングメニュー

タイの前菜や北海道産ホタテ、オーストラリア牛、ジャンボ川エビなどを使ったデザートまでの6皿コース

予算 ⓁⒹ2500B～

話題の創作タイ料理

バジル

basil

スクンヴィット通り

MAP 付録P.15 E-4

気鋭のシェフが考案した創作タイ料理を味わえる格調高いレストラン。タイ料理の味を生かしつつ、モダンなタッチが随所に光る料理は上品で特別感にあふれる。

☎02-649-8366 交BTS Asok アソーク駅からすぐ 所Ⓗシェラトン・グランデ・スクンヴィット(→P.160)内 営12:00～15:00、18:00～22:30(ランチは日曜のみ) 休無休

1. モダンでありながら格調高いレストラン、インテリアにも注目 **2.** 在住日本人マダムも御用達のおしゃれ店 **3.** コースの一皿、アクキガイのカレーソース

おすすめメニュー 1950B

タイ・ジャーニー・ウィズ・シェフクリット

シェフ厳選の季節替わりの9皿コースメニュー。見た目に美しくおいしい料理の数々

予算 ⓁⒹ2000B～

食べると決めたらとにかく直行

激うまローカルフード24店

「ここのコレがおいしい!」「アレを食べにそこへ行く!」評判のローカルフードをまとめました。すべてのメニューを制覇できたら、タイ通の仲間入り!

マイルドな辛さが最高

Thai curry

タイカレー

グリーン、イエロー、レッドと味の異なるカレーはぜひ全制覇して!

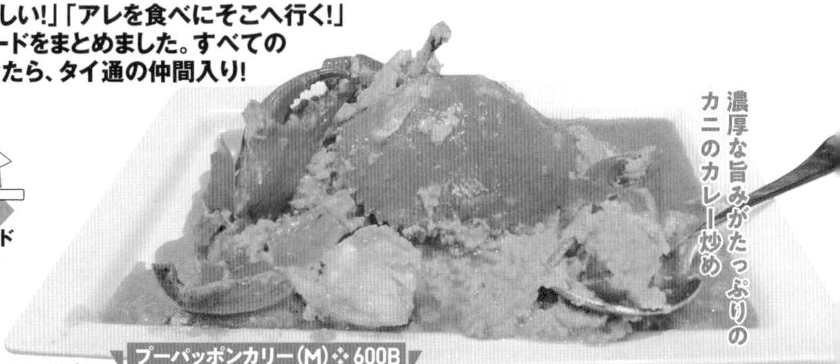

濃厚な旨みがたっぷりのカニのカレー炒め

プーパッポンカリー(M)✣600B

カニの旨みが凝縮していて、とてもおいしい! 殻を事前にむいてくれるうれしいサービスもある

絶大なる人気を誇るシーフード店

ソンブーン・シーフード

Somboon Seafood

プルン・チット駅周辺 MAP 付録P.14 B-3

バンコクの人気シーフードレストラン。プーパッポンカリー(カニのカレー炒め)が人気で、観光客だけでなく、タイ人からも絶大なる支持が。ガパオ揚げなどカリー以外もおすすめ。

☎02-160-5965-6 交BTS Phloen Chit プルン・チット駅から徒歩3分 所1031 Phloen Chit Rd.セントラル・エンバシー(→P.123)内 営16:00〜23:30 休無休 J E E

↓市内に7店。タクシーが違う店を案内する詐欺に注意

↓明るく広い店内で食事を楽しめる

タイ南部ならではの辛さや塩味、酸味にやみつき!

グリーンカレー✣280B

毎日スパイスの調合を行ってから調理しているため、フレッシュな香りが感じられる

黄色の壁を目印に、多くの人がやってくる

家族経営のタイ南部料理専門店

クアクリン パックソッド

KhuaKling PakSod

トンロー駅周辺 MAP 付録P.21 D-2

チェンポン県ターサエの伝統的な家庭料理を提供している。「提供する価値があると思う料理だけ提供する」の理念のもと、素材の旨みを最大限に引き出す調理にこだわっている。

☎086-053-7779 交BTS Thong Lo トンロー駅から徒歩10分 所98/1 Pai Di Ma Di Klang Alley 営9:00〜21:00 休無休 E E

←明るい雰囲気の過ごしやすい店内

クアクリンムーサップ✣280B

店名にもなっているひき肉のカレー炒め。クセになる激辛さが魅力的

こちらもおすすめ

キャベツのナンプラー炒め

220B

シャキシャキしたキャベツの食感に、ナンプラーの塩味とほんのりとした甘みを楽しめる

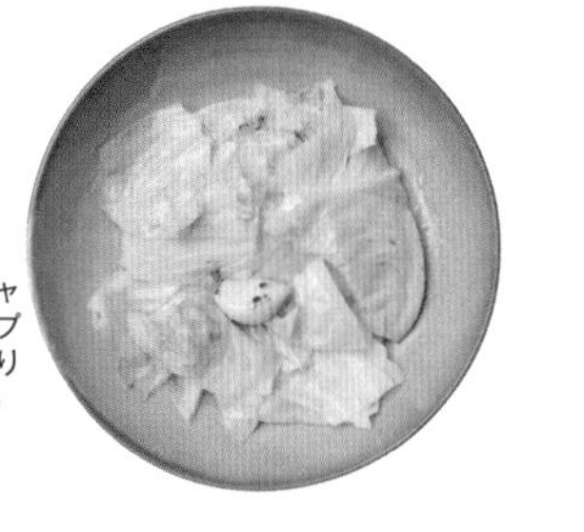

料理にも接客にも大満足

スムース・カリー

Smooth Curry

プルン・チット駅周辺 MAP 付録P.14 C-3

豪華な5ツ星ホテル、プラザアテネバンコク・ロイヤルメリディアンホテル内にあるタイ料理レストラン。スタッフの接客も素晴らしく、値段は高めだが質の高い料理が楽しめる。

☎02-650-8800 交 BTS Phloen Chit プルン・チット駅から徒歩5分 所 The Athenee Hotel, 61 Witthayu Rd. 営 11:30～14:30、17:30～22:30 休 無休 E E

5ツ星ホテルで味わう マイルドな辛さの 上品カレー

カニ入り レッドカレー ❖ 590B

イエローっぽい見た目だが、レッドカレー。上品でまろやかな味がやみつきになる

←5ツ星ホテルのレストランで優雅で落ち着いた雰囲気

こちらもおすすめ

エビとハーブのサラダ 420B

上にのった花が彩り鮮やかで見た目も◎

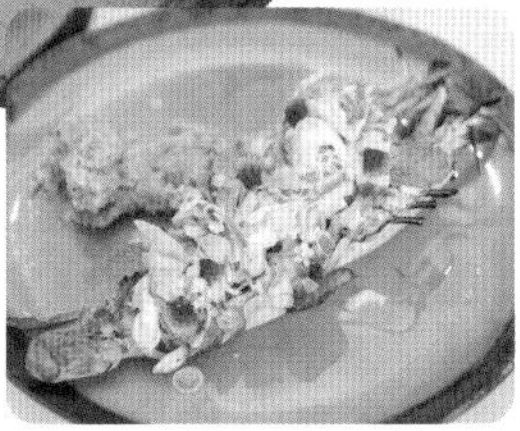

コロニアル調の白い2階建ての建物が目印

↑船着き場からすぐのロケーション

↑宝石のようなタイ菓子

伝統を大事にしたモダンな味わい

サイアム・ティールーム

Siam Tea Room

チャルン・クルン通り周辺 MAP 付録P.4 B-4

アジアティーク・ザ・リバーフロント(P28)にある一軒家レストラン。テラス席からチャオプラヤーを望むことができる。アオニーシェフが祖母から引き継いだ伝統料理を堪能できる。

☎02-059-5999 交 BTS Saphan Taksin サパン・タクシン駅、Satorn サトゥーン桟橋からシャトルボートで15分 所 2194 Charoen Krung Road 営 10:00～24:00 休 無休 J E E

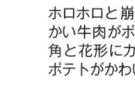

マッサマンビーフカレー ❖ 688B

ホロホロと崩れるやわらかい牛肉がポイント。八角と花形にカットされたポテトがかわいい

世界一おいしい料理とも評される マッサマンカレーを堪能

こちらもおすすめ

お婆ちゃんのポメロサラダ 378B

カラッと揚げたナマズ揚げに、マンゴーのサラダを添えた一品。酸味のある刺激的な味わい

外せないタイの定番
Tom yam kung

トムヤムクン

酸っぱくて辛いスープ、現地ではハーブの旨みがより感じられるはず

自家製ペーストが味の決め手
新鮮な手長エビを使ったトムヤムクン

川エビのトムヤムクン ❖ 325B

巨大ナムクン(川エビ)が一尾入った豪快なトムヤムクン。エビはぷりぷりでやわらかく食べごたえあり。辛さは普通

おしゃれな店で絶品トムヤムクン

バーン・メー・ユイ

Baan mae yui

アーリー駅周辺 MAP 付録P.4 C-2

庶民的な食堂だったが、移転してしゃれたカフェのような店に。ここのトクヤムクンは絶品で口コミ客が絶えない。特に手長エビ入りトムヤムクンは濃厚なエビの風味満載！

☎02-279-9849 交BTS Ari アーリー駅から徒歩8分 所85 Soi Ari 1, Phahon Yothin 5 Rd. 営10:00〜21:00 休無休 E

➲ガラス窓が多く開放的な店舗

ヨーロッパで料理を学んだオーナーのユイさんの店。タイ人にも人気

こちらもおすすめ

パッマーキアオ

95B

平打ち麺のタイの焼きそばのような感じ。見た目に反して辛いので注意

トムヤムクン ❖ 450B

プリプリの大きなエビが入ったクリーミートムヤム。スパイスの調合が見事で、洗練された風味を堪能できる

味も雰囲気も抜群！
サトーンの一軒家レストラン

⇧邸宅のリビングのような店内

「菜園から食卓へ」がコンセプト

プル

Plu

サトーン通り周辺 MAP 付録P.25 E-4

ミシュラン連続獲得、タイ政府公認「伝統タイ料理レストラン」として一躍人気店となった。タイ全土のメニューを網羅しており、コロニアル調の店構えも素敵な自然派レストランだ。

☎062-642-2222 交BTS Chong Nonsi チョン・ノンシー駅から徒歩20分 所3 Soi Phra Phinit 営11:00〜23:00 休無休 E E

心地よい風が通る開放的な造りとなっている

こちらもおすすめ

ドーク・カジョンの卵炒め 220B

カジョン(夜来香)の蕾を使用した卵炒め。栄養たっぷりでおいしい

超有名なトムヤムラーメン

ピーオ

P'Aor

サイアム・スクエア周辺
MAP 付録P.13 D-1

タイ以外の香港、中国、日本などの各国メディアも"バンコク一番のトムヤムラーメン"として紹介。トムヤムクンと庶民の日常食タイラーメンをミックスさせたラーメンは行列ができるほどの人気。

☎02-612-9013 交 BTS Phaya Thai パヤ・タイ駅から徒歩7分 所 68 51 Phetchaburi Rd. 営 10:00～20:00 休 月曜

庶民的なタイの食堂という雰囲気。大きなエビが目印

➡清潔な店内。豊富な種類のラーメンがある

エビの出汁と麺が相性抜群 絶品ヌードル

トムヤムクンヌードル ❖ 80B

酸味と辛み、甘み、エビの出汁の旨みが最高にマッチ。具材の種類も豊富！今回はエビ、ムール貝、半熟卵をチョイス

ぷりぷりのエビがこんなにも！ 万人受けする味付けも好評

トムヤンクン ❖ 230B

ココナッツミルクベースのほどよい辛さと酸味のスープの中にエビがたっぷり。エビの風味も強く絶品！

レトロな雰囲気と多彩な料理

バーン・クン・メー

Ban Khun Mae

サイアム・スクエア MAP 付録P.22 B-3

サイアム・スクエアにあるタイ料理のお店。木造のレトロ感たっぷりな雰囲気も人気で、サラダ、肉魚料理、炒め物、スープ、カレー、ご飯類、麺類、デザートなどのメニューが実に豊富。

☎02-250-1952 交 BTS Siam サイアム駅から徒歩2分 所 458 / 6-9 Siam Square Soi 8, Rama 1 Rd. 営 11:00～23:00 休 無休 J E E

壁には古い写真、棚には置物が。店そのものがアンティーク

こちらもおすすめ

ガイホーバイトゥーイ 160B

鶏肉をパンダンリーフという葉で包み、揚げた一品。辛さはなく食べやすい

➡19:00～22:00にはタイ式琴の演奏がある

バンコクNo.1の味を堪能

ナラ・エラワン・バンコク

Nara Erawan Bangkok

サイアム・スクエア周辺 MAP 付録P.23 D-3

バンコク・レストラン賞に輝いた店。アレンジなしのタイ料理が揃い、辛い料理はしっかり辛いので、苦手な人は要注意。料理の値段は、高価な海鮮系もあるが200B以下が多い。

☎02-250-7707 交 BTS Chit Lom チット・ロム駅からすぐ 所 494 Ploenchit Rd. エラワンバンコク内 営 10:00～22:00 休 無休 J

⬅衛生的にも安心のおすすめレストラン

こちらもおすすめ

ソフトシェルクラブのカレー炒め 500B

ソフトシェルはやわらかく食感がいい。やさしい味で、ふわふわ玉子との相性も抜群

こちらもおすすめ

エビと焼き長ナスのサラダ 215B

焼きナスに甘辛ダレが染み込み絶品で人気のサラダ

スナックなどオリジナル商品の販売もある

具だくさんな今風トムヤムクン 辛いものが得意な人はぜひ

トムヤムクン ❖ 440B

スパイシーだが、レモングラスとライムでさっぱりいただける

ジューシーな鶏ご飯
Khao Man Kai
カオマンガイ

スープで炊いた旨みたっぷりのご飯と蒸し鶏は東南アジアの定番!

日本にも店舗を構える有名店
コーアン・カオマンガイ・プラトゥナーム
Go-Ang Kaomunkai Pratunam
サイアム・スクエア周辺 MAP 付録P.23 E-1

「ピンクのカオマンガイ」の名でおなじみの人気店。米の1粒まで鶏の出汁が利いたご飯に、唐辛子たっぷりの濃いめのタレが特徴。日本にも支店があるが、活気に満ちた本店の雰囲気と味を楽しみたい。

↑店員さんはピンクの服を着用(上)、ペッチャブリー通りの入口にある(下)

☎02-252-6325 交 BTS Chit Lom チット・ロム駅から徒歩10分 所 960 962 Phetchaburi Rd. 営11:00〜14:00、17:00〜24:00 休無休 J E E

旨みの詰まった鶏肉と出汁たっぷりのご飯が絶妙

カオマンガイ ✧ 40B
やわらかくかつ旨みを逃さない凝縮した鶏の味が人気の秘密。鶏肉と出汁の利いたご飯が絶妙にマッチ

こちらもおすすめ
肉皿 60B
カオマンガイの肉部分だけも注文可能。ビールのつまみにも最適

ホテルの高級カオマンガイ
ルアントン
Ruenton
シーロム通り周辺 MAP 付録P.24 C-1

モンティエンホテル内にあるレストランで受け継がれてきた伝統の味。つるりとした独特の食感の蒸し鶏がご飯と別々に盛られ、4種類のタレで楽しめる。値段は高めだが、ほかでは味わえない一品だ。

☎02-233 7060 交 BTS Sala Daen サラ・デーン駅から徒歩8分 所 54 Surawongse Rd. モンティエンホテル内 営6:30〜22:00 休無休 E E

↑老舗の風格とホテルの豪華さを感じる店内

↑レトロな雰囲気も楽しもう

こちらもおすすめ
マンゴースムージー 120B
フレッシュマンゴーのスムージー。食後にさっぱりとした一杯はいかが?

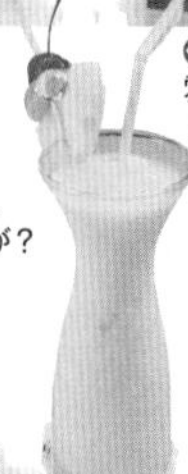

カオマンガイ ✧ 280B
ジューシーで肉厚の鶏肉に4種のタレが付く。鶏の出汁が利いたご飯も絶品

蒸し鶏の舌ざわりも上品な4種ダレで楽しむ伝統の味

4種カオマンガイ ✧ 100B
蒸し鶏、ガイセーブ(鶏肉を使ったイサーン料理のひとつ)、照り焼きチキン、ガイトート(揚げた鶏肉)の4種の味が一皿で楽しめる

独創的な4種類の鶏と抜群のつけダレで堪能する

売り切れ必至の超絶人気屋台
ジュブ・ジュブ・カオマンガイ
Jub Jub Khao Man Kai
アーリー駅周辺 MAP 付録P.4 C-1

通常の蒸し鶏、揚げたガイトート、照り焼き、ハーブと唐辛子の効いたガイセーブの4種類の鶏を1〜4種まで選べる。出勤時間帯は混むのでランチ前くらいが狙い目だ。

☎086-608-6302 交 BTS Ari アーリー駅から徒歩すぐ 所 Soi Phahonyothihn Alley 営6:00〜14:00 休無休 J

店主のジュブさんは、日本語も流暢で、明るく楽しく接客してくれるよ!

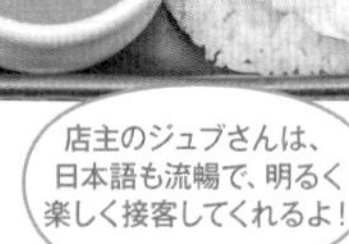

↑一時閉めていたが、新しく区画整理され復活した

タイバジルが香る一皿
Gapao Rice
ガパオライス

現地ならではの新鮮なバジルで炒めた肉をご飯と一緒に丼気分で。

日本にも上陸したタイ屈指の人気店
キアン
Khiang
バンコク郊外 MAP 付録P.4 C-1

おしゃれなアーリーエリアで人気で、大学生が足繁く通うことでも有名。タイ料理の今を味わい、舌が覚えた味のおさらいは日本の大阪店で。

☎092-499-9698 交 BTS Ari アーリー駅から徒歩13分 所 14, 6 soi Phahon Yothin 8 Samsen Nai 営 8:00～21:00 休 無休

こちらもおすすめ
ガパオプレート
90B
ガパオライスに、鶏ガーリック炒めを一緒に味わえるお得なプレートメニュー

ローカル大学生が好む風味すべてが抜群のガパオライス

ガパオライス ✣ 65B
豚肉か鶏肉から選べる。辛さを選ぶことができ、ローカル店では、少し辛め(ペットニットノイ)で食べるのがおすすめ

イメージカラーの上品なセラドンブルーが目印

豚肉のガパオライス 目玉焼のせ ✣ 89B
汁気はなく、上品な味。目玉焼がハートの形になっているのがかわいい。メニューに辛さレベルの表記もあり安心

ハートの目玉焼がキュートな多彩な絶品ガパオ

豊富なメニューと辛さ指定も魅力
ガパオ・クン・ポー
Kaprow Khun Phor
シーロム通り周辺 MAP 付録P.17 D-3

牛、豚、鶏のひき肉のほか、豚のカリカリロースト、イカ・エビ・ホタテのすり身団子など実に15種類ものガパオが味わえる。辛さはチリなし～3本まで、細かく5段階から指定できるのもうれしい。

☎065-509-9693 交 BTS Chong Nonsi チョン・ノンシー駅から徒歩13分 所 19 Soi Pradit 営 11:00～21:00 休 日曜 J E E

白を基調にした清潔感のある店内。店員さんが笑顔でお出迎え♪

↑オシャレでこぢんまりした店。向かいにはヒンドゥー寺院「ワット・ケーク」がある

こちらもおすすめ
エビのガパオ炒め
340B
エビが大きく新鮮で食感ぷりぷり。このボリュームでこの値段は絶対お得!

暑い国でも鍋は人気!
Thai Suki
タイスキ

煮込んで食べる鍋ものに近いタイスキ。出汁スープのおいしさも格別!

⇧バブルのイメージ!? ちょっと豪華なMK

ちょっとリッチな雰囲気で
MKゴールド
MK Gold
スクンヴィット通り周辺 MAP 付録P.21 E-3

毎日タイ人で賑わうMKチェーンの最高峰MKゴールドは、内装や食器がワンランク上。デザートも本格的。会計後、レシートにはとった栄養素が算出される。

☎02-382-2367 交BTS Ekkamai エカマイ駅から徒歩5分 所5/3 Soi Sukhumvit 63, Sukhumvit Rd. 営10:00～22:00 休無休 J E

こちらもおすすめ
特製MKタケノコ 62B
タケノコという名のつみれ。鍋においしさをプラス

お腹にやさしいタイスキ 野菜もたっぷりとれる

ゴールドしゃぶセット ✣ 650B
スープをすくってお好みで辛い調味料を入れていただく。写真左下の魚の形がかわいいMKサーモンは64B

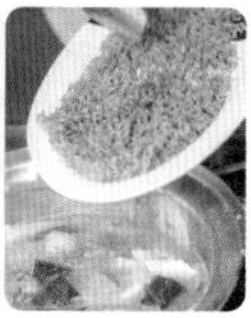

⇧プリプリのエビはピリ辛タレで(左)、卵麺やモロヘイヤ麺が締め(右)

創業50年のタイスキ発祥の店
コカ・スクンヴィット 39
COCA Sukhumvit 39
スクンヴィット通り周辺 MAP 付録P.27 D-4

日本にも支店を持つタイスキ発祥の有名店。もとは広東料理の店で、オリジナルの中華メニューにも定評がある。スープは5種類のなかから選ぶが、追加料金で2種類も可。

☎02-259-8188 交BTS Phrom Phong プロン・ポン駅から徒歩3分 所1, 1-5 Soi Sukhumvit 39 営11:00～22:00 休無休 J E

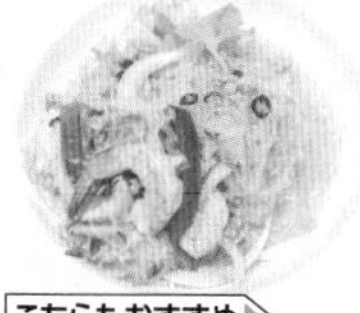

こちらもおすすめ
ヤムウンセン 88B
鍋の準備ができるまでのおつまみに最適の春雨ヤム

⇩タレを少しずつ調整して入れよう

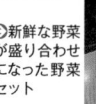

⇨新鮮な野菜が盛り合わせになった野菜セット

コンボセット ✣ 758B
まずはシーフードも肉もセットで注文。追加は野菜のみ348B、肉のみ598Bなど各種

広東料理がベースの深みのあるスープで味わう

タレの種類の豊富さと食べ放題の野菜がうれしい

プレミアム黒豚セット ✣ 495B
薄くスライスされた肉は絶品。オーガニック野菜は種類豊富で食べ放題なのが魅力的

野菜をたっぷり食べたいならここ
チャーナ
Charna
サイアム・スクエア周辺
MAP 付録P.22 A-2

サイアム・センターの2階にあるレストラン。タイスキのほか、単品メニューも充実しており、週末には行列になることも。タイスキはチキンベースのスープかスパイシーなスープを選ぶ。

☎061-415-8252 交BTS Siam サイアム駅からすぐ 所230, Rama 1 Rd. サイアム・センター内 営10:00～22:00 休無休 E E

ダッチ風のしっかりした鍋を使用している

⇧オーガニックジュースの試飲ができる

⇨レストランが並ぶ一角にある

痺れるうま辛サラダ
Somtum
ソムタム

衝撃の辛さと青パパイヤのシャキシャキ感はやみつきになるうまさ

一度行けばタイ人も虜
多様なソムタムをぜひ

ソムタムプー ❖ 60B
カニ入りのソムタム。目の前でタム(トントン！)してくれる

タイ料理の定番
パッタイも外せない

パッタイ・グン ❖ 120B
味付けしっかりなのでマナオ(ライム)を搾ると好バランス

➲ホーローのかわいいお皿をインテリアとして利用。2階席でもゆっくりできる

名店はここにあった
マダム・ソムタム
Madam Somtum
プルン・チット駅周辺
MAP 付録P.14 C-3

「材料と清潔さにこだわってるのよ」とオーナーのニッキーさんはにっこり。美しくおいしいソムタムが口コミだけで広まり人気店になった。そんな店へ行かない手はない。

☎095-963-5745 ㊋BTS Phloen Chit プルン・チット駅から徒歩3分 ㊖888/14 Mahatun plaza, Phloen Chit Rd. ㊊10:00～22:00 ㊡日曜

当店自慢のソムタム召し上がれ～

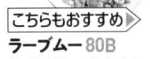

こちらもおすすめ
ラーブムー 80B
食べだすと止まらない豚ミンチのハーブ和え

ショッピングモールでソムタムを
ヤム&タム
Yum & Tum
スクンヴィット通り周辺
MAP 付録P.20 B-4

青セラドン食器の料理が印象的。イサーン料理の代表、ガイヤーン(鶏のグリル焼)、ソムタム、カオニャオ。この店のものはタイ人も喜ぶ味となっている。

☎02-665-6546 ㊋BTS Phrom Phong プロン・ポン駅から徒歩17分 ㊖93,95 Sukumvit 26, ケーヴィレッジ内 ㊊10:00～21:00 ㊡無休

こちらもおすすめ
ガイヤーン 200B
チキングリル焼はメイン。やわらかいのでフォークで上手に食べられる

➲広々とした店内にはソファ席もある

ソムタムタイ ❖ 80B
店によって味の違うソムタム。比較的濃厚でピーナッツの割合がちょうどよい

お腹とお肌のために
パパイン酸を摂取！

ミシュランの星を獲得した味
ソムタム・ダー
Somtum Der
ルンピニ公園周辺
MAP 付録P.25 E-2

NY店がミシュランの1ツ星を獲得した、保証つきのイサーン料理が味わえる。ココナッツライスや米麺と合わせたソムタムのプレートが絶品。辛さも調節してもらえる。

☎082-294-2363 ㊋Ⓜ Si Lom シーロム駅から徒歩3分 ㊖5/5 Sala Daeng Road Silom ㊊11:00～23:00 ㊡無休
E E

カウンターには調味料や食材の入った瓶が並ぶ

こちらもおすすめ
ガイトート 90B
香ばしくカリッと揚がった鶏の唐揚げ

ココナッツライスや米麺の
絶妙なコンビネーション

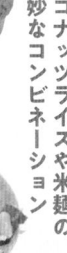

ソムタムカリカリナマズのせ ❖ 90B
ピリッと辛いソムタムに、さわやかなライムの香りがたまらない。焼いたナマズを細かくほぐして揚げたトッピングも最高！

軽食にもぴったり！
Phad Thai
パッタイ

マイルドでエキゾチックな味わいの炒め麺は滞在中リピしてしまいそう！

これぞパッタイのお手本！完璧なバランスを味わおう

行列店だが回転の速さも魅力
ティップ・サマイ
Thip Samai
戦勝記念塔周辺 MAP 付録P.9 F-4

パッタイの味を知りたいならまずここに足を運びたい。基本のパッタイ以外に、卵で包んだパッタイ・ホーカイも人気メニュー。食後には、果肉入りの濃厚なオレンジジュースを注文するのが定番コース。

☎02-677-8888(キングパワー・コンプレックス) 交 Ⓜ Victory Monument ヴィクトリー・モニュメント駅から徒歩3分 所 8 Rang Nam Alley キングパワー・コンプレックス内 営 9:00〜24:00 休 無休 J E

パッタイwithシュリンプ ✣ 119B
エビ味噌入りのソースは濃厚だが、しつこくなく食べやすい。脂っこくないので、食べたあと胃もたれしないのも◎

こちらもおすすめ
パッタイ 79B
オーソドックスなパッタイ。麺にコシがあり歯ごたえ◎ 木綿豆腐も癖がなく食べやすい

⇧本店は行列が絶えないが、フードコートの店舗なら並ばずに入れる

⇨清潔感あふれるフードコート

パッタイプー ✣ 320B
カニのパッタイ。甘すぎず、もちもち麺がカニとソースに絡まって絶品

もちもち麺とカニ肉が絡む美味で贅沢な看板メニュー

こちらもおすすめ
パッションフルーツソーダ 150B
果肉はもちろんパッションフルーツが上にのり、見た目もインパクト抜群のドリンク

こだわり食材のおしゃれなパッタイ店
バーン・パッタイ
Baan Phad Thai
チャルン・クルン通り周辺 MAP 付録P.16 B-4

ビビッドブルーの壁が印象的なおしゃれなパッタイ専門店。自家製のモヤシや特注の平打ち麺で作る、屋台とはひと味違った贅沢なこだわりの一品を楽しみたい。

☎02-060-5553 交 BTS Saphan Taksin サパン・タクシン駅から徒歩5分 所 21-23 Charoen Krung Soi 44 営 11:00〜22:00 休 無休 E E

パッタイ コームーヤーン ✣ 240B
豚肉がのったボリュームたっぷりのパッタイ。ホーローのお皿もセンスを感じる

濃厚なガイヤーンの風味と自家製モヤシが相性抜群

入口には写真を撮りたくなるかわいいロゴが！

⇩観光客で賑わうおしゃれな店内

⇩ブルーの建物なのですぐわかる！

辛さと甘みが絶妙!
Khao Soi

カオソーイ

ココナッツミルクの効いたカレースープの麺はクセになる南国の味わい

こちらもおすすめ

カオソーイヘンガイ
89B
カリカリの麺を最後までカリカリのまま楽しめる鶏の汁なしカオソーイ

北タイの郷土の味を堪能できる

オン・トン・カオソーイ

Ong Tong Khao Soi
アーリー駅周辺 MAP 付録P.4 C-1

チェンマイの人気店のバンコク1号店。濃厚だが辛さもマイルドなスープに、具材は鶏、豚、牛、牛すじの4種から選ぶ。チェンマイソーセージをはじめ、北タイの郷土料理も一緒に味わいたい。

☎02-003-5254 交 BTS Ari アーリー駅から徒歩3分 所17 Phahonyothin Soi 7 営9:00～20:30 休無休 E

↑こぢんまりした店舗。注文はオーダー表に記入式。多少英語が読めれば大丈夫

ホロホロの鶏のチョップと
マイルドなスープが人気

カオソーイガイ ✣ 79B
鶏のカオソーイ。オーソドックスなココナッツ仕立てで、辛さ控えめなので食べやすい

おしゃれな北タイ料理専門店

ポウワー・ノーザン・タイ・キュイジーヌ

Porwa Northern Thai Cuisine
サイアム・スクエア周辺
MAP 付録P.13 E-1

カフェのようなリラックス感漂うレストラン。人気のカオソーイは牛、クリスピーポーク、鶏、エビ、袋茸から具材を選ぶ。独特の食材を使った北タイ料理も絶品揃い。

☎088-268-3286 交 Ⓜ BTS Phaya Thai パヤ・タイ駅から徒歩3分 所69/34 Soi Patumwan Resort, Phayathai Rd. 営11:00～21:00 休水曜 E E

提灯のような飾りが特徴!

➡果肉入りのパッションフルーツジュース70B

こちらもおすすめ

ヤムトゥアプー 150B
「四角豆のサラダ」という意味。甘み・濃厚な味付けがやみつきになる一品

↑カフェのようなおしゃれな店内

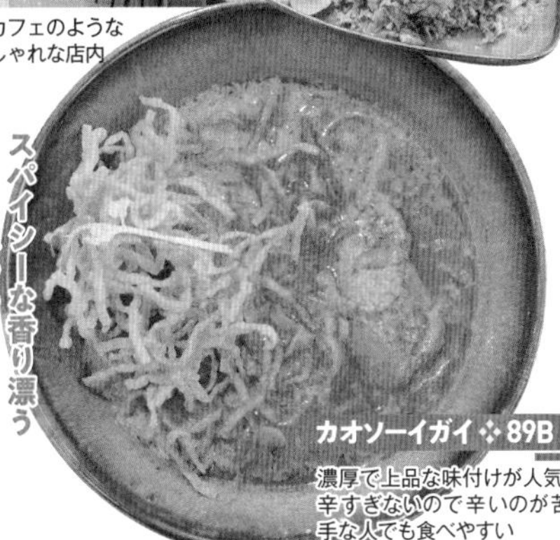

スパイシーな香り漂う
上品な味わいのカオソーイ

カオソーイガイ ✣ 89B
濃厚で上品な味付けが人気。辛すぎないので辛いのが苦手な人でも食べやすい

地元で人気のタイ風ラーメン

中国から来た「クイッティアオ」仕上げはバリエーション豊富!

豊富な追加具材で旨さ倍増!

クイッティアオ・ムー・ルンルアン

Guay Tiew Moo Rung Rueang
スクンヴィット通り周辺
MAP 付録P.20 B-2

米の麺を用いたタイ風ラーメン、クイッティアオの専門店。ミシュランの「ビブグルマン」にも選出されたほどの名店で、ランチタイムは大行列ができる人気ぶりだ。

☎02-258-6746 交 BTS Phrom Phong プロン・ポン駅から徒歩4分 所10/3 Sukhumvit 26 Alley 営8:30～17:00 休無休

➡地元の人や観光客で賑わう店内。バンコクの熱気を味わう

⬇コスパ抜群の店とミシュランのお墨付き

⬇トッピングと調味料で好みの味に

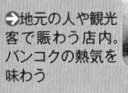

クイッティアオ ✣ 50B
トムヤムヌードルと透明スープのポークヌードルの2種があり、麺の太さは4種から選べる

麺の太さとスープを選び、
魚のつくねや肉、薬味を追加!

新鮮、豪快、バラエティ豊富！

地元で評判の本格シーフード2店

海がそう近いわけでもないバンコク。ラヨーンなどから運ばれるシーフードを使ったタイ料理はローカルにも人気。

145B

プーパッポンカリー

サボイ一番の人気メニュー。タイ産マッドクラブを使用したイエローカレー炒めが絶品！

産地直送のシーフードが多数！

サボイ・シーフード

Savoy Seafood

スクンヴィット通り周辺 MAP 付録P.20 B-4

1972年創業の老舗シーフードレストラン。スクンヴィットにある店舗は一軒家で広々としており、個室もある。身がぎっしり詰まったプーパッポンカリーを始め、新鮮なシーフード料理が揃っている。

☎02-055-6258 交 BTS Phrom Phongプロンポン駅から車で5分 所 120 4 Soi Sukhumvit 26「Aスクエア」内 営 10:00～22:00 休 無休

↑ピンク色のお店の看板が目印

↑天井からぶら下がる投網と漁村をイメージした壁画がお洒落

290B

スペシャルパイナップル炒飯

パイナップルを丸ごと使用した容器に、エビとカニが盛られた豪華な炒飯

深夜まで営業している大衆食堂

ソーントーン・ポーチャナー

Sornthong Pochana

スクンヴィット通り周辺 MAP 付録P.20 A-4

地元の人で深夜まで賑わう中華系の食堂。リーズナブルな価格で新鮮なシーフードを味わえるのが魅力。日本では見かけないモンスター級の巨大シャコなど珍しい料理も豊富。

☎02-258-0118 交 BTS Phrom Phongプロン・ポン駅から車で5分 所 2829-31 Rama 4 Rd. 営 16:00～翌1:30 休 無休

↑市場や生け簀から運ばれた獲れたての素材を使っているので安心

生エビのサラダ 210B

唐辛子とにんにくがアクセントのスパイシーなサラダ。暑さで食がすすまないときにもおすすめ

↓かなりローカルな雰囲気だが、味は本物

エビと春雨の薬草蒸し

オイスターソースで味付けされており、お酒のつまみにも◎

400B

↑ジャズライブが開催される日もある

軽くやるなら居心地のよい場所希望

食事も楽しめる おしゃれなバー 3 店

ちょっと座って一杯。これこそは肩ひじ張らずの心地よい空間を見つけたい。旅先でゆったり小休止ができる店は実に貴重。

ソイナナはここからスタート

103 ベッド・アンド・ブルーズ

103 Bed and Brews

フアランポーン駅周辺 MAP 付録P.12 A-4

←タイティーなどカフェメニューも

B&B内のハイセンスなカフェ。食器やインテリアは中華街らしく、ミスマッチの先端。まずは旅のプランを練る。そんなときにぴったりすぎる空間。

☎02-102-8856 交 Ⓜ Hua Lamphong フアランポーン駅から徒歩5分 所 103 Rama 4 Rd. 営 8:00～22:00 休 無休

↑温めてくれるマフィンでホッとする

↑落ち着いた雰囲気の店内

気分のよさはピカイチ

ウォールフラワーズ・アップステアーズ

Wallflowers Upstairs

フアランポーン駅周辺 MAP 付録P.12 A-4

↑バーカウンターでオーナーに会えるかも

狭い階段を上っていく。ソイナナエリアにあるセンスの良いバー。タイの芸能人も常連のこの店では料理はもちろん、カクテルも種類豊富。

☎063-750-5730 交 Ⓜ Hua Lamphong フアランポーン駅から徒歩5分 所 31 33 Maitri Chit Rd. 営 17:30～24:00 休 月曜

↑タイフルーツを使ったカクテルとおつまみフード

西洋人に絶大な人気

クインス

Quince

サイアム・スクエア周辺 MAP 付録P.23 F-2

イベントスペースとしても利用されるクインスは、スクンヴィットから移転してもなお人気の下がる気配はない。フルーツを料理に生かすテクニックが見事。

☎094-868-2639 交 BTS Chit Lom チット・ロム駅から徒歩10分 所 14/2 Soi Somkid, Phloen Chit Rd. 営 10:30～23:00 休 無休

↑フレンチ&メディタリアンを基本としたフュージョン料理が楽しめる

↓シックで大人な雰囲気が漂う店内

逆輸入タイ料理の物語

新しい道を突き進む気鋭レストラン 2店

メニューを開き、シェフのメッセージを読む。異国でタイ料理店をオープン、母国にその味を持ち帰る。さまざまに想像しながら味わいたい。

➲カオニャオ・ラムヤイ
非常に珍しいデザート

ベルギーで開業後本国タイへ

ブルー・エレファント

Blue Elephant

シーロム通り周辺 MAP 付録P.16 C-4

友人に振る舞ったタイ料理がきっかけとなり嫁ぎ先でオープン。ヨーロッパで人気を博し本国での開業へ。すべてにこだわるオーナーの、随所に象のモチーフを品よく使うテーブルコーディネートが有名。

☎02-673-9353 交 BTS Surasak スラサック駅からすぐ 所 233 S Sathorn Rd. 営 11:30～14:30、17:30～22:00 休 無休 E E

おすすめ料理

タイ料理ランチセット

1280B

メインはしっかり。そのほかを少しずつでさまざまな味が楽しめる

⇧ヨーロッパを思わせる建物は内部もさながら博物館

➲まさにタイのお屋敷イメージの店内(左)、冷めない配慮で温めながらの一人用トムヤムクン(右)

フランス人提案のモダン・タイ料理

パタラ・ファイン・タイ・キュイジーヌ

Patara Fine Thai Cuisine

スクンヴィット通り周辺 MAP 付録P.5 E-3

トンローの比較的静かなエリアに入ると赤い看板が目を引く。待合バーコーナーのあるヨーロッパ式の店で現代的なタイ料理のランチセットを。夜はアラカルトでゆっくりと。

☎02-185-2960 交 BTS Thong Lo トンロー駅から車で5分(トゥクトゥク送迎サービスあり) 所 375 Soi Thonglor 19, Sukhumvit 55 営 11:30～14:30、18:00～23:00 休 無休 J E E

おすすめ料理

ワンディッシュランチセット

290～490B

食べたいものを少しずつ。セットの種類も豊富に準備されている

➲カオニャオ・マンゴーは独創的な盛り付け(右)、料理同様洗練された店内(左)

⇩南国家屋らしいイメージのエントランス

🅤とろみのあるスープがたまらないクイッティアオ120B

ローカルに愛される老舗店

トンクルアン

Thong Kruang

スクンヴィット通り周辺 MAP 付録P.5 D-3

🅤おにぎりのような形のコームーヤーン(焼豚)150B

🅤白が基調の明るいレストラン

トンロー通り沿いから移転して清潔かつ開放的になったトンクルアンは食べたいものが揃っており、日常的にもアテンドにも安心の店。駅までのトゥクトゥクサービスもありがたい。

☎02-661-0202 交 BTS Phrom Phong プロン・ポン駅から徒歩10分(トゥクトゥク送迎サービスあり) 所 211/3 Sukhumvit 49/13 Sukhumvit Rd. 営 11:00～22:30 休 無休

➲日本人居住地至近のわりに近く、落ち着いたエリアに位置

素朴な日常の食卓 しかし確かな味わい

どこかほっとする味の 庶民派レストラン③店

「タイに生まれてよかった…」
隣に座るタイ人から幸せなため息が聞こえてくる、この国のお袋の味を紹介する。

➲明るい店内は客席も多い

本格イサーン料理を気軽に

バーン・イサーン・ムアンヨット

Baan Esan Muang Yos

スクンヴィット通り周辺 MAP 付録P.26 C-2

イサーンと呼ばれるタイ東北部では山岳民族による独特の食文化が息づいている。強い辛みと深いコク、そしてもち米のふっくらした味わいが絶妙。廉価であることも魅力で客足が絶えない。

☎089-012-5750 交 BTS Phrom Phong プロン・ポン駅から徒歩10分 所 19/3-5 Sukhumvit 31 営 17:00～翌4:00 休 無休

🅤イサーン風の内装で旅行気分

🅤あっさりのエントランスがさりげない魅力

🅓鍋料理チムチュム250B。素焼き鍋と炭の炎による郷土食

バンコクに来たら行きたい人気店

クランソイ

Klang Soi

スクンヴィット通り周辺 MAP 付録P.27 F-2

ソイの真ん中という意味の店名は移転前の場所にちなむ。創業40年以上の有名店。常連客のみが知る名物料理はなぜか「ベトナム美人和え」生エビのヤム。すべて安心の味で多くの利用客がやってくる。

☎02-391-4988 交 BTS Phrom Phong プロン・ポン駅から徒歩10分 所 12/1 Sukhumvit 49/9 Rd. 営 11:00～14:00、17:00～21:30 休 月曜

🅤トウモロコシ入りさつま揚げ140B

🅤タイ野菜 長ナスのヤム135B

🅓車通りから少し入った静かな場所

➲パイナップルとエビのスープは絶品165B

各地を予習! 次回の行き先は?

バンコクで食べるタイの地方料理4店

材料や味付けが地方によって違うのは万国共通。食器や盛り付けの違いも楽しもう。日本に似たものに出会うかもしれない?

350B

タイの前菜盛り合わせ

タイ東部のトラート県料理

シー・トラート

Sri Trat

スクンヴィット通り周辺 MAP 付録P.27 D-2

カンボジアとの国境を有するトラート県出身のオーナーが家庭料理をモダンにアレンジしたメニューを提供。新鮮な素材を使った風味豊かな料理はオープン当初から地元で人気が高い。

☎02-088-0968 交 BTS Phrom Phong プロン・ポン駅から徒歩10分 所 90 Soi 33, Sukhumvit Rd. 営 12:00〜23:00 休 火曜

ノスタルジックな店内

美人コンテストで優勝したお母さんが料理の原点。ハイソな地元の人で連日賑わう

カオソーイ

Khao Soi

110B

チェンマイヌードルのカオソーイは2人組だと半分ずつ準備してくれる

チキンのパンダン葉包み揚げ

110B

タプティム・クローブはザクロに似せたデザート

110B

若タケノコの豚ミンチ詰め

カオソーイが人気の店

ゲダワー

Gedhawa

スクンヴィット通り周辺 MAP 付録P.26 C-3

2019年の移転後も人気の衰えない有名店。本場のチェンマイ料理を食べることができ、常に日本人や欧米人で賑わっている。良心的なプライスなので、大勢でも少人数でも楽しめる。

☎02-662-0501 交 BTS Phrom Phong プロン・ポン駅から徒歩10分 所 Taweewan Place,Soi Sukhumvit 33, Sukhumvit Rd. 営 11:00〜14:00、17:00〜22:00 休 日曜

ホテルのような豪華な外観

450B
車エビのグリル、東タイの海鮮ソース
Grilled Tiger Prawns topped with eastern Thailand seafood sauce
大ぶりの車エビを香ばしくグリルしたもの。タイ東部の特製海鮮ソースで

220B
↑豚バラ肉の煮込み

80B
カオソーイガイ
Khao Soi Gai
辛くて甘いチェンマイヌードル。ライムを搾り、付いてくる漬物を入れる

室内なのに
屋台にいるような感覚に！

ホムドゥアン

Hom Duan

スクンヴィット通り周辺
MAP 付録P.21 E-3

ガラス張りの入口にコンクリート打ち放しの内装、食材は屋台風に並び、外界と一体化したような錯覚を楽しむことができる。地ビールの品揃えが豊富で、料理との組み合わせは無限の可能性を秘める。

☎085-037-8916 交 BTS Ekkamai エカマイ駅から徒歩7分 所 1/8-1/9 Soi Sukhumvit 63 営 9:00～21:00 休 日曜

↑ショーケースに並ぶおかずをセレクトする方式で最後に精算

→気楽な雰囲気で一人でも入店しやすい

タイ人の間でも人気の東北料理

セープ・イリー・ザ・マーケット・バンコク

Zaab Eli The Market Bangkok

サイアム・スクエア周辺 MAP 付録P.23 E-2

特に食事がおいしいと有名な東北イサーン地方の料理。辛みが強くココナッツミルクをあまり使わないのが特徴。地元のハイソな人たちで大盛況なのはおいしさの証し。思いきって辛さに痺れてみよう。

☎02-209-5206 交 所 ザ・マーケット・バンコク(→P.123)参照 営 10:00～20:30 休 無休

→カラフルで楽しくなるようなポップな入口

↑ピーナッツが多めに使われたソムタム。甘めのタレでおいしい

豚骨盛りスープ 280B
Spicy and Sour Soup with Pork Rib and Tamarind Leaf
豚骨が入った酸っぱ辛いタマリンドの若葉入りスープは、肉がほろほろやわらかでおいしい

←皮がパリパリとした特製焼き鶏肉290B

食の旅路シルクロード～オリエント～大航海

侮るなかれ! 絶品多国籍料理11店

観光立国らしく多様性に富むタイ。バンコク都市部では、あちこちに各国の料理店が軒を連ねる。未知の味を求めて一歩を踏み出そう。

↑オーガニックチェリートマトのカプレーゼ560B

→トリュフピザ650B。たっぷりのチーズに黒トリュフがたまらない

在住者支持率トップのイタリアン

ペッピーナ

Peppina

スクンヴィット通り周辺 MAP 付録P.26 C-2

料理すべてが本場ナポリの味で、スタッフ全員の明るく上品な振る舞い。2017年のオープンから衰えない人気だ。

☎02-119-7677 交 BTS Phrom Phong プロン・ポン駅から徒歩15分 所 7/1 Sukhumvit 33 Alley, Khlong Toei Nuea 営 11:30～23:00 休 無休

↑笑顔が素敵な代表シェフのエムさん

ボンゴレパスタ
vongole
590B
あさりの旨味たっぷり、白ワインの効いた本格パスタ

↑窯も備えた広い店内。出入口は2カ所

↑ペッピーナのオリジナルティラミス275B

サーモンタルタル
Sirmon Tartar Sauce
590B
食べるのがもったいないようなかわいい料理。ワインとともに少しずつ味わおう

産地多種多様なワインはグラス160B～

ローカルエリアにあるバル

エルメルカド

El Mercado

ルンピニ公園周辺
MAP 付録P.19 F-3

味見して気に入ったチーズやハムをグラムで。黒板メニューを指差し注文。テーブルで待つ間にドリンクを選ぶ。ワイングラスを片手に「市場」という名にふさわしい気軽な雰囲気で西洋を感じられる。

☎099-078-3444 交 M Queen Sirikit National Convention Centre クイーン・シリキット・ナショナル・コンベンション・センター駅から徒歩3分 所 490 Soi Phai Sing to, Khlong Toei 営 9:00～23:30 休 月曜

↑選んだものをさりげなく盛り付けてくれる(上)、涼しい屋内席もある(下)

←屋外席も人気

地元民の心を掴む飲茶

シェフマン

Chef Man

サイアム・スクエア周辺
MAP 付録P.23 E-4

高級ホテルエリアのラチャダムリには名店が多く、ここもそのひとつ。 分厚いメニューを開けば食べたいものばかり。飲茶数品と麺類をシェアしながら楽しむのが、おすすめ。

☎02-651-8611
交 BTS Ratchadamri ラチャダムリ駅から徒歩5分 所 6/1, 6/2&6/6 Soi Mahadlekloung 2, Ratchadamri Rd. 営 11:30～14:30、18:00～22:00 休 無休

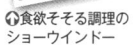

↑食欲そそる調理のショーウインドー

↑種類豊富な飲茶はランチタイムのみ

↓シンボルの金の急須がキュート

広東料理おなじみの春巻

ホタテ餃子
Scallop Dumplings
130B
皮がふわふわで味わいたっぷり！2人で行くなら交代で2個食べるのが平和

ロブスター
Maine Lobster
1700B
XO醤ソースをロブスターに。オリジナリティあふれる一品

フュージョンミスマッチの宝庫

ウォーター・ライブラリー

Water Library

ラーマ4世通り周辺 MAP 付録P.17 E-1

天候によって温度の違うミネラルウォーターを出す水へのこだわり。国内のオーガニック野菜と日本の高級食材を使うシェフのアレンジに興味が尽きない。高級ビジネスランチ気分を味わってみよう。

☎065-254-9645 交 M Sam Yan サム・ヤーン駅からすぐ 所 Phaya Thai Rd. Chamchuri Square 2F 営 11:30～22:00 休 無休

↑輝くウォーターボトルの数々(上)、チリ産シーバスをゆずポン酢で。ランチ2コース1000B(下)

オシャレなアメリカ料理

シープシャンク・パブリック・ハウス

Sheepshank Public House

カオサン通り周辺
MAP 付録P.6 C-3

川沿いで眺めの良いレストランは船の修理工場を改造したもの。シックで工場風の内装がオシャレ。ワイワイと大人数でシェアしたり、カウンター席もあり女性一人での利用も気軽。

☎02-629-5165
交 BTS Ratchathewi ラチャテウィ駅から車で15分、Phra Arthit プラ・アーチット桟橋からすぐ 所 47 Phra Athit Rd. 営 11:00(月曜17:00)～翌1:00 休 無休

↑タイにいることを忘れてしまいそうな店内

←豊富に揃うビール。黒ビールラオス150B

→桃とオリーブと生ハムのサラダ

イカ墨のスパゲティー マリナラソース
Squid ink Pasta Marinara sauce
340B
イカ墨の黒いスパゲティのシーフードソース。イカフライが添えられている

オーラあふれる民族料理

アヴラ・グリーク・グルジア・レストラン

Avra Greek & Georgian Restaurant

スクンヴィット通り周辺 MAP 付録P.26 C-3

ギリシャとジョージア、黒海に隔てられた両国の血を引くオーナーが、それぞれの名物料理をあますことなく提供する。「アヴラ」とはオーラのこと。

☎02-002-4585 交 BTS Phrom Phong プロン・ポン駅から徒歩6分 所 Sukhumvit Soi 33 Ⓗロータスホテル地上階 営 18:00～23:00、土・日曜11:00～23:00 休 月曜

↑ギリシャに来たような雰囲気を感じられる

↑オーナーのアンナさん。腕に自信あり

←ジョージアスパイスのキンカリ1個80B～

ラムのグリル Lula Lamb 350B

オーストラリアのラムをジョージアスパイスとハーブで焼いたもの

伝統的な
バスク料理
仔豚のマリネ
おいしいよ

ワインビュッフェ Wine Buffet 888B

タパスに合うワインをセレクトできる。産地はさまざま。相談してみよう

夜景とスペイン料理を堪能

ウノ・マス

Uno Mas

サイアム・スクエア周辺 MAP 付録P.23 D-2

センタラグランドホテルで楽しめるバスク料理。高級ホテルのサービスと同時にゴキゲンなスタッフが旅気分を盛り上げてくれる。食材からは南米とタイの共通点を発見できる。

☎02-100-6255 交 BTS Siam サイアム駅から徒歩7分 所 999/99 Rama 1 Rd., Pathumwan 営 16:00～翌0:30 休 無休

↑54階からの景色を眺められる(上)、日本で見るカニの甲羅とひと味違う(下)

フランス人プロデュースの気鋭店

ジェイム バイ・ジャンミッシェル・ロラン

J'aime by Jean-Michel Lorain

ルンピニ公園周辺 MAP 付録P.18 C-4

立地からは想像できないほど喧騒からしばし離れられる静かな場所。ブルゴーニュでミシュランを獲得したシェフがオーナー。若干24歳のシェフ、ニコラス・ケラーを迎え、期待感が高まる。

☎02-119-4899 交 Ⓜ Lumpini ルンピニ駅から徒歩10分 所 105, 105/1 U Sathorn Bangkok, Thung Maha Mek 営 12:00～14:30、18:00～22:30 休 火曜

←ホテル「ユー・サトーン・バンコク」(P.164)内にある

↑気さくなシェフのニコラス・ケラーさん

←異世界でのフレンチに期待が膨らむ

ランチコース Lunch course 3500B

美しい料理の数々はフレンチコースならでは。月末の日曜はブランチもあり

肉のことなら俺たちに聞け！

エルガウチョ

El Gaucho

スクンヴィット通り周辺
MAP 付録P.26 A-2

熱い鉄板に肉汁が踊る。アルゼンチンからやってきたガウチョ(カウボーイ)が豪快にステーキをさばくさまは見もの。小気味よく切れるナイフはおみやげにもおすすめ。

☎02-255-2864 交 BTS Asok アソーク駅からすぐ 所 ターミナル21(→P.123)内 営 11:00〜24:00 休 無休

↑毎夜多国籍な客層で盛り上がっている

↑ビーツのサラダはステーキやビールに合う。サイドメニューも充実

リブ・アイステーキ350g 2590B
Rib Eye U.S.A Steak
2人で取り分けるのに最適なステーキ。取り分ける皿も接客も熱い！

照れ笑いがキュートなスタッフ

おいしいワインといかが

生ガキ6ピースプラッター 749B
OYSTER PLATTER
厳選された生産者によるプリプリのカキを味わえる

日本の生ガキを南国タイで！

オイスターマニア

Oyster Mania

スクンヴィット通り周辺
MAP 付録P.26 C-3

東京でオイスターバー責任者の経歴を持つ日本人男性の細部に目が行き届いた本格レストラン。素材はもちろん、ワインにもこだわり抜いている。

☎081-981-4902 交 BTS Phrom Phong プロン・ポン駅から徒歩15分 所 3/17-18 Soi Sukhumvit 31 Sukhumvit Road, Khlong Tan Nuea, Watthana, Bangkok 営 17:00〜22:00 日曜11:00〜14:00、17:00〜22:00 休 火曜

↑人気メニューカキと大葉のリゾット399B

←40種類以上用意されたワインとのペアリングが楽しめる

アラビアンナイトのごちそう

ベイルート

Beirut Restaurant

プルン・チット駅周辺
MAP 付録P.15 D-3

中東レバノンより、首都の名を冠したアラブ料理店の代表格。宗教上、豚肉こそ扱っていないものの、牛、羊、鶏は香味豊かに調理されている。アルコールも各種揃っており、食がすすむこと請け合い。

☎02-656-7377 交 BTS Phloen Chit プルン・チット駅から徒歩5分 所 Sukhumvit Soi 2, プルンチットセンター内 営 11:00〜23:00 休 無休

↑名産品レバノン杉のロゴがお出迎え

→サワークリームがとにかくおいしい！

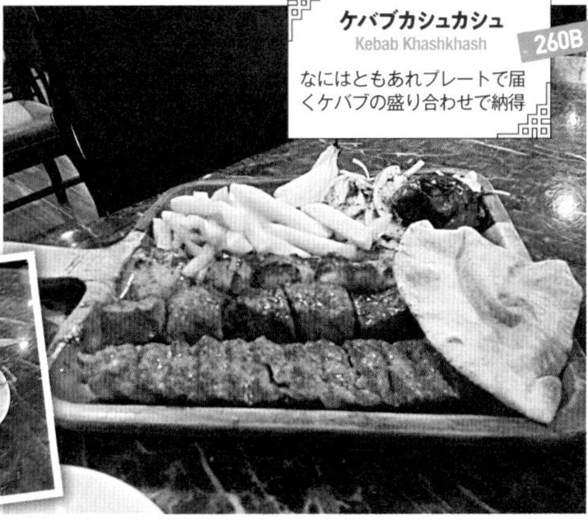

ケバブカシュカシュ 260B
Kebab Khashkhash
なにはともあれプレートで届くケバブの盛り合わせで納得

麺類にお酢や砂糖を入れる国

早起きしてローカル朝食はいかが？

**〇〇屋さんと呼びたい感じの店が多くある。
お粥（ジョーク）や麺（クイッティアオ）など、お椀一杯ものから挑戦しよう。**

辛いタイ料理に疲れたらジョークでひと休みもいいわよ

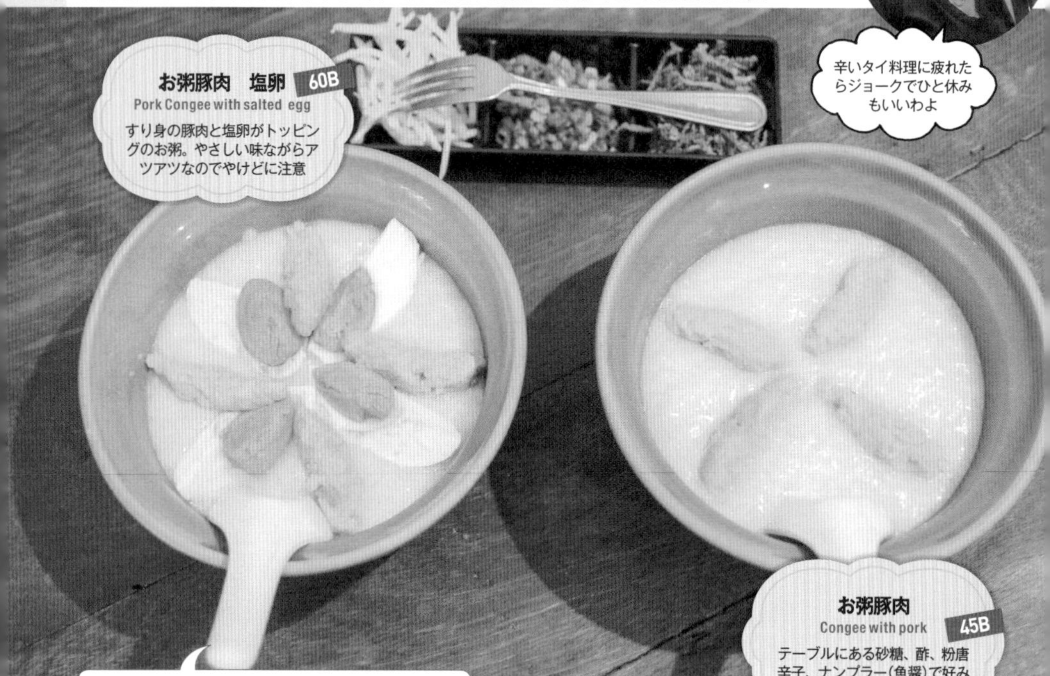

お粥豚肉　塩卵 60B
Pork Congee with salted egg
すり身の豚肉と塩卵がトッピングのお粥。やさしい味ながらアツアツなのでやけどに注意

お粥豚肉
Congee with pork 45B
テーブルにある砂糖、酢、粉唐辛子、ナンプラー（魚醤）で好みの味付けをしよう

朝食の定番「ジョーク」とは？

タイのお粥。中国のお粥「ジョー」に近く、お米の形がなくなるまでじっくり煮込んだスープ状のお粥。トッピングは塩卵や豚肉、レバー、ピータンが主流。長時間煮込んでいるのでとてもアツアツ。

1 ジョークとカオトムの違い
ジョークは砕いた米をトロトロになるまで煮込んだ味なしのお粥。具材や調味料をのせて味わう。カオトムはご飯をスープで煮込んだもので、雑炊のイメージ。

2 ここで食べられる
タイでは小腹がすいたときにお粥を食べるので朝食だけのメニューではない。ジョーク専門店のほか屋台で食べられるが店舗数はそれほど多くない。

地元の美食家お墨付きの店

ジョーク・バンコク

Joke Bangkok
スクンヴィット通り周辺 MAP 付録P.21 E-2

早朝から深夜まで通しで営業しているおいしいと評判のジョーク専門店。軽い食事や濃い味付けに飽きたときにぴったり。ジョーク以外にもカレーやパッタイなどメニューが豊富。日本語の表記もあるので注文しやすい。

☎095-896-6692 交BTS Thong Loトンロー駅から徒歩12分 所159 Soi Sukhumvit 55 営7:00～翌3:00 休無休

↑雑然とした店内でも、入りやすいので安心して！

←テーブルの調味料で自分好みの味にして

→タイ語の黄色い看板が目印

全国第3位の実績で美味！

ルア・テーク

Rua Taek

スクンヴィット通り周辺
MAP 付録P.5 E-3

タイのテレビ番組で全国第3位を獲得した、味に定評のある店。名物料理はチキンライスとチキンヌードル。ローカル度満点の店内は躊躇しそうだけれど、思いきって足を踏み入れよう。

☎なし 交 BTS Phra Khanong プラ・カノン駅から徒歩5分 所 Soi Pridi Banomyong 3, Sukhumvit 71 Rd. 営 9:00～22:00 休 無休

地元のテレビでも紹介されたのよ。おいしさは保証付き！

チキンヌードル Chicken Noodle **50B**

やわらかい鶏肉とニガウリの苦みのバランスがいい。麺は米粉や小麦粉、春雨から選べる

豚肉入りヌードル50B。好きな麺を指定して

➲ローカル色たっぷりの周辺エリア(上)、店内にはフルーツジュースのスタンドも(下)

ローストダックエビワンタン麺 **80B**

Egg noodle & Shrimp wonton with Roast Duck

汁なしのエビワンタン麺に店特製ローストダックをトッピング

↑肉汁が凝縮したチャーシューマン1個10B。安くてうまい人気商品

↑混んでいるときは広い2階に案内される

地元のグルメ通たちに大人気

プラチャック

Prachak

チャルン・クルン通り周辺 MAP 付録P.16 B-4

店先にアヒルがぶら下がっているのが目印。炭火でローストした肉が絶品で連日地元の人たちで大賑わい。独自のタレで味付けをしたダックを麺やご飯と一緒に注文したい。メニューは写真付きで安心。

☎02-234-3755 交 BTS Saphan Taksin サパン・タクシン駅から徒歩3分 所 1415 Charoen Krung Rd. 営 8:30～20:30 休 無休

屋台初心者におすすめ

イム・チャン

Im Chan

スクンヴィット通り MAP 付録P.27 D-4

日本人の利用が多く、タイ料理の居酒屋と称されることも。写真入りのメニューには日本語表記もあるので屋台料理が不安な人は、ここで挑戦するのがおすすめ。地元の人も多く味は保証付き。

☎089-813-7425 交 BTS Phrom Phong プロン・ポン駅からすぐ 所 Sukhumvit 37 Alley, Khwaeng Khlong Tan Nuea 営 8:00～23:00 休 無休 カード

↑外国人慣れしているので、屋台初心者にも安心の店

➲スイカのシェイクは濃厚で果実感たっぷり40B

ラートナー・シーフード Lad Nah Seafood **70B**

幅広のうどんを煮込んだような食べ物。シーフードと野菜がたっぷりで辛くない

↩写真入りメニューで注文しやすい

「アオニー!(これちょうだい!)」

朝・昼・夜一日中楽しめる屋台めしを食べよう!!

自炊をする人が少ないので、安価な屋台での食事が一般的。衛生面に気をつけつつ、タイならではの屋台めしを楽しもう。

屋台のハードルは高くない!

人の集まる場所には必ず屋台がある。一緒に食べよう、がコミュニケーションの第一歩。会話に花を咲かせ屋台で食べているタイ人グループの隣に座り、にっこり目線を送れば英語で話しかけてくれる可能性大。笑顔でスタートがこの国のルール。おすすめなども聞いてみよう。

「サワディーカ」でごあいさつ

バンコクの朝食屋台といえばココ!
いっぱいありすぎて迷っちゃう

ルンピニ公園屋台街

Lumpini Park Street Food

ルンピニ公園 MAP 付録P.18 B-1

公園でウォーキングやジョギングをし、朝食を食べて出勤。常に「食べる」が付いてくるスタイル=屋台。朝独特のメニューに挑戦。ルンピニ公園ではオオトカゲに出会えるので朝の散歩に最適。

☎店舗により異なる 交Ⓜ Si Lom シーロム駅から徒歩10分、BTS Ratchadamri ラチャダムリ駅から徒歩8分 所Ratchadamri Rd. 営6:00~10:00 休無休 E

⇧迷うほどたくさんのものが売られている!

Morning 朝

指差しで注文OK!

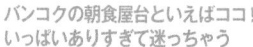

ランナーに人気グァバジュース

Point! ヌードルや豆腐は入門。「ここで食べます!」 はジェスチャーで伝えよう

➲持ち帰る場合は「サイトゥン」と言えば袋に入れてくれる

➲指差して「アロイマイ？(おいしい？)」と聞いてみよう

➲たくさん買うと安くなるかも？ムーサテ

50B～

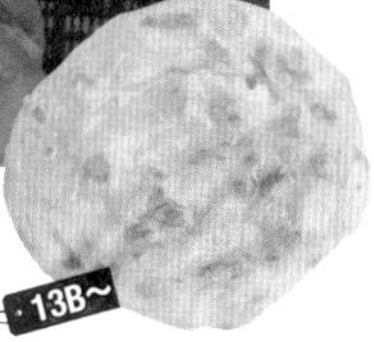

➲甘い香りに誘われるロティ

13B～

➲豆腐屋台を見つけたら必食！

40B～

➲具だくさんスープのガオラオ

65B～

➲あっさりタイラーメンのバミー

40B～

香ばしいタイのムーピン(豚串)やガイピン(焼鳥)

あっさりつみれスープは朝食にぴったり！

Breakfast 朝 Lunch 昼

屋台めしが大集合のストリート

フード・プラス

Food Plus

サイアム・スクエア MAP 付録P.22 B-3

安くておいしい地元の屋台めしを食べるならココ。学生や地元の人たちが多く出入りする賑やかなフードコート。食事の種類も豊富で迷ってしまいそう。指差しオーダーでチャレンジ！

☎店舗により異なる 交BTS Siam サイアム駅から徒歩3分 所Siam Square, Soi 6 営5:00〜17:00 休月曜 E 💳

↑テイクアウトも対応してくれる

Point! 細長い通りに店がずらりと並び、ご飯どきには大混雑

学生や近所で働く人たちで、お昼どきはギュウギュウ

→目の前に料理があって注文もしやすい。魚料理がおいしそう！

Recommend!

ご飯に好きなおかずを数種類のせてくれるタイ屋台の定番

Recommend!

↑珍しい野菜を練り込んだ揚げ物

おしゃれなカフェ風の店舗も

→お昼の定番。豚肉を揚げたおかずと米の相性抜群

Lunch 昼

↓食後はドリンクで締め

周辺会社員憩いの場は本格的

ルワムサップ市場

Talad Ruamsub

スクンヴィット通り周辺 MAP 付録P.15 F-3

アソーク通りは大手グラミーもあるオフィス街。会社員の食事ももちろんタラート。舌の肥えた彼らを満足させる昼食スポットのためレベルが高い。お菓子や雑貨もセンスよし。

☎店舗により異なる 交BTS Asok アソーク駅から徒歩10分 所Asok Montri Rd. 営7:00〜19:00
休土・日曜

→MIDTOWN ASOKEの隣の奥まった場所にある

多くの会社員が訪れるため席数は多い

Point! 比較的清潔な市場。ピンと来た店をセレクトしよう

多国籍の料理が楽しめる屋台村

Wマーケット

W Market

スクンヴィット通り周辺 MAP 付録P.5 E-3

新しいクリエイティブ空間W地区の屋台村。タイ料理だけでなくメキシコ料理、ハンバーガー、ラーメンなどのユニークな店が揃い、屋外でお酒を飲む人たちで賑わっている。

☎086-566-2929 交 Ⓜ Phra Khanong プラ・カノン駅から徒歩6分 所 1599 Sukhumvit Rd. 営 16:00～24:00 休 無休 E 💳

↑日本の居酒屋屋台はタイの人たちに人気

↑しゃれた店構えの屋台ものぞいてみよう

Point!

フードトラックもお目見え。注目してみて!

Recommend!

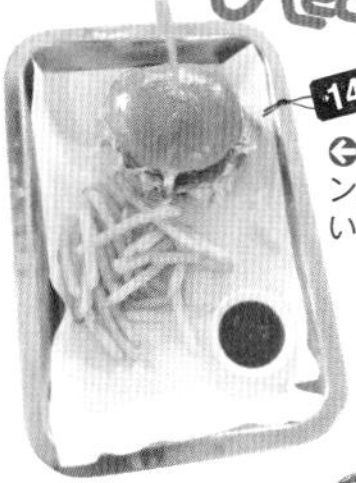

←あっさりとした肉のハンバーガーはポテトも付いてお値打ち

↓ポークリブのBBQソースはビニール手袋で食べるタイプ

→気が向くままにタイ料理以外にも挑戦

←ちょっとした雨なら心配ないテント張り

活気あふれる中華街の市場を散策

ヤワラートの屋台街

Yaowarat Street Food

チャイナタウン MAP 付録P.11 F-3

川沿いの中華街は生きる力を感じる場所。そこかしこで営業している屋台や専門店の日常をのぞけばパワーを分けてもらえること請け合い。散策中は荷物を運ぶ人が再優先。

交 Ⓜ Sam Yot サームヨート駅から徒歩5分 所 Yaowarat Rd. 営 休 店舗により異なる

Point!

脇道に入れば名店が! 思いきって入ってみよう!

↑いい匂いにつられてふらふらと。さまざまな店がある

←アワビのせフカヒレご飯

→喉が乾いたらフレッシュジュースを!

まずは全体を見てまわる。そして楽しく悩もう

フードコートが盛り上がってます!

➲清潔感のある調理「さあどうぞ!」

少ないところでも10店舗ほどが軒を連ねる。おかわりするもよし、食べ歩くもよし。チャージ式カードでの決済が一般的なバンコクのフードコートを体験!

広い店内をくまなく歩いたら目当てのものを注文。スタッフが席を案内してくれる。

何でもある!?タイランド小世界

イータイ

Eathai

プルン・チット駅周辺 MAP 付録P.14 B-3

エスカレーターを降りたら、そこはザ・タイランド! 地方料理からデザートまでよりどりみどり。食器などの細かいところまで演出。入口でクーポンを受け取ったら、タイ料理の旅を始めよう。

☎02-160-5995 交 BTS Phlon Chit プルン・チット駅からすぐ 所 セントラル・エンバシー(→P.123)内 営10:00～22:00 休無休 E 💳

ミシュランの店も入っている

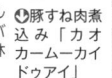

➲豚すね肉煮込み「カオカームーーカイドゥアイ」

➲カニとガーリックの炒め物

230B

110B

➲カボチャのココナッツ煮

75B

いろんなお店があって迷っちゃう!

➲カップ入りのフルーツも室内のフードコートなら安心

➲煮込まれた豚足が絶品

39B～

会社員や観光客が連日多く訪れるので、とても賑やか。清潔感のあるフードコート。

船に見立てたフードコート

ピア21

Pier21

スクンヴィット通り周辺

MAP 付録P.26 A-2

おいしいと巷で評判のフードコートでは、目の前で調理してくれる。BTSとMRTがあるため来客数が多い。夕食どきはかなりの混雑。クーポンカウンターも行列するので時間を外すのがおすすめ。

☎02-108-0888 交 BTS Asok アソーク駅からすぐ 所 ターミナル21(→P.123)内 営10:00～22:00 休無休 E 💳

➲ちょっとした休憩にマンゴージュースもおすすめ

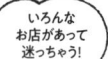

30B

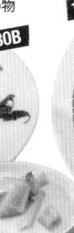

窓際の席もあるデパートの食堂街

エンポリアム・フードホール

Emporium Food Hall

スクンヴィット通り MAP 付録P.27 D-4

在住日本人も御用達の高級デパート4階にある食堂街。入口でカードを受け取り、出るときに支払いをする。タイ料理だけでなく和食や韓国料理、インド料理もある。外が見える窓際の席がおすすめ。

☎02-269-1000 交Ⓑ Phrom Phong プロン・ポン駅からすぐ 所34 Sukhumvit Rd. エンポリアム内 営10:00～22:00 休無休 Ⓔ 💳

定番タイ料理はもちろん、地方料理や多国籍料理までバラエティ豊かなラインナップ。

窓が大きいので光が差し込んで明るい!

まずはこのカード手に入れよう!

➡フルーツスムージーで水分補給 60B～

⬇タイ風すき焼スープなし 90B

55B

⬆氷の入った甘いシロップに豆やレンコンなどが入った不思議なデザート

アイコン・サイアム内にある屋内型の水上マーケット

⬇遊園地のような人工池がきれい

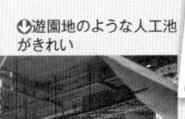

⬅デザート店に立ち寄る

70B

⬆葉っぱのお皿にのったカオニャオマンゴー

⬅余裕のある通路にさまざまな店が軒を連ねている

屋台体験を涼しい場所で気持ちよく

スックサヤーム

Sooksiam

チャオプラヤー川周辺

MAP 付録P.16 A-2

アイコン・サイアム内をチャオプラヤーの流れのようにくねくねと巡れば、さまざまな料理に出会える。エアコンが効いたなかでの買い食いは終わりがない。えびせんなどスナックも食べ歩こう。

☎交所アイコン・サイアム(→P.122)内

営10:00～22:00 休無休

辛いだけじゃない

まだまだある！タイの絶品ローカルフード

Thailand Traditional Foods

お腹いっぱいでもまだまだいける！
やみつき間違いなしローカルグルメ

調味料でマイ味付けがツウ

酸味、辛み、甘みと塩けの4種の味わいバランスが絶妙なタイ料理。テーブルの上にある調味料で自分好みに仕上げるのが地元流。屋台やお店からおいしい匂いが流れてくる美食の街バンコク、絶品ローカルフードは食べ忘れのないように！

コームーヤーン
Kor Moo Yang
豚の喉肉の炙り焼き。ほどよい油の甘みと歯ごたえが絶妙。ご飯にもビールにも合う！

カノムクロック
Kanom Krok
濃厚もちもちがおいしすぎる、米粉とココナッツミルクを半球型に焼いたたこ焼のような形が特徴。

カオパットサパロット
Khao Pad Sapparot
インパクト大のパイナップルの器入り炒飯はまさに南国の味。甘酸っぱさがクセになる。

ムーピン
Moo Ping
屋台の人気メニュー、豚の炭火焼。甘辛い焼鳥に似た味のジューシーなお肉をガブリ！

ボートヌードル
Boat noodle
豚の血でコクを出したスープに少量の麺は意外に食べやすくて何杯でもいけそう。

トムカーガイ
Tom Kha Kai
鶏肉入りのココナッツミルクのスープは酸っぱくてクリーミー、やみつきになる味。

©iStock.com/Amarita

ヤムウンセン
Yum Woong Sen
スパイシーなエビと春雨のサラダは温かいうちに食べるのが本場。ハーブの香りが最高。

パックブンファイデーン
Pad Pak Boong Fai Daeng
空芯菜の炒め物はご飯がすすむ安定のおいしさ。味付けが激辛の店もあるので覚悟して。

SWEET ENCOUNTER LIKE A JEWEL

カフェ＆スイーツ

夏のバンコクにピッタリ!

Contents

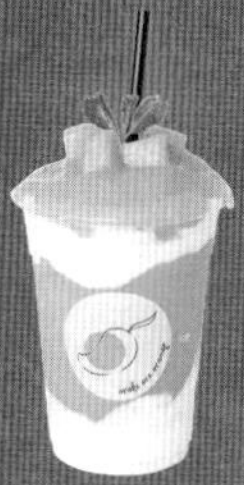

撮って投稿、そしてクチコミが当たり前!

撮らずにはいられない フォトジェニックカフェ3店

内装やラテアートを目当てに訪れる。店側も宣伝になると認識しているので、マナーさえ守っていれば撮影については心配ご無用。

店内のどこを見てもレトロでキュートな内装

花屋にしかこのカフェは作れない

フローラル・カフェ

Floral Cafe' at Napasorn

王宮周辺 MAP 付録P.10 C-3

パーク・クロン花市場の向かいにある老舗花屋併設カフェ。初老の花屋スタッフと若いカフェスタッフ、古い建物とモダンなインテリア。潔いコントラストが絶妙で小気味よい。窓から通りを眺め、タイを感じてみる。

☎02-222-6895 交Ⓜ Sanam Chai サナーム・チャイ駅から徒歩5分 所67 Chakkraphet Rd. 営10:00～22:00、日曜9:00～17:00 休無休

➲ヨーロッパの花屋を思わせるエントランス

➲随所でさりげない花のコーディネートを見つける

➲日本好きのオーナーセレクトのケーキはほどよい甘さ。カフェアメリカーノ(左)、モカウォールナッツケーキ(右)

フォトジェニックなマーケットへ

チャオプラヤー川沿いのタイ最大の生花市場

パーク・クロン花市場

Pak Khlong Flower Market

王宮周辺 MAP 付録P.10 C-3

お世話になった方にあげたりお供えにする花輪、プアンマーライを器用に作っていく様子が見られる。花のいい香りに癒やされること間違いなし!

☎店舗により異なる 交Ⓜ Sanam Chai サナーム・チャイ駅から徒歩4分 所Chakkraphet Rd. 営24時間 休無休

ジャスミンの香りに誘われ花の異空間にトリップ

ひとつずつていねいに小さなジャスミンを刺していく

さまざまな種類があるので見てまわるだけでも楽しい

フルーツ入りの氷がかわいい

フェザーストーン・ビストロ・カフェ&ライフスタイル・ショップ

Featherstone Bistro Cafe & Lifestyle Shop

スクンヴィット通り周辺 MAP 付録P.5 E-3

壁の青と蝶、グリーンのインテリアに心ときめく。フルーツリキッドを炭酸水で割り甘さを調節できるドリンクや、何をオーダーしても独創性があるうえに味も最高のフードで大満足。

☎097-058-6846 交 BTS Ekkamai エカマイ駅から徒歩15分 所60 Soi Ekkamai 12 営10:30～22:00 休無休

グッとくる食事に雑貨 ここでしか出会えない

半熟の黄身が食感をまろやかにするピザ、ロブスターソースの魚介リングイーネは逸品

↑小粋なドリンクスパークリングアポシケリー

←カフェの多いエカマイのソイ12エリアで異彩を放つ。雑貨のクオリティも高い

バンコクっ子も訪れる 民家リノベカフェ

店名である鯨のラテアートが秀逸(左)、蝶豆はコーヒーにも合う(右)

蝶豆(アンチャン)ラテアートに感動

ブルー・ホエール

Blue Whale

王宮周辺 MAP 付録P.10 B-3

ワット・ポー拝観後は周囲を散策。アーティスティックなこのエリアではラテアートのレベルも高い。インテリアも含め、レトロモダン融合カフェはこの店が今や代表格。

☎096-997-4962 交 M Sanam Chai サナーム・チャイ駅から徒歩5分 所392/37 Maha Rat Rd. 営10:00～20:00 休木曜

↑1階でオーダー、支払い後席で待つ。3階には座敷席もあり

↑採光もインテリアの一部。落ち着く空間

アフタヌーンティーセット
Afternoon Tea Set
650B
タイと西洋のおいしいを詰め込んだ絶品アフタヌーンティー。オーダーは2名から、要事前予約。自家製コールドブリューティー1本付き。

築100年の歴史的建物で 優雅なティータイム

こだわりのタイテイストを食す

バンコクに来たら訪れたい ヘルシーカフェ4店

西洋人も多数住むバンコクにはベジタリアンが多く、有機野菜を厳選、材料にこだわったカフェがスタンダードになりつつある。

↑油を使用せず仕上げているヘルシーなパッタイ

チャオプラヤーの散策に立ち寄りやすい素敵カフェ

スリヤンティールーム

Sriyan Tearoom
バンコク郊外
MAP 付録P.4 B-1

チャオプラヤーエクスプレスで川を北上し、ノスタルジックな雰囲気漂う「スリヤン」と呼ばれるエリアに建つ、築100年の邸宅を改装したティールーム。優雅な午後を満喫してみてはいかが?

☎080-446-0072 交 BTS Thong Lo トンロー駅、BTS Victory Monument ヴィクトリー・モニュメント駅から車で15分 所 43 Nakhon chai si Rd. 営 9:00〜18:00 休 無休

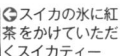

←スイカの氷に紅茶をかけていただくスイカティー

↑ヨーロッパの田舎を思わせるインテリア

↑コロニアル建築と中華が融合した懐かしい雰囲気

進化し続けているオーガニックの先駆け

グルテンフリーパンケーキ
Gluten-free Soy Pancake
250B
粉からオーガニック。ふわふわパンケーキは幸せ気分

⇧お腹にやさしいカボチャとニンジンのスープを体にいい材料で

⇧キヌアを使ったチャコールキヌアバーガー

オーガニックの草分け的存在

ブロッコリー・レボリューション

Broccoli Revolution

スクンヴィット通り MAP 付録P.20 C-2

チェンマイのカレン族の農家と契約。生長中のこの店は西洋人に絶大な人気を誇る。スクンヴィット通りソイ49に入口を構え、日本人も多く来店、頻繁に満席状態となる。ローフードにも重きを置いている。

☎02-662-5001 交 BTS Thong Loトンロー駅から徒歩5分 所899 Sukhumvit Rd. 営10:00～21:00 休無休

⇦欧米人にも日本人にも人気の店舗

⇨チアシードのプリンはパフェ気分で

買い物と一緒に楽しめるカフェ

UNファッションディストリクト S39

UnFashion District S39

スクンヴィット通り周辺 MAP 付録P.27 E-4

2022年にエカマイから移転。ヴィンテージのアパレル商品を販売するショップを併設したカフェとなっている。広々としていて居心地がよく、食器やキッチン用品も売っていて、つい長居してしまいそう。

☎095-564-6053 交 BTS Phrom Phong プロン・ポン駅から徒歩5分 所19 5 Soi Sukhumvit 39 営9:30～22:00 休無休 E E 💳

⇩フルーツのほか、豊富なケーキが揃っている

ヴィンテージショップ併設のおしゃれカフェ

ハムエッグサンドイッチ
26.5B
カフェラテと一緒に頼みたくなる絶好の一品

お酒の卸を行う会社がプロデュースしたカフェバー

フレーバーアイスティー
Gluten-free Soy Pancake
160B
ほんのり優しい香りが特徴のお茶に心癒やされる

⇧昼はカフェ、夜はバーに様変わり

上流な雰囲気が漂うカフェバー

フルーティア

Fruitea

スクンヴィット通り周辺 MAP 付録P.27 E-2

フルーツのリキュールがずらりと並んだ壁は圧巻。カフェとしてもバーとしても楽しめるお店がオープン。サンドイッチやパスタ、ハンバーグなどフードメニューが充実し、ドリンクもおしゃれ。

☎02-766-1996 交 BTS Phrom Phong プロン・ポン駅から徒歩15分 所6/9 Soi Promsri Sukhumvit 39 営9:00～18:00 休無休

⇧アンティークな雰囲気を感じられる店内

高級フルーツマンゴーを思う存分食べよう!

一度は食べたいマンゴーデザート②店

とろ〜り甘くて香り豊かなマンゴーはタイの特産品。屋台で新鮮なカットマンゴーを楽しむのもいいけれど、ここはかわいいデザートを思いっきり食べなくちゃもったいない!

• 265B

Ⓐ マンゴーかき氷セット
かき氷にたっぷりのフレッシュマンゴー、アイスクリーム、マンゴーソースが絶品!

• 135B

Ⓑ マンゴールンバ
マンゴープリンにフレッシュマンゴー、季節のフルーツ、タピオカのトッピング。

Ⓐ マンゴースムージーWithヨーグルト
濃厚なマンゴーはヨーグルトやタピオカとも相性抜群。

• 145B

145B

Ⓐ マンゴースムージーピュア
フレッシュなマンゴーいっぱいのスムージーはたっぷり濃厚。

Ⓑ マンゴータンゴ
フレッシュマンゴーとマンゴープリン、マンゴーアイスクリームの夢のようなプレート。

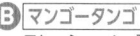

• 190B

➲デザインがオシャレなトートバッグ190B

なんともいえない表情がツボ、ゆるキャラ?キモカワ?

Ⓐ ワット・ポー近くで休憩!

メイク・ミー・マンゴー

Make Me Mango

王宮周辺 MAP 付録P.10 B-3

観光の休憩にぴったりの隠れ家のようなカフェでマンゴーづくしのメニューが楽しめる。

☎02-622-0899 交 Ⓜ Sanam Chai サナーム・チャイ駅から徒歩7分 所67 Maha Rat Rd. 営10:30〜20:00 休無休 E

⇧午後は混み合うので午前がおすすめ

Ⓑ 女子のハートをわしづかみ

マンゴー・タンゴ

Mango Tango

サイアム・スクエア MAP 付録P.22 B-3

おしゃれでかわいい店内は地元の若者にも人気。ゆるキャラグッズも要チェック。

☎02-658-4660 交 Ⓜ BTS Siam サイアム駅からすぐ 所Siam Square Soi 3 営11:30〜22:00 休無休 E

⇧いつも大賑わいでも店員さんの手際がよい

おいしくて体にうれしい一杯がここに!

テイクアウトドリンクでひと休み

健康志向が加速しているバンコク。オーガニックや無添加を好む若者が増え、ヘルシードリンクショップのオープンが続いている。

自然の甘味でローカロリー

セルフ スムージー

Self. Smoothie
スクンヴィット通り
MAP 付録P.26 C-4

エムスフィアにオープンした無添加スムージーのお店。素材そのもののおいしさを生かしたスムージーを提供している。フレーバーやベースを決め、好みの味を見つけよう。

☎06-2860-4426 交(BTS) Phrom Phong プロン・ポン駅から徒歩3分 所564 Sukhumvit Rd. Khlong Tan, Khlong Toei 営10:00～22:00 休無休

↑指差しでオーダーも簡単にできる

←おみやげにカップはいかが?

↑砂糖不使用、果汁100%のフレッシュスムージー。ドリンクごとにカロリーが分かるのもうれしい

ヘルシーでおしゃれなジュース

プランティフル

Plantiful
スクンヴィット通り
MAP 付録P.21 E-3

他の店では見られないレアなスムージがカラフルに並んでいる。フードメニューもオーツを使用しているなどヘルシーな味わいが特徴。エカマイには路面店も出店している。

☎084-507-7887 交(BTS) Phrom Phong チットロム駅から徒歩3分 所GF Floor, Amarin Phloen Chit Rd, Lumphini. Pathum Wan 営7:30～20:00 休無休

↑好みの果物を見て注文

↓目にやさしい素材を使ったベリージュース

↑ガラス張りのジューススタンド

フードコートやチェーン店のドリンクにも注目!

↑バンコクで急増中の中国発ドリンクスタンド「MIXUE(ミーシュー)」。おすすめはフレッシュレモネード

←↑タイで人気のベーカリー&カフェのチェーン店「オーボンパン」

→ショッピングビル「エンポリアム」のフードモール

↑暑い街でもホットあります

いつでも飲む! バンコクのコーヒー事情

こだわりの本格コーヒー③店

コロナビールにライム、タコスにパクチー。
同じ食材を使うタイではメキシコ料理店も多く、当然コーヒー文化も進化している。

⬅ラテもおすすめ。店はフジ・スーパー前にある

➡コーヒー豆は購入できる。帰国後のお楽しみにいかが?

にこやかに静かにコーヒーに向き合うオーナー

心と体に染みわたる

セレシア・コーヒー・ロースター

Ceresia Coffee Roasters
スクンヴィット通り周辺 MAP 付録P.27 D-3

Good Taste!

ベネズエラ人の奥様とこだわりのコーヒーを淹れるブレットさんは、独自の焙煎と仕入れで特別なコーヒーを編み出している。新鮮で高品質、季節ごとのスペシャルブレンドをぜひ。

☎098-251-4327 交 BTS Phrom Phong プロン・ポン駅から徒歩5分 所 593/29-41 Sukhumvit Soi 33/1 営 8:00〜17:00 休 無休

⬆オーダーしたコーヒーには名前をつけてくれる

象のコーヒーカップが目印

エレフィン・コーヒー

Elefin Coffee
サイアム・スクエア周辺
MAP 付録P.23 E-4

Good Taste!

ハンザーホテル内で営業、ワット・ポー近くではホテルも経営する、知る人ぞ知るカフェ。袋入りコーヒーや虫除けなどの商品も販売している。ラテアートも必見。

☎02-209-1234 交 BTS Ratchadamri ラチャダムリ駅から徒歩3分 所 157 Ratchadamri Rd. ハンザーホテル内 営 7:30〜18:00 休 無休

⬆ボトル入りのアイスコーヒーがいい感じ

⬇象のロゴ入りコーヒーはおみやげにも最適

コーヒーと一緒に。ベーカリーやスイーツも充実

エントランスからすでにコーヒーの香りが漂う

Good Taste!

⬆有名どころはもちろん、タイ産の豆を使用。いずれも鮮度の高さが自慢

⬇コーヒーグッズも購入できる

上質への深く濃いこだわり

ダーク・エムクォーティエ

D'ark EmQuartier
スクンヴィット通り周辺
MAP 付録P.27 D-4

利用客がスペシャルティコーヒーをテラス席で飲む。これはエムクォーティエの日常的な光景。コーヒー豆を店頭で購入することも可能で、お気に入りの豆を見つけられる。

☎02-003-6013 交 BTS Phrom Phong プロン・ポン駅から徒歩3分 所 Building A, G Floor 693 Sukhumvit Rd., Klongtan-Nua, Wattana, Bangkok 営 9:00〜22:00 休 無休

フィンガーフードと紅茶は名脇役

アフタヌーンティーで過ごす優雅なひととき

ラグジュアリーな空間でのんびりと過ごす午後。時間も贅沢に使いたい。それぞれに特徴のあるアフタヌーンティーを紹介。

アフタヌーンティーとは?

イギリス貴族の習慣で昼食と夕食の合間に、紅茶を飲みながら軽食をつまんでいたことが始まり。貴婦人たちの午後の社交として定着した。

競馬場を眼下に午後のひとときを

ピーコック・アレイ

Peacock Alley

サイアム・スクエア周辺

MAP 付録P.23 D-3

贅沢な時間が今ここに。サイアムからラチャダムリの高級ストリートにあるウォルドルフ・アストリアホテルでのアフタヌーンティー。クジャクがモチーフの美しいタイフードとスイーツに魅了される。

☎02-846-8888

交 BTS Ratchadamri ラチャダムリ駅から徒歩4分 所 151 Ratchadamri Rd.

営 9:00~22:00(アフタヌーンティー13:00~17:00) 休 無休 E E

景観の良さと天井の高さはホテルならでは。少しずつゆったりとした時間のなかで味わう

アフタヌーンティーは2100B/2名、シャンパン付きは3800B

↑ピーコックデザインのかわいいマカロン

←ココナッツをかたどったフィンガーフードがタイらしい

ノスタルジックでシックな店内。カジュアルに使える

タイのアフタヌーンティー

エラワン・ティー・ルーム

Erawan Tea Room

サイアム・スクエア周辺

MAP 付録P.23 D-3

高品質の食事とサービスで定評のあるグランド・ハイアット内のタイ料理店で供されるアフタヌーンティーは、タイの伝統菓子と軽食のバランスが絶妙。併設ショップでおみやげも買える。

☎02-254-6250 交 BTS Chit Lomチット・ロム駅から徒歩2分 所 49 Ratchadamri Rd. 営 10:00~22:00 休 無休

↑アラカルトでデザートやドリンクの単品オーダーもできる

ティーセットのスタンドもタイ風

歴史あるラウンジでのひととき

オーサーズ・ラウンジ

The Authors' Lounge

チャルン・クルン通り周辺 MAP 付録P.16 B-3

誰もが憧れる一流のアフタヌーンティーといえばここ。1876年創業の伝統あるホテルラウンジで世界随一のサービスとともに体験する午後のひとときは一生の思い出になりそう。

☎02-659-9000 交 BTS Saphan Taksin サパン・タクシン駅から専用ボートで5分 所 48 Oriental Ave.H, マンダリン・オリエンタル(→P.25)内 営 12:00~18:00 休 無休

階段のある白亜のラウンジはやわらかな光あふれる空間

↑一口で上品にいただけるスイーツ

英国式セットとタイのオリエンタルセットがある

→テラス側の席は籐の椅子が異国情緒満点

アジアの香り満載

カラフル かわいい 伝統菓子

Thai Traditional Sweets

カラフルでキュートなタイ伝統のお菓子も食べなくちゃ。目指せ、デザート全制覇!

おいしくてフォトジェニック

原料に緑豆や米粉、卵、ココナッツミルクを使ったタイの伝統スイーツは見た目のカラフルさに驚くものの、味はあんこを思わせるやさしい甘さ。スパイシーな食事のシメに、熱帯気候に疲れた体に欠かせない南国スイーツで元気をチャージ！

ルーク・チュップ
Luk Chup
つやつやとして見た目にもかわいさ満点！緑豆のあんこをゼリーでコーティングした和菓子風スイーツ!?

ブア・ローイ
Bua Loy
温かいココナッツミルクのスープに紫芋やニンジンで色付けた白玉団子を浮かべたメルヘンチックなスイーツ。

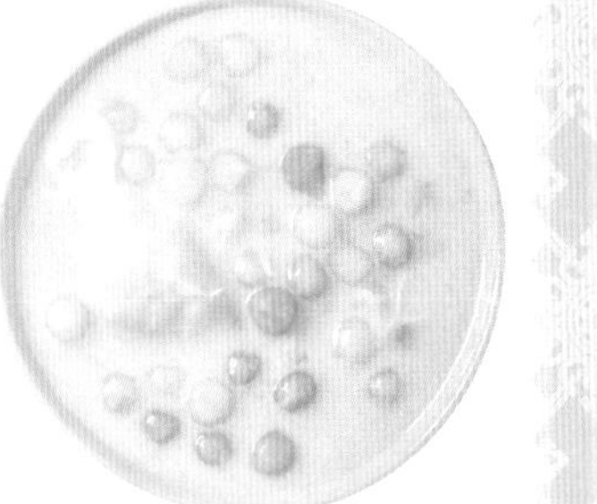

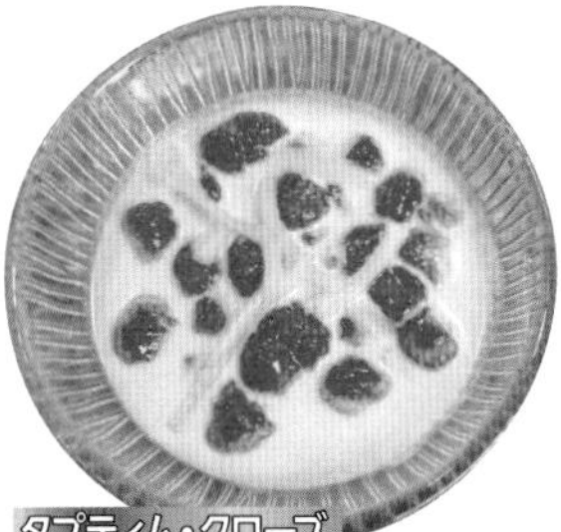

タプティム・クローブ
Thapthim krop
サクサクとしたクワイをタピオカ粉で包み赤く着色、ココナッツミルクに浮かぶザクロに似せたスイーツ。

カノム・アルア
Khanom Alua
アルアはタイ語で魅力という意味で、小麦粉、ココナッツミルク、着色料で作られる。外は硬く、中はふわっねばっとした食感がおもしろい。

カオニャオ・マムアン
Khao Niao Mamuang
タイデザートの鉄板！マンゴーともち米、ココナッツミルクの相性の良さに驚く超絶スイーツは何度も食べたい。

フォイ・トーン
Foi Thong
卵黄と砂糖のお菓子は九州の和菓子、鶏卵素麺と同じポルトガルがルーツ。金色なのでタイでは縁起物とされる。

サンカヤー・ファクトーン
Sang Kaya Fug Tong
蒸しカボチャ入りのココナッツミルクプリンは食べごたえあり。プリンの部分とカボチャの実を一緒に食べよう！

カノム・ナーム・ドックマーイ
Khanom Nam Dok Mai
花の水という意味のお菓子。ジャスミンの花の香りを移したシロップを使う。甘すぎず、和菓子に似たデザート。

カノム・チャン
Khanom Chan
タピオカ粉、米粉とココナッツミルクをカラフルな層にした、ういろうのようなもちもち食感デザート。

カノム・ブアン
Khanom Buang
サクサクのクレープに濃厚なメレンゲをのせた屋台おやつの代表格。塩味のトッピングもあるので注意して！

LET'S GO FIND YOUR TREASURE

ショッピング

カラフルグッズに心躍る

Contents

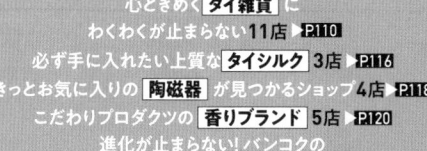

バンコクの思い出を手に入れる 欲しいものはここにある!

バンコク旅行に欠かせないショッピング。プチプラのかわいい雑貨、美しい色合いのタイシルク、陶磁器、タイならではの象モチーフグッズなど全部欲しくなるアイテムばかり。

基本情報

どこで買う?

デパートのブランド品から市場のハンドメイドアイテムまでバラエティ豊かなバンコクでの買い物。欲しいものがどこに売っているのか把握して照準を定めよう。デパートには食料品売り場もあり1カ所でいろいろ揃う。市場ではタイならではのおみやげや小物、アクセサリー、雑貨の種類が安くて豊富だ。

休みはいつ? 営業時間は?

市場の朝市は5時から始まり、商業施設は10時から22時までが標準的な営業時間。24時頃まで営業しているナイトバザールやウィークエンド・マーケットなどそれぞれ営業時間や店休日が異なる。

賞味期限の表記は?

タイでの日付の表示は日→月→年の順で表記される。まれに西暦に543を足した仏暦で賞味期限を表記していることもある。(例:西暦2024年は仏暦2567年)

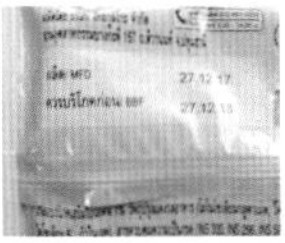

支払い方法は?

キャッシュレス決済も増えたとはいえローカルエリアでは現金が不可欠。カード払いが可能なショッピング施設もあるが、詐欺被害には注意。

偽物に注意!

コピー商品や海賊版DVDなどが安く販売されているが、日本へ持ち帰る(持ち込む)ことは日本の法律で禁じられているので、絶対に持ち帰らないように。

お得情報

バーゲンの時期は?

あちらこちらでバーゲンセールが頻繁に行われているバンコク。大型のセールは8月と12月から1月にかけての年2回。デパートのミッドナイトセールは24時までの営業で7・10月頃開催される。

VAT(付加価値税)還付金制度を活用しよう

VAT(付加価値税)は日本の消費税のようなもの。商品購入の際に現在7%の税金が課せられているが、外国人旅行者は出国時にこれを還付してもらえる制度がある。ブランド店やおみやげ店でも高額の商品を購入した際、デパートの各店舗で購入した額がある程度まとまった合計に達した際には還付申請をしよう。

荷物が増えたらコインロッカー

買い物がかさばり持ち歩くのに不便を感じたらBTSやMRTの駅などに備え付けのコインロッカーを利用するのも手だ。設置場所は少ない。

値段交渉に挑戦!

市場や露店では値段交渉ができる場合もあるが、デパートやドラッグストア、コンビニでの値引交渉はできない。

ショッピングのマナー

まずは挨拶を

店員から挨拶されたら必ず挨拶を返して！微笑みの国タイで気持ちのよいサービスを受けよう。

こんにちは
สวัสดีค่ะ
サワッディーカ

商品には勝手にさわらない

たたんである商品や、棚に陳列されているものを無断で手に取ったりせずにひと声かけよう。

サイズ換算表

服(レディス)			服(メンズ)	
日本		バンコク	日本	バンコク
5	XS	34	ー	ー
7	S	36	S	38
9	M	38	M	40
11	L	40	L	42
13	LL	42	LL	44
15	3L	44	3L	46

パンツ(レディス)			パンツ(メンズ)		
日本(cm)/(inch)		バンコク	日本(cm)/(inch)		バンコク
58-61	23	32	68-71	27	36-38
61-64	24	34	71-76	28-29	38-40
64-67	25	36	76-84	30-31	40-44
67-70	26-27	38-40	84-94	32-33	44-48
70-73	28-29	42-44	94-104	34-35	48-50
73-76	30	46	ー		ー

靴	
日本	バンコク
22	34
22.5	35
23	36
23.5	37
24	38
25	39
25.5	40
26	41
27	42
27.5	43
28.5	44
29	45
29.5	46
30.5	47

おすすめのバンコクみやげ

自宅のインテリアに加えたいアジアン雑貨や陶器、タイシルク製品。世界が認める極上スパのコスメブランドやおいしいタイ料理を自宅で再現できる調味料、ドライフルーツ、友だちや会社でシェアしたいスナック菓子などバラエティは無限！

タイ雑貨 ▶P.110ほか

象のグッズや蓮の花をかたどったセンスのいい雑貨を取り扱う専門店も。市場でも掘り出し物があるので必見。

タイシルク ▶P.116

王道のジム・トンプソンをはじめ絶妙な色合いが素敵なタイシルク製品。自分用のおみやげにもおすすめ。

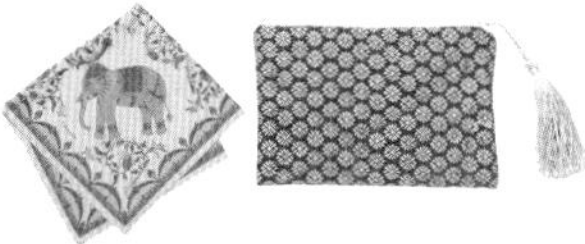

陶磁器 ▶P.118

5000年以上の歴史を持つともいわれるタイの陶磁器。セラドン焼やベンジャロン焼、ブルー＆ホワイトが有名。

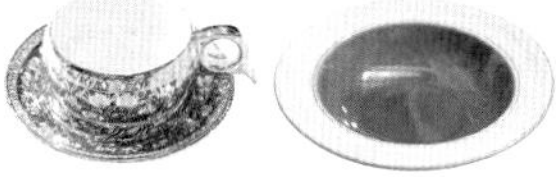

香りブランド ▶P.120

バンコク発のブランドは意外にも洗練されていて日本人好みのものも多いので要チェック。

ばらまきみやげ ▶P.124

タイ料理の食材やソース、ハーブ、タイ料理味のお菓子、ドライマンゴーやトロピカルフルーツのお菓子や使える日用品までおみやげに最適。

バンコクのショッピングスポット

市内に点在するショッピングスポット。買いたいものを決めたらお目当てのエリアをじっくり巡りたい。エアコンの効いたショッピングセンターなら1カ所で効率よく買い物ができるし、マーケットでお気に入りのものをひたすら探すのも楽しい。

バンコクのディープなスポット
カオサン通り
Khao San Rd.

世界中からの旅人と地元の若者が集まるエキゾチックでおしゃれなストリート。お気に入りファッションアイテムを探してみよう。 ▶P.34

効率と快適さ重視派には便利
ショッピングセンター
Shopping Center

ショッピングセンター内にはたいていタイみやげのコーナーがあり、ファッションアイテムや食料品も1カ所で事足りるので便利だ。 ▶P.122

バンコク随一のおしゃれエリア
スクンヴィット～トンロー
Sukuhmvit ~ Thong Lo

おしゃれな雑貨店やバンコクで最先端のショップやモールが立ち並ぶ注目のエリア。センスがよいので在住日本人も御用達。 ▶P.148

ばらまき用おみやげの宝庫！
スーパーマーケット
Super Market

タイ料理の調味料やソース、スナック菓子、スイーツ、タイ料理味の辛いインスタントラーメンもおすすめ。ばらまき用と自宅用に。 ▶P.124

バンコクで異国の雰囲気ならここ
チャイナタウン
Chinatown

中華風雑貨や食材、文房具、漢方薬などを買うならチャイナタウンへ。雑多な雰囲気のなか、チープでキッチュなおみやげを探そう。 ▶P.138

マーケットは週末以外も充実
マーケット
Market

ウィークエンド・マーケットが有名だが週末以外にもオープンしているマーケットがあちこちにある。掘り出し物探しにレッツゴー！ ▶P.32

現地を深く知る雑貨巡りは醍醐味

心ときめくタイ雑貨に わくわくが止まらない11店

差し色、差し柄。ワンポイントを生活に取り入れると日常が色めき、また旅に出たいと思う。ピンとくる雑貨との出会いを求めて歩く。

こんなの欲しい！願いが叶う

ピース・ストア

Peace Store

スクンヴィット通り周辺 MAP 付録P.26 C-3

オーナーのセレクトは常時ストライク。選球眼のよい来店者の打率は高い。信頼の品揃えは観光客を、そして地元の人も逃がさない。顧客はバンコクへのリピーターにもなり得てしまう。

☎02-662-0649 交 BTS Phrom Phong プロン・ポン駅から徒歩10分 所 7/3 Sukhumvit Soi 31 Rd., Klongtoey-nua 営 10:00～18:00 休 水曜 J 💳

お買い物後はこちらで少し休憩を

象グッズ。これなら文句なし

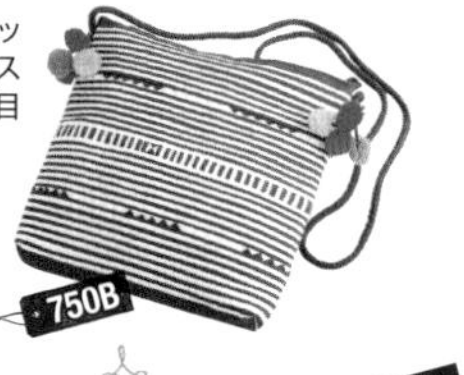

リス族のポシェット。山岳民族リス族のポンポンが目を引く

メタル製のお香立て。南国らしさ満点

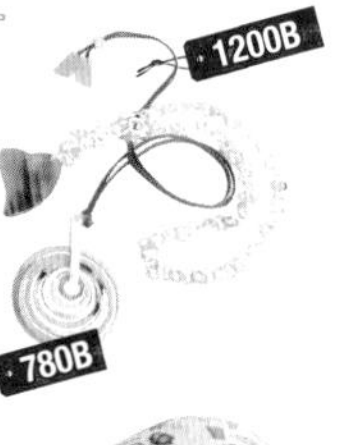

水牛の角を使ったペンダント。南国コーデにぴったり

しっかり中袋の籠バッグ

センスのよさが光るシェルの器

好きなエッセンシャルオイルを2～3滴

シェルモザイクのボウル。洗練されたデザイン

石を愛するオーナーとお話を

パチャママ

Pachamama

スクンヴィット通り周辺 MAP 付録P.20 C-2

優しい気を感じる。入店するや否ややわらかい何かに包まれる。パワーストーンが送るものなのか、それはそこにあるものなのか。考えるのはやめて、さまざまな石の美しさに心を委ねてみよう。

☎02-262-0182 交 BTS Phrom Phong プロン・ポン駅から徒歩5分 所 2/44 Sukhumvit Soi 41 営 10:00〜18:00 休 水曜 J

手に取って見やすいディスプレイがうれしい

看板娘の猫 TOTOちゃん

↑暖かく感じるホワイトが基調で入りやすい

↓ピアスはイヤリングに変更も可能

↓室内にキラキラを。サンキャッチャー

↑若返りのインカローズブレスレット

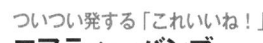

ついつい発する「これいいね！」

ロフティー・バンブー

Lofty Bamboo

スクンヴィット通り周辺 MAP 付録P.27 E-4

村の自立を支援するために、伝統的な民族素材を商品デザインに取り入れることが確固たるコンセプト。その仕上がりには購入意欲をそそる魅力がある。世界フェアトレード機関のメンバー。

☎02-261-6570 交 BTS Phrom Phong プロン・ポン駅から徒歩5分 所 20/7 Sukhumvit 39 営 9:30〜18:30 休 無休 J

雑貨から服まで豊富な品揃え！

←グジャラートのトート(L)

←カレン族ファイ・トムのバッグ

↓色各種タッセルネックレス

←ステッチトート

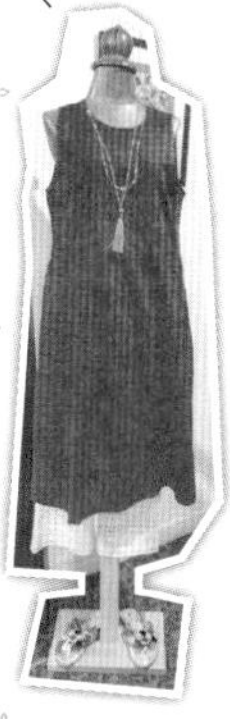

←さわやかトータルコーディネート

↑たくさん入るアフリカンコインケース

←色各種タッセルピアス

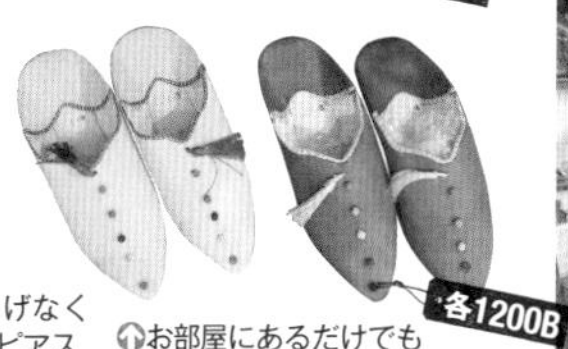

↑お部屋にあるだけでもかわいいモロッコシューズ

←さりげなく民族調ピアス

→階段を上りきったらすぐにワクワク！

民芸品がすべておしゃれに仕上がるカラフルな世界へようこそ

タイ食器好きなら必見

ティー

TEE

チャトゥチャック MAP 付録P.5 D-1

重ねて吊るして並べて。品数が途方もなく多いにもかかわらず、おしゃれなものばかり。ホーロー食器を筆頭にタイらしいものが見つけられる素晴らしい店。どんなに迷っても行く価値あり。

☎099-228-9542 交 所 チャトゥチャック・ウィークエンド・マーケット(→P.32)参照

営9:00〜18:00 休月・火曜

グラスにカップにお皿、ワクワクが止まらない

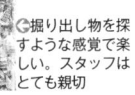

こんな柄もあるよ!

←通路を歩く人に注意して物色しよう

↓カラフルな食器が並ぶ

←掘り出し物を探すような感覚で楽しい。スタッフはとても親切

↑鶏柄ホーローマグ大

←パステルカラーの重ねピントー

→色使いがかわいいホーロー皿

細かなところでセンスよし

アーモン

Armong

スクンヴィット通り MAP 付録P.26 C-3

チェンマイの雑貨店2代目のアーモンさん。チャトゥチャックに続くプロン・ポン店にはお姉さんが常駐し、モン族の工芸品をオリジナル展開。アイデア満載の衣料雑貨に心が躍る。

☎081-343-6696 交 BTS Phrom Phong プロン・ポン駅から徒歩6分 所 RSU Tower G Fl., Sukhumvit Soi Sukhumvit 31

営10:00〜20:30 休無休 J 💳

こんな感じでコーディネート?

小さな雑貨からスカート、パンツまで豊富な品揃え

→店からはみ出すほどの品数

↓何本あってもかわいいブレスレット

↑ビーチで活躍するドレス

↓どれにしようか迷ってしまう!象のぬいぐるみ。リネンで手ざわりも気持ちいい

←これぞアーモン!の小銭入れ

→独特のベルトポーチ

日本で使える雑貨がずらり
フェザーストーン・ビストロ・カフェ&ライフスタイル・ショップ
Featherstone Bistro Cafe & Lifestyle Shop

スクンヴィット通り周辺 MAP 付録P.5 E-3

こんな店が近所にあったらうれしい。センスがいいといってしまえばそれまでだが、タイらしいものばかりなのに日本人の感覚にフィットする不思議な品揃えに、にっこり。

▶P.99

目利きを感じる仕入れセレクト。お気に入りが見つかる店

⬅⬇大活躍間違いなしのコットンバッグ

⬆タッセルがかわいいピアス

スパプロダクツのコーナーも

⬆アメリカにいるような感覚になるおしゃれな外観

セレクトも接客も自然体
クーン
Koon

スクンヴィット通り周辺 MAP 付録P.20 C-2

店内のカラフルさはすべて商品の色。何時間でもいろんな雑貨を見ていたくなる雑貨店だ。サンカローク焼を目当てに訪れる客も多い。運がよければ招き猫に会えるかも。

☎094-438-3819 交 BTS Phrom Phong プロン・ポン駅から徒歩5分 所 2/29 2F, Khongtonnea, Sukhumvit 41 Alley, klongton-nua 営 10:00～18:00 休 水曜

J 💳

⬆目印は黄色い建物

⬆どれにしようか迷う！タイ布の巾着ポーチ

⬆カラフルな色合いが特徴のビーズ刺繍巾着

➡一番人気のサンカローク焼のカップと小皿

色とりどりの雑貨にウキウキ。かわいいキレイの連発必至

⬇素朴な模様が印象的なレトロ風ガラストレイ

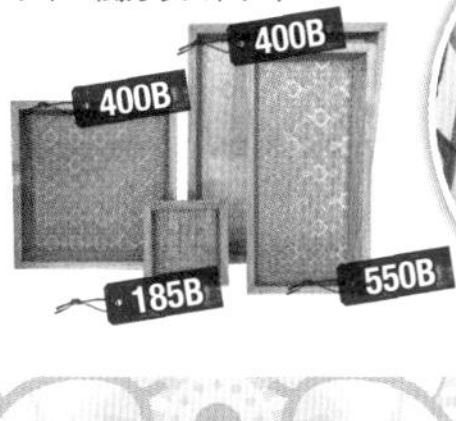

2階へ上がるときのワクワク感がすごい！

猫好きならきっとハッピー
チコ
Chico

スクンヴィット通り周辺 MAP 付録P.5 E-3

バンコクにいる猫好きなら誰でも知っているといえるお店。雑貨の品揃えは多く、幅広い層に受け入れられている。カフェコーナーでは猫のラテアートも提供しており、写真を撮る客も多い。

☎02-258-6557 交 BTS Ekkamai エカマイ駅から車で15分 所 321 Soi Ekkamai 19 Klongton nua 営 10:30～17:30 休 火曜

➡2023年、エカマイに移転。静かなロケーション

所狭しと並ぶ雑貨。水牛の商品が人気

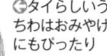

⬅タイらしいうちわはおみやげにもぴったり

⬇履き心地抜群のサンダル。子ども用は400B

➡水牛の角でできた猫箸置き

⬆ボンボンストラップ(左)、タッセル大(右)

➡アンチャンラテ120Bとキャットスコーン120B

素敵な帽子を手に入れる
ムアック
Muak

スクンヴィット通り MAP 付録P.5 F-4

南国の日差しには帽子が必需品。いろんなデザインが揃っており、バッグやアクセサリーも販売しているので、セットコーディネートがいい感じ。タイ人女性の来店も目立つ。

☎05-333-2619 交 BTS Punnawithi プンナウィティ駅から徒歩3分 所 101 Sukhumvit Rd. ,Wizdom101内 営 10:00～18:00 休 無休 J

⬆新しいショッピングモールWizdom101内の店舗

帽子こそじっくり選びたい。デザイン豊富でとてもうれしい

⬆形や色がオシャレな指輪

➡ビーズが編み込まれたブレスレット

これもいいな。いやこれも

⬅さわやかな白が夏にぴったりのバッグ

⬆デザインが珍しいキャップ風ハット

⬇バックスタイルもかわいく！リボン付き麦わら帽子

南国ドールがようこそ！

チェンマイ雑貨とカフェ

ジンジャー・ファーム

Ginger Farm

スクンヴィット通り MAP 付録P.5 F-4

新しいモールにオープン。カフェ併設はこの店舗のみ。チェンマイ雑貨といえばジンジャーというほどの知名度で、キラキラを取り入れたニューデザインのチェックは必須。

☎02-010-5235 交 BTS Punnawithi プンナウィティ駅から徒歩5分 所101 Sukhumvit Rd. 営10:00〜23:00 休無休

ビビッドな雑貨に目移りしちゃう！

↑新しいモール内の店舗はカフェに併設

←ボンボンがたくさん付いたポーチ

→パイナップルモチーフがかわいい籠バッグ

→ザ・タイな雰囲気のショルダーバッグ

→カラフルなフリンジがおしゃれなポーチ

→おみやげに喜ばれそうなポーチ

おしゃれタイ雑貨が勢ぞろい

ニア・イコール

Near Equal

スクンヴィット通り周辺 MAP 付録P.27 E-4

ゆったりとした雰囲気だから、おみやげを探しているうちについつい自分の物も購入してしまう。ゆとりをもって選ぶ時間も含めて行くことがおすすめ。

☎02-003-7588 交 BTS Phrom Phong プロン・ポン駅から徒歩10分 所20/7 Sukhumvit 41 Alley, Khlong Tan Nuea 営10:00〜18:00 休無休 J

↑便利で静かなソイ41の路地を入った場所にさりげない存在感

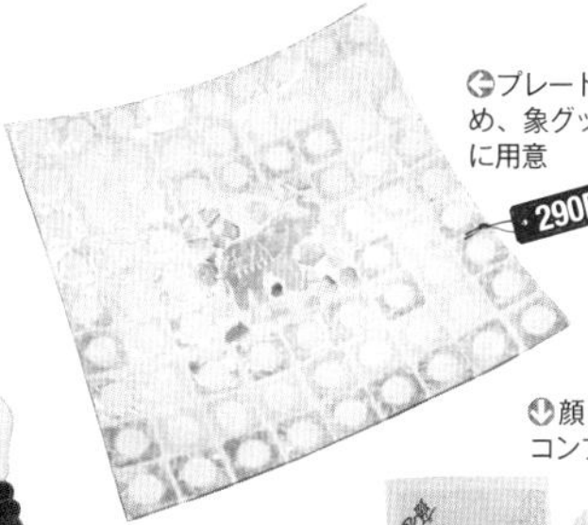

←プレート皿をはじめ、象グッズも豊富に用意

←シンハーの瓶のついた栓抜き

↓顔用のハーバルコンプレス

どこから見ようか迷っても大丈夫。どれも欲しいものばかり

今日はどんなお客さんが来るかな〜

←やっぱり欲しい。葉っぱのお皿

手に持てば必ず独特の光沢に心を奪われる

必ず手に入れたい上質なタイシルク3店

シルクは特別なもの。現代でも上質なシルク生地のパーティドレスは人気だ。説明不要の美しさを感じてみよう。

タイシルクとは?

タイ東北部の女性たちが蚕を育てることから織ることまで一貫生産。工芸品として発展した。シルクを纏うよろこびを感じたい。

⬆ジム・トンプソンの伝統がずらりと並ぶ

美しいシルクにときめく「ジム・トンプソンの家」敷地内のショップ

ジム・トンプソン

Jim Thompson

サイアム・スクエア周辺 MAP 付録P.13 D-2

タイシルクを復活させたアメリカ人、ジム・トンプソン。世界にタイシルクを広めた男の情熱は今も生き続けている。昔懐かしさを感じるこのショップで、新着デザインをチェックしよう。

☎02-216-7368(ジム・トンプソンの家) 交 BTS National Stadium ナショナル・スタジアム駅から徒歩7分 所 24 Kasem San 2 Alley 営 9:00～18:00 休 無休

2900B

⬅南国柄のショッピングバッグ

➡象シルク親子キーホルダー

890B

➡男性のおみやげにおすすめのネクタイ

⬇オシャレなコスメポーチ

1040B

お気に入りを見つけよう!

お得に買い物をしよう!

ジム・トンプソンアウトレット

スクンヴィット通り周辺

MAP 付録P.5 E-4

スクンヴィット・ソイ93左手にあるアウトレットはプラカノンから徒歩圏。ショップよりもお手ごろプライス。生地の量り売りもある。カフェではお菓子の味見ができる。

古き良き時代から変わらぬもの

ティ・シナワット・タイシルク

T Shinawatra Thai Silk

スクンヴィット通り周辺 MAP 付録P.26 B-2

壁にずらりと並ぶ生地、仕立て途中のドレスから常にオーダーの絶えない様子がうかがえる。柄を紹介する笑顔から、シルクを愛してやまない心が伝わってくる。本物を貫くやわらかな姿勢がそこにある。

☎02-258-0295 交 BTS Asok アソーク駅から徒歩7分 所 94 Soi Sukhumvit 23 営 9:00〜16:00 休 土・日曜

↑壁一面に並んだ美しいシルク

→ピンクがかわいいポーチ

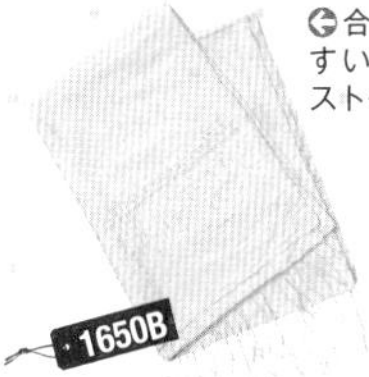

←合わせやすいシルクストール

↓ちょっとしたおでかけにも使えそうな巾着

↑象柄シルクスカーフ

堂々としたたたずまいが老舗の雰囲気を醸し出す

→旅の写真を飾りたいシルクのフォトフレーム255B〜

ハンドメイドの美と温もりが紡ぐ製品

ソップ・モエ・アーツ

Sop Moei Arts

スクンヴィット通り周辺 MAP 付録P.27 F-2

経糸にコットン、緯糸にシルクなどを織り交ぜた美しさ。伝統技法を持つカレン族の文化と独創的なデザインの融合に圧倒される。チェンマイに本店がある。

☎02-119-7269 交 BTS Phrom Phong プロン・ポン駅から徒歩15分 所 Sukhumvit Soi 49/9 営 10:00〜17:00 休 日・月曜 J 💳

↑色に迷うこと必至！タッセル付きパース

↓カレン族既婚女性の衣装から手のこんだ織物部分を利用した一点ものミニクッション

↑玄関などで活躍するカラフルなランナー

↑白黒柄が定番人気のトートバッグ

訪れるたびそのシーズンのディスプレイに変わる店内

レストランで見かけた食器を持ち帰る

きっとお気に入りの陶磁器が見つかるショップ4店

セラドン、ブルーアンドホワイト、ベンジャロン。
タイ料理に欠かせない陶磁器はそれだけでも美しい。
包装もしてくれるので、店舗で尋ねてみよう。

ベンジャロン柄の時代背景もお話しますよ!

豪華で色鮮やかな絵柄が各食器に描かれている

憧れの食器を見て触れて

ジェイ.ジェイ.ベンジャロン

J.J.Benjarong

チャトゥチャック MAP 付録P.5 D-1

王室で使われる食器として有名なベンジャロン。柄はそれぞれの王朝時代の名で呼ばれる。この店でも当然大切に扱うが、気軽な雰囲気で見ることができる。

☎02-272-4625 交所チャトゥチャック・ウィークエンド・マーケット(→P.32)参照 営10:00～18:00 休月～木曜

850B

↑きらびやかな柄のコーヒーカップ

850B

↑これを使うときは茶葉で淹れたいティーカップ

2800B

→並べるだけでも優雅な気分になれるティーセット

550B

↘特別な日に使いたいケーキ皿

Point!

日本へ持ち帰ると伝えればしっかり包装してくれる

タイ王室御用達の白磁食器

ロイヤル・ポーセリン

Royal Porcelain

プルン・チット駅周辺
MAP 付録P.14 C-3

こちらではセール品があり、白食器が好きな人にはとても魅力的。高品質のブルーアンドホワイトも販売しており、ポーセラーツをする人にもおすすめ。

☎02-252-2527 交BTS Phloen Chit プルン・チット駅から徒歩3分 所888/1-2, 5-6 Phloen Chit Rd. 営9:00～18:00 休日曜 E 💳

1500B

→植物柄のディナーセット

↑ブルーアンドホワイトソーサー105B、お椀85B、れんげ57B

Point!

柄食器も扱っているので要チェック!セットでお得。梱包も可能

高級陶食器がアウトレット価格でうれしい

いつまでも心ときめくセラドン焼

ザ・レジェンド

The Legend

サイアム・スクエア周辺 MAP 付録P.13 E-1

タイで有名な陶器セラドン焼を扱う老舗。オープンから25年が経ち、2021年に移転。路面店としてさらに充実。気軽に買い物が楽しめる。

☎02-215-6050 交 Ⓜ BTS Ratchathew ラチャテウィ駅から徒歩2分 所 486／127 Rajthevi Intersection Rajatevi 営9:00～18:00 休無休

エアパッキンで厳重に包装してくれるので安心

Point! タイを象徴する商品を多く販売

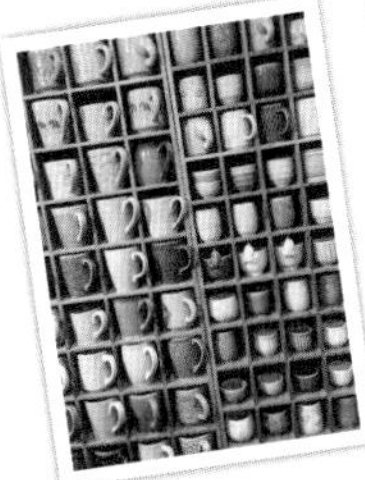

内側のセラドンブルーが美しい湯呑み

2色ある象の置物

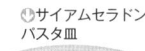

サイアムセラドンのパスタ皿

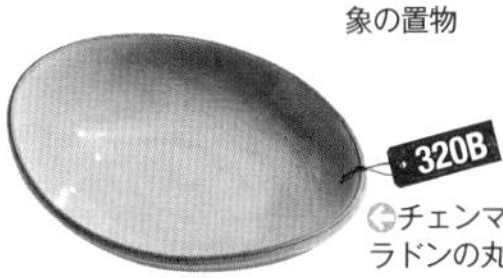

チェンマイセラドンの丸皿

マンゴスチンシュガーポットセット

NEWデザインもチェック！

リン・セラミック

Lin Ceramic

チャトゥチャック MAP 付録P.5 D-1

パイナップルや葉っぱ柄など、じっくり見ると南国らしいモチーフのあるブルーアンドホワイト。チャトゥチャックのこの店は常に新商品を意識した展開なので訪れるたびに要チェック！

☎02-272-7099 交 所 チャトゥチャック・ウィークエンド・マーケット(→P.32)参照 営9:00～18:00 休月～木曜

通路にしゃがんで物色するほど選ぶのに没頭しちゃう！

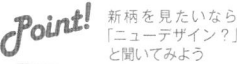

Point! 新柄を見たいなら「ニューデザイン？」と聞いてみよう

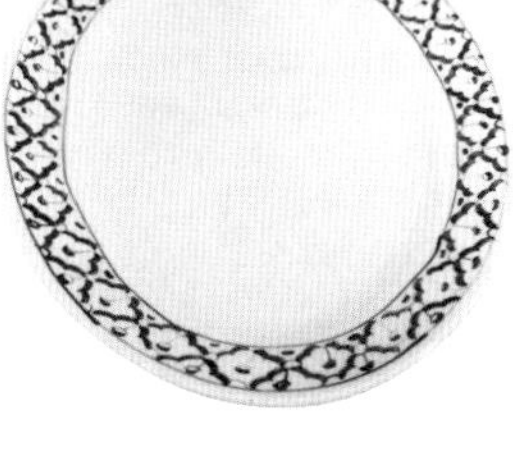

定番のプレート

ハスの花のようなのロータスボウル

パイナップル柄のれんげ

旅が終わってもタイの香りを楽しむ

こだわりプロダクツの香りブランド5店

胸いっぱい吸い込むフレグランスが全身をリラックスさせる。旅で得た嗅覚へのリラクゼーションアプローチは製品の助けを借りて。

王室御用達の香りブランド

カルマカメット

Karma Kamet

スクンヴィット通り周辺 MAP 付録P.20 B-2

ルーツは漢方薬店。40年以上の歴史を誇るプロン・ポン店で、世代を超えて受け継がれる香りを堪能できる。名前の由来は業を意味するカルマとヒマラヤの頂を意味するカメットから。

☎02-262-0701 交 BTS Phrom Phong プロン・ ポン駅から徒歩3分 所 30/1 Soi Metheenivet, Klongton, Klongtoey, Bangkok 営10:00～20:00 休無休 E カード

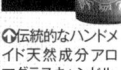

↑純粋アロマオイル使用のサシェはアジアの香り

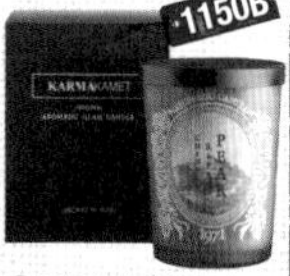

↑伝統的なハンドメイド天然成分アロマグラスキャンドル

世界中の厳選された素材から香りを生み出している

↑レトロな薬局を思わせるショップ

←べたつかない上質原料ハンドクリーム

←天然成分ボディソリッドパフューム（固形香水）

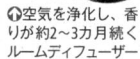

↑空気を浄化し、香りが約2～3カ月続くルームディフューザー

オイルやクリーム、ローションなど全部欲しい！

←シャワージェルとボディローションセット

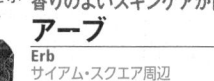

↑ジャスミンなどの香りが楽しめるソープ

↓おみやげに最適なハンドクリーム

香りのよいスキンケアが自慢

アーブ

Erb

サイアム・スクエア周辺 MAP 付録P.23 D-3

ブランド名は昔のタイ語で「女性の輝き」の意味。肌の輝きを追求したコスメアイテムが揃う一方で、華やかな香りもブランドの強み。好みで調合したオリジナル香水も作れる。

☎02-253-8559 交 BTS Chit Lom チット・ロム駅から徒歩4分 所ゲイソーン（→P.123）内 営10:00～22:00 休無休 E カード

タイ高級スパブランド代表

ハーン

Harnn
スクンヴィット通り
MAP 付録P.27 D-4

植物の恵みで素肌をケアするプロダクツは、心身の調和を取り戻し上質なライフスタイルへと導く。世界中のスパで使用され、路面店ではスパも併設している。

☎02-664-9935(3Fスパ) 交 BTS Phrom Phong プロン・ポン駅からすぐ 所 622 Sukhumvit 24 Alley, エンポリアム内 営 10:00~20:00 休 無休 E カード

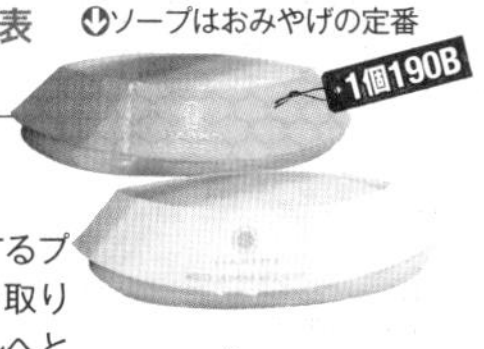

↓ソープはおみやげの定番

←とても良い香りのフェイシャルミスト

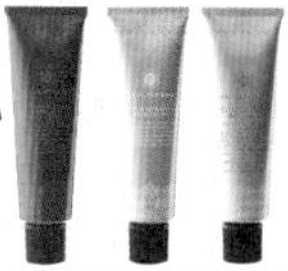

→おしゃれな箱入りハンドクリーム

さまざまな商品が揃う店内はアロマの香りに包まれる

品揃えが豊富な路面店舗。香りに誘われてたどり着く
THANN

世界のセレブ愛用ブランド

ターン

Thann
スクンヴィット通り
MAP 付録P.20 C-2

植物の恵みで素肌をていねいにケアするプロダクツは心身の調和を取り戻し上質なライフスタイルへと導く。世界中のスパで使用される高級ブランド。この路面店はスパも併設している。

☎02-011-7104 交 BTS Thong Lo トンロー駅から徒歩10分 所 845 Sukhumvit Rd. 営 18:00~23:00 休 無休 E カード

↓乾燥に。エマルジョンクリーム

↑香り長続きのヘアコンディショナー

←さまざまな商品が並ぶ

↓キャンドルはオイルにより料金が異なる

地球にもやさしいバスグッズ

バス&ブルーム

Bath&Bloom
サイアム・スクエア周辺
MAP 付録P.23 D-2

「バスルームをハッピーにする」がコンセプト。自然素材を使用しリサイクルを奨励、動物実験を否定するなど地球環境への意識も高い。タイならではの優美な香りは自宅でも楽しみたい。

☎02-639-3610 交 BTS Chit Lom チット・ロム駅から徒歩4分 所 セントラル・ワールド(→P.123)内 営 10:00~22:00 休 無休 E カード

↑ファビュラス・ハンドセット4本入り

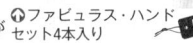

↑ルームディフューザーは月別の香りをラインナップ

おとぎ話のようなインテリアと香りで癒やされる!

↑店の外にまで漂う甘いアロマの香り

↓布製サシェ。タンスやかばんに忍ばせて ※値段は300枚入り

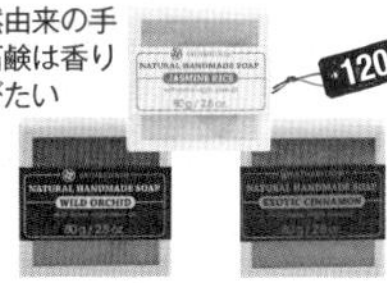

→自然由来の手作り石鹸は香りで選びたい

SC最新事情 群れなす誘惑との上手な共存

進化が止まらない！バンコクのショッピングセンターを大調査！

雨の日でも楽しめる

見た目が9割。しかも第一印象でほぼ決まる。人のみならず店も同じ。近年注目されているタイ建築の粋はSCに見てとることができる。

目利き度を確かめるのも一興

プラチナム・ファッション・モール

Platinum Fashion Mall

サイアム・スクエア周辺 MAP 付録P.23 D-1

「Kawaii」が通じる場所。日本からの買い付けも訪れるファッションモール。ショップを巡り、お気に入りの店を見つけるのがとにかく楽しい！無駄遣いをする覚悟でぜひ。

☎02-121-8000 交 BTS Chit Lom チット・ロム駅から徒歩10分 所 222 Phetchaburi Rd. 営9:00(水・土・日曜8:00)～20:00 休無休

こんな施設があります

フードセンター（フードコート）
ブラックキャニオンコーヒー（カフェ）
フォーチュン（ショップ）

服はもちろん小物や雑貨、飲食店まで、すべてが充実

↑日本で着られそうな服もたくさん見つかる

←最上階「Arb」のソープボトル550B

→通勤に使えそうなバッグも見つかる

ナラヤカフェ併設はアイコン・サイアムのみ

↑買い物途中にスイーツでほっとひと息

大きな象のオブジェは撮影必至のゴージャスさ

↑川からのアクセスは気分がよい

すでにタイ人にとっても名所に

アイコン・サイアム

Icon Siam

チャオプラヤー川周辺 MAP 付録P.16 A-2

2018年にオープンしたアイコン・サイアムは、タイ最大級。バーン・カニタ・ヘリテージなど、ここにしかないパイロットショップ的な店を展開している。高島屋も隣接。

☎02-495 7080 交 BTS Saphan Taksin サパン・タクシン駅から無料シャトルボートあり(運行時間8:30～23:30) 所 299 Soi 5, Charoen Nakhon Rd. 営10:00～22:00 休無休

→手に入れたいタイ航空グッズが高島屋に入っている

こんな施設があります

バーン・カニタ・ヘリテージ（レストラン）▶P.24
スックサヤーム（フードコート）▶P.95

↑天井が高く機能的でかなり広い館内

東南アジア最大のモール
サイアム・パラゴン
Siam Paragon

サイアム・スクエア周辺 MAP 付録P.22 B-2

バンコク屈指の高級ショッピングモール。高級ブランドやファストファッション、生活雑貨やレジャー用品がフロアごとに並ぶ。加えてキッザニア、映画館、水族館、充実のフードコートもあるので家族で楽しめる。

☎02-690-1000 交 BTS Siam サイアム駅からすぐ 所91/1 Rama 1 Rd. 営10:00〜22:00 休無休

こんな施設があります

アミーチ・バイ・ポモドーロ(レストラン)
サイアム・オーシャンワールド(水族館)

©iStock.com/stockinasia

フードコートにはタイ、イタリア、日本、中国の各国料理やカフェも

↑BTS サイアム駅と直結。迷わずアクセス!

バンコクでいちばん高級なデパート
ゲイソーン
Gaysorn

サイアム・スクエア周辺 MAP 付録P.23 D-3

シックで落ち着いた館内に、海外の高級ブランドショップが揃う。上質で趣味のいい工芸品も揃い、バンコクで最もハイグレードなデパートだ。

☎02-656-1149 交 BTS Chit Lom チット・ロム駅から徒歩4分 所999 Phloen Chit Rd. 営10:00〜20:00 休無休

こんな施設があります

ジム・トンプソン(ショップ)
パンピューリ・ウェルネス(スパ)
KUB KAO KUB PLA(カフェ)

↑高級感漂う外観と白を基調とした館内

再開発のプロン・ポンエリアに誕生
エム・クオーティエ
EmQuartier

スクンヴィット通り MAP 付録P.27 D-4

人気のモール、エンポリアムに隣接する2号店で、近未来的な外観が特徴。海外の高級ブランドから国内のトレンドアイテムまで揃う。上層階のフードコートは地元料理が手軽に楽しめる。

☎02-269-1000 交 BTS Phrom Phong プロン・ポン駅からすぐ 所111 Ratchadamri Rd. 営11:00〜21:00 休無休

ハイブランドから地元のトレンドまでが一堂に会す、最新モール

©iStock.com/KreangchaiRungfamai

こんな施設があります

フードホール(フードコート)
ナラ・エムクオーティエ(レストラン)▶P.65
イシュー(ショップ)

手ごろなおみやげ探しに最適!!
MBKセンター
MBK Center Bangkok

サイアム・スクエア周辺 MAP 付録P.13 E-3

バンコクの老舗ショッピングモール。地上8階建てのビルに約2500もの小型店が軒を連ね、ナイトマーケットさながら。ジャンルもさまざまで掘り出し物に出会えそうだ。

☎02-853-9000 交 BTS National Stadium ナショナル・スタジアム駅からすぐ 所4,4/1-2,4/4 Ratchadamri Rd. 営10:00〜22:00 休無休

こんな施設があります

MBKフード・アイランド
(フードコート)
クラフト・ヴィレッジ
(ショップ)
アウトレット・イン・タウン
(ショップ)

かわいい雑貨や服、家具から食品まで、何でもあり。宝探しをしたい

©iStock.com/Panya7

↑映画館やフードコート完備でハズせない施設

まだまだあります!

タイの富裕層御用達
セントラル・エンバシー
Central Embassy

プルン・チット駅周辺
MAP 付録P.14 B-3

日本未上陸の海外ブランドも出店している高級モール。タイで人気の料理を揃えたフードコートも。

☎02-119-7777 交 BTS Phloen Chit プルン・チット駅から徒歩3分 所1031 Phloen Chit Rd. 営10:00〜22:00 休無休

世界一周気分で買い物
ターミナル21
Terminal 21

スクンヴィット通り
MAP 付録P.26 A-2

空港ターミナルのような館内は、各フロアに世界の都市のイメージを再現。世界旅行気分が味わえる。

☎02-108-0888 交 BTS Asok アソーク駅からすぐ 所88 Soi Sukhumvit 19 営10:00〜22:00 休無休

有名レストランも出店
ザ・マーケット・バンコク
The Market Bangkok

サイアム・スクエア周辺
MAP 付録P.23 E-2

「エアコン完備の市場」がコンセプトの大型モール。多彩なジャンルの小規模店舗が3000店以上も。

☎02-209-5555 交 BTS Chit Lom チット・ロム駅から徒歩7分 所111 Ratchadamri Rd. 営10:00〜21:00 休無休

バンコク最大級モール
セントラル・ワールド
Central World

サイアム・スクエア周辺
MAP 付録P.23 D-2

500店以上の服飾、家具、飲食の店や美容院、銀行が入り、ヒンドゥー教の殿舎も祀られた巨大施設。

☎02-100-9999 交 BTS Chit Lom チット・ロム駅から徒歩4分 所4,4/1-2,4/4 Ratchadamri Rd. 営10:00〜22:00 休無休

ママ ジョークアップ ポリッジ シュリンプ トムヤム 3パック30B

トムヤムクン味のジョークが作れる調味料

ローザ サーディン 19.5B

ポピュラー商品、鯖トマト缶

Lay's チップス 各32B

Lay'sが新しく発売したタイ味のチップス

カレー ペースト 各45B

ビッグCのオリジナルカレーペースト

クノール キューブ 各20B

クノールはタイ料理に不可欠な調味料

迷ったら買え! チャンスはそうそう訪れない

スーパーでばらまきみやげ

スーパーをのぞくと現地の生活が見えてくる。みやげ物コーナーを置く店も。肉製品と生ものは日本に持ち込めない可能性があるので注意。

OTOP チップス 各73B

タイ政府公認OTOP(オートップ/一村一品運動)のチップス

タイ限定 コアラのマーチ 各100B

今や定番となったタイ限定コアラのマーチ

バナナ キャンディ 65B

バナナ味のソフトキャンディ

プリッツ 各10B

ラーブ味(ひき肉のサラダ)とトムヤム味のプリッツ

クラッカー ドリアンチップス 49B

比較的食べやすいドリアンチップス

キユーピー チェダーチーズ マヨネーズ 45B

濃厚なチェダーチーズの風味が合わさったマヨネーズ

キユーピー トリュフ マヨネーズ 59B

トリュフの高級感ある香りと風味が感じられるマヨネーズ

シラチャーソース 45B/48B
アメリカでも人気のホットチリソース

ナムプリックパオ 39B
辛みと甘みと酸味のバランスが絶妙なタイの定番ペースト調味料

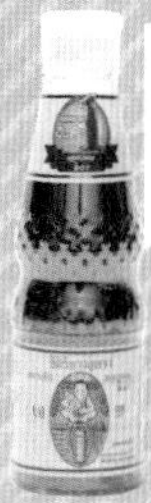

シーユーダム 27.5B
大豆醤油。甘くて濃い味がクセになる

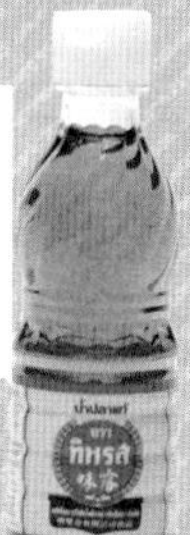

ナンプラー 6.5B
タイ料理にかかせないナンプラー。かわいいミニサイズはおみやげにもってこい

ココナッツオイル 360B
レモン・ファームのオーガニックココナッツオイル

タマリンドハーバルソープ 25B
美白効果のあるタマリンド石鹸

クーリングパウダー140g/シート 36B/57B
タイで人気！ネークブランドの消臭・制汗効果のあるクーリングパウダーとシート

ヤードム 24B
清涼感のある香りのスティック状アロマ。タイ人はミントを好む

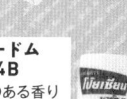

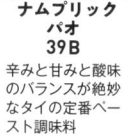

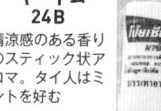

バタフライピー茶 125B
レモン・ファームで販売している、青色が鮮やかなハーブティー。美容・健康によいと評判に

バタフライピーシャンプー 130B
チョウマメを使った色鮮やかなシャンプーはレモン・ファームで購入できる

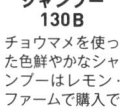

タイガーバーム 82B
タイでは定番！ぜひ購入したい

SHOP LIST

高級感あるオリジナル商品
グルメ・マーケット
Gourmet Market
スクンヴィット通り MAP 付録P.27 D-4

オリジナル商品はおみやげにもピッタリ。プチプラ商品もあるので一度に買い物できる。
☎02-269-1000 交 所 エム・クオーティエ(→P.123)内 営10:00～21:00 休無休

世界の高級食材が集合
セントラル・フードホール
Central Food Hall
サイアム・スクエア周辺 MAP 付録P.23 D-2

店内に「旅行客におすすめ」コーナーがあり、定番のおみやげがずらりと揃う。
☎02-613-1630 交 所 セントラル・ワールド(→P.123)内 営10:00～21:00 休無休

ローカルに人気の大型スーパー
ビッグ C
Big C
ラーマ4世通り周辺 MAP 付録P.20 B-4

タイ国内に展開するチェーンスーパー。日用品や雑貨、食器などがローカル価格で揃う。
☎02-661-5580 交 BTS Phrom Phong プロン・ポン駅から車で10分 所2929 Rama 4 Rd. 営9:00～23:00 休無休

超巨大ハイパーマーケット
テスコ・ロータス
Tesco Lotus
ラーマ4世通り周辺 MAP 付録P.20 B-4

スーパーを超える規模のハイパーマーケット。近隣住民で混み合いローカル色たっぷり。
☎02-672-8585 交 BTS Phrom Phong プロン・ポン駅から車で10分 所3300 Rama 4 Rd. 営7:00～23:00 休無休

タイのオーガニック専門スーパー
レモン・ファーム
Lemon Farm
スクンヴィット通り周辺 MAP 付録P.27 E-2

オーガニック食品のほかシャンプーや石鹸なども。買い物ついでに軽食もおすすめ。
☎02-204-1056 交 BTS Phrom Phong プロン・ポン駅から徒歩11分 所1/2 Soi Promsri Soi sukhumvit 39 営10:00～21:30 休無休

タイハーブの魅力をおみやげにしよう

アバイブーベでまとめ買い！

アバイブーベの商品は、コンビニエンスストアや薬局、スーパーマーケットでも一部購入することができるが、品揃えが良いスラサックの直営店に足を運んでみよう。

タイ王室から生まれたヘルスケアブランド

医療施設がなかった時代、タイ人は具合が悪くなると、寺院でマッサージやハーブ治療を受けていた。この伝統医療は王室宮廷医によって受け継がれ、現在はチャオプラヤ・アバイブーベ国立病院が研究開発を行っている。

ファ・タ・ライ・ジョーン 喉スプレー

風邪のひき始めに、シュッと一吹きすると、症状の悪化を防ぐことができる。喉がイガイガした時の救世主

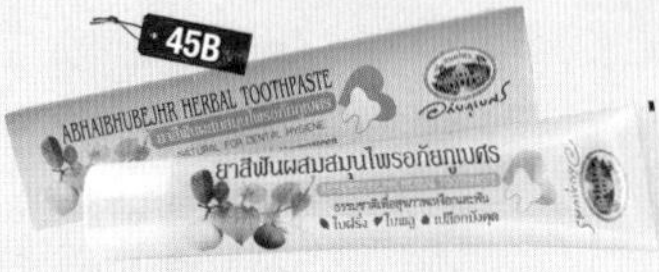

ハーバル歯磨き粉

マンゴスチン、グァバ葉、キンマ配合。虫歯予防、口腔内細菌撃退に効果があり、歯周病予防にもおすすめ

育毛剤 Bai Mee

天然ハーブ「リツィア」配合。抜け毛を予防し、発毛を促進。細菌・真菌の蓄積を減らし、皮膚の炎症を和らげてくれる

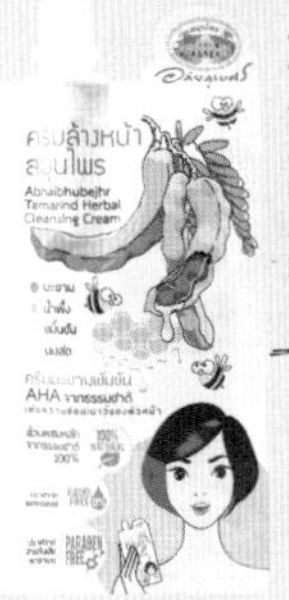

ハニータマリンド マスクピール

フルーツ酸(AHA)が皮膚の老廃物を除去し、肌が明るく柔らかく生まれ変わる。蜂蜜・ミルク配合で、乾燥肌でも使用可能。1袋で3回ぐらい使える

ノニ石鹸

抗酸化作用、老化防止、美白、ニキビの炎症を抑える、皮膚再生、とオールマイティーな石鹸。顔、身体に使用できる

リップバーム

ワセリン、ラノリン、蜜蝋、ライスオイルなどを使用し、保湿力が高い！メロンの香り

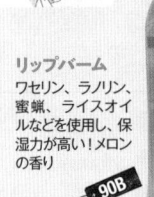

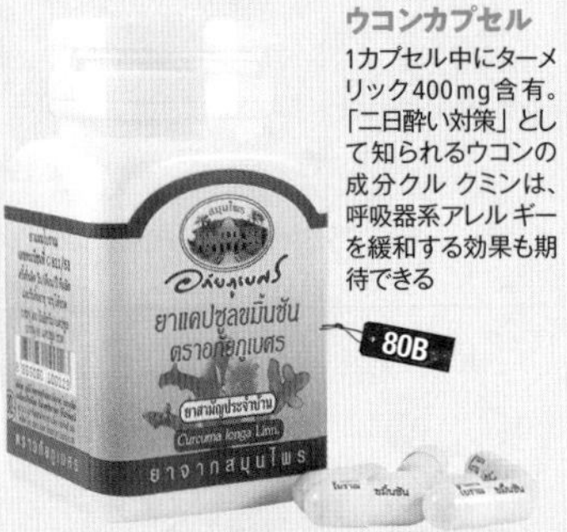

ウコンカプセル

1カプセル中にターメリック400mg含有。「二日酔い対策」として知られるウコンの成分クルクミンは、呼吸器系アレルギーを緩和する効果も期待できる

マンゴスチン石鹸

マンゴスチンの皮に含まれるタンニンとキサントンには抗酸化作用があり、さっぱりとした洗い上がりで、毛穴引き締め効果がある

アバイブーベ直営店

ABHAI Shop

シーロム通り周辺 MAP 付録P.16 C-4

すべてのラインナップが揃う直営店。商品ひとつひとつ説明付きなので安心して購入できる。

☎02-210-0321 交 BTS Surasak スラサック駅から徒歩2分 所 Thai CC Tower G階 43 S Sathorn Rd, Yan Nawa, Sathorn 営9:30～18:00(土曜は～17:30) 休日曜

RELAX OF THE FINEST QUALITY

リラックス

心も体もリフレッシュ!

Contents

季節風に揺れる葉、鳥の鳴き声のあるSPA

4軒の一軒家スパで癒やしのひとときを

**日常からかけ離れた場所でのリラクゼーション。
南国の自然環境がプロデュースする優雅なひとときは、BGMいらずといえるほどの至福。**

1

2

1.モダンデザインの白い館。緑の木立が心地よい空間 2.アジアン・リゾート気分が堪能できるテラス 3.内部も清潔な印象 4.ふたりのセラピストの施術で夢見心地のひとときが過ごせる

都会のオアシス的なスパ

オアシス・スパ

Oasis Spa

スクンヴィット通り周辺 MAP 付録P.26 C-1

スクンヴィットエリアの路地の奥にあり、緑に囲まれた広い庭園が街の喧騒を忘れさせる、まさに店名にふさわしい静かなスパ。リーズナブルな価格で体験できるのも魅力。

☎02-262-2122 交 BTS Phrom Phong プロン・ポン駅から徒歩17分 所64 Sukhumvit 31 Yaek 4 営10:00〜22:00 休無休

E E ✆ 💳

3

4

主なMENU

※ロイヤルタイフェイシャル
…60分1400B

※アーユルヴェーダパッケージ
…120分3900B

スパ・メニュー解説

仏教とともにインドから伝わり2500年の歴史を誇る古式マッサージをはじめ、施術の種類はさまざま。まずは人気の4大メニューを体験してみよう。

タイ古式マッサージ

別名ふたりヨガ。指圧やストレッチで体をほぐしてくれるタイの伝統療法マッサージ。

アロマセラピー

アロマオイルを使って全身をマッサージ。体がほぐされ、アロマの香りで癒やされる。

ハーバルボール

天然ハーブを包んで蒸したボールを全身に押し当てることで血行促進やデトックスに。

ボディ・スクラブ

ジャスミンライスなどタイの自然素材のスクラブで全身をマッサージ。すべすべ肌に。

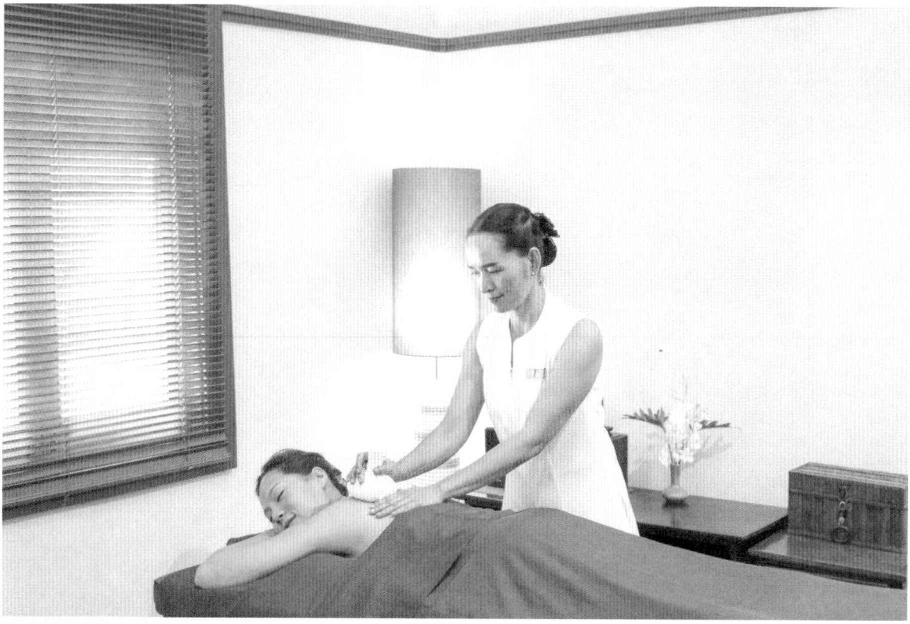

伝統医療に基いた高度な施術に癒やされる

コラン・ブティック・スパ イン バンコク

Coran Boutique Spa in Bangkok

スクンヴィット通り周辺 MAP 付録P.15 E-3

2018年5月にナイトホテルバンコク3階にオープンしたスパ。タイ伝統医療を基に熟練のセラピストによって行われる施術はとても気持ちよく、時間が経過していくことを忘れてしまうかのような体験を得られる。コースも豊富で、自分の好きなアロマを選ぶことも可能。

☎062-587-5366 交BTS Asok アソーク駅から徒歩5分
所10 Sukhumvit Soi 15 営10:00～21:00 休無休

主なMENU

✻キュアオブアーユルヴェーダバーション2
…120分2200B
✻ディープティシューボディマッサージ
（アロマオイル使用）…120分2050B

2

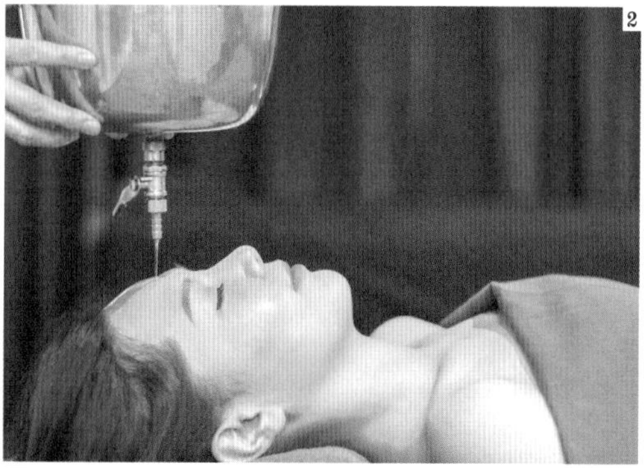

3

4

1.利用者の診断を行い体に合う施術のほか、フェイシャルマッサージも行えるキュアアーユルヴェーダ 2.肌に馴染み、体全身が軽くなる感覚を味わえる 3.木の温もりあふれる伝統の装いを感じる施術室 4.ナイトホテルバンコクの豪華な内観が利用者を迎えてくれる

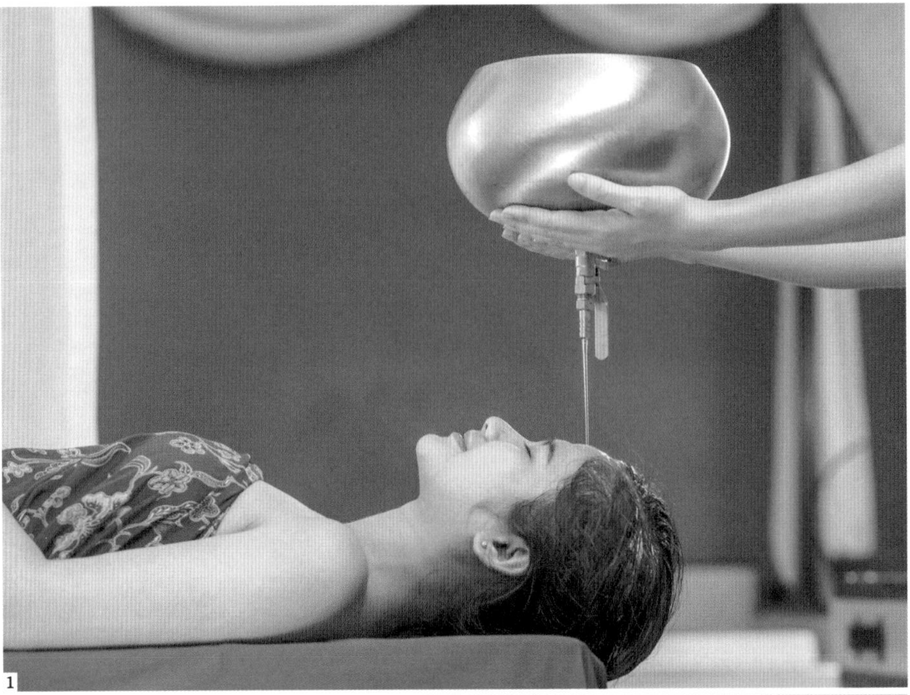

1

路地裏にあるおしゃれスパ

トレジャー・スパ・トンロー

Treasure Spa Thonglor

スクンヴィット通り周辺 MAP 付録P.21 D-1

かつてのリヤナ・スパが店名も内装もリニューアルしたおしゃれなスパ。オリエンタル調をシックにまとめたインテリアはデザイナーズホテルのようだ。タイの伝統的なハーブスチームサウナなどでリフレッシュしよう。

☎02-391-7694 交 BTS Thong Lo トンロー駅から送迎あり 所 Soi 13, Khlong Toei, Krung Thep Maha Nakhon 営 10:00～22:00 休日曜、祝日

主なMENU

✲ゴールド・エレメント(フェイシャル) …180分5500B
✲サイアム・パラダイス(パッケージ) …210分5000B

2

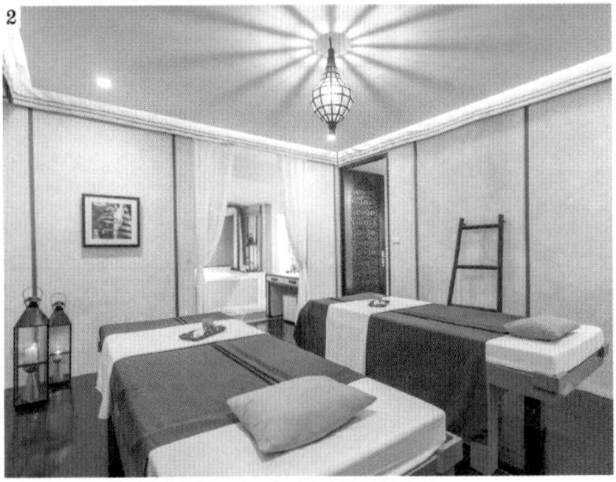

3

4

1.ハロ・アーユルヴェーダは180分4500B 2.アジアン・リゾートの雰囲気を醸しつつ、都会的に整えた部屋 3.ウェルカムフルーツやお茶のサービスも 4.白を基調にした建物はデザイナーズホテルのようなおしゃれなたたずまい

1 タイ式ホスピタリティで最高の非日常を

ディバナ・ナーチャー・スパ

Divana Nurture Spa

スクンヴィット通り周辺 MAP 付録P.15 E-2

アラブ人街ナナの奥。静かなソイに位置するスパは、南国ならではのリトリートを大切に来訪者をやさしく癒やす。スクラブはマンゴーなど天然の果実を使い、嗅覚からもアプローチ。眠りに誘われるほどの心地よい全身オイルマッサージで楽園と化す。

☎02-651-2916 交 BTS Nana ナナ駅から徒歩10分(無料送迎サービスあり) 所71 Soi Sukhumvit 11 営11:00(土・日曜10:00)〜23:00 休無休

1.天然素材が体全体に染みわたる施術 2.個室でゆったり心身ともにとろける時を過ごす 3.施術終了後のうれしいサービスでなだらかに現実へ戻る 4.個室に用意された陶器の美しいバスタブ

2

4

3

主なMENU

- 足マッサージとタイ古式マッサージ …100分1750B
- 足マッサージオーガニックスクラブ・オーガニックオイルマッサージ …130分2950B

一軒家以外も気になる!

ラグジュアリーなスパで自分にご褒美

スパや一流ホテル、タイ航空のビジネスクラスのアメニティに採用されている、タイの高級コスメブランドが手がける優雅なスパ。

ゴージャス空間でアロマに浸る

アーブ・スパ

Erb Spa

チャルン・クルン通り周辺 MAP 付録P.16 B-2

タイを代表するラグジュアリーなコスメブランド「アーブ」直営のスパ。ロマンティックでゴージャスな雰囲気の店内で施術を受けると、特別感もひとしお。使用している製品は店内で購入できる。

☎02-117-2266 交 BTS Saphan Taksinサパン・タクシン駅から徒歩15分 所A-1 60/2 Charoen Krung Rd. 営10:00〜22:00 休無休

1
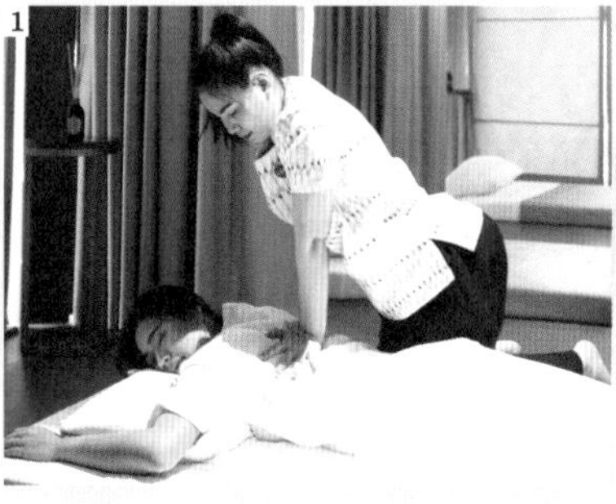

2

3

1.アロマの香りと施術でリフレッシュ 2.製品はパッケージデザインも優雅 3.シグネチャー・マッサージ75分1900B

スイートルーム以上の場所はスパ？

高級ホテルスパ3店の極上体験

ホテルといえば施設。ガーデンで最良のエリアはリラクゼーションに使われる。高級ホテルを訪れたなら、この場所を体験すべき。

上質の施設で夢心地に
川辺のスパで極上の癒やし

オピウム・スパ

Opium Spa

チャオプラヤー川周辺 MAP 付録P.4 B-1

高級ホテルならではのモダンなモノトーンの施設で天然素材スパプロダクト「ソダシ」を使用したトリートメントが評判。ヨガやアーユルヴェーダを指導してくれるプログラムも。

☎02-206-6999 交BTS Saphan Taksinサパン・タクシン駅そばの専用渡し舟で30分 所Hサイアム・ホテル(→P.160)内 営10:00～20:00 休無休 E E

1. シックなインテリアの受付 2. やわらかな日差しのなか施術を受けられる 3. 黒と白で統一された天井の高い空間で休息を

主なMENU

✲バンコク・リジューヴィネーション（ボディとフェイシャルトリートメント）…150分7500B
✲ムエ・タイ・マッサージ…60分3800B

オリエンタル・スパ

The Oriental Spa

チャルン・クルン通り周辺 MAP 付録P.16 B-3

タイの伝統と西洋の技術を融合させたトリートメントは、ベッドではなくタイらしく床のマットレスで行われる。サービスは世界トップクラス、使用プロダクツはホテルオリジナル。

☎02-659-9000 交BTS Saphan Taksinサパン・タクシン駅そばの専用渡し舟で5分 所Hマンダリン・オリエンタル(→P.25)内 営10:00～20:00 休無休 J J E E

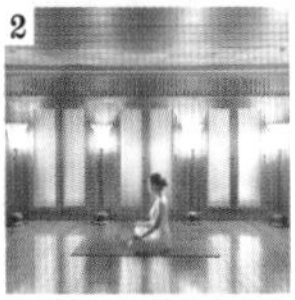

1. 温かい出迎えから始まる特別な時間 2. 心と体を解放して静寂を堪能 3. プライベートバス付きのトリートメントルームも

主なMENU

✲スピリット・オブ・イーサーン　（ボディトリートメントとヘッド、ボディマッサージ）…150分7000B
✲ローズフェイシャル…60分4500B

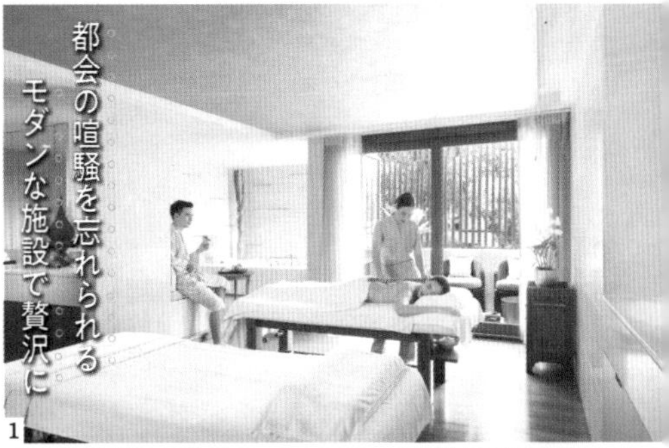

極上のスパで
至極のひととき

モダンな施設で贅沢に

スパ・ボタニカ

Spa Botanica

ルンピニ公園周辺 MAP 付録P.25 F-3

都心にありながら一歩敷地内に入ると別世界が広がるスコータイ。スパは別棟にあり到着時にはお茶で迎えてくれる。広々とした部屋や緑あふれる庭園を眺める部屋での施術は最高の贅沢。

☎02-344-8888 交M Lumpini ルンピニ駅から徒歩15分 所Hスコータイ(→P.161)内 営10:00～20:00 休無休 E E

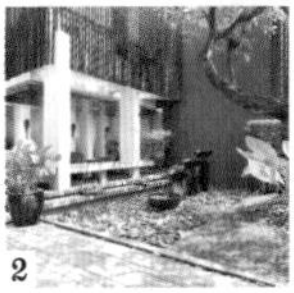

1. プライベート空間で極上スパを体験 2. 都会にいることを忘れるほど緑豊かなスパ 3. セラピストの確かな腕前に心も体もリラックス

主なMENU

✲ロイヤル・ゴールデンシルク・トリートメント（ボディスクラブとマッサージ）…120分6000B
✲ザ・スコータイ・シグネチャーマッサージ…90分4500B

ほぐし・和らげ・リフレッシュ!

疲れた体をほぐすタイ古式の名店 2 店

術師はさながらマジシャン。まどろむあなたの疲れをひとつ、またひとつ、熟達した手技で消していってしまう。

3

バンコク屈指の人気スパ!

アット・イーズ・マッサージ

At Ease Massage

スクンヴィット通り周辺 MAP 付録P.27 D-4

施術、サービスともに安定してレベルが高いと在住者にも大人気。タイマッサージに加えて、スパメニューもおすすめ。なかでもハーバルボール施術が好評。簡単な日本語も通じる安心なお店。

☎061-682-2878 交 BTS Phrom Phong プロン・ポン駅から徒歩5分 所593/16 Sukhumvit Soi 33/1 Sukhumvit Rd. 営9:00〜23:00 休無休 J J E E

1.清潔感のある店内 2.オーガニック自社農園のタイハーブを使ったおみやげ品も充実 3.簡単な日本語可。webサイトやSNSから事前予約がおすすめ

主なMENU

✲タイ古式マッサージ…60分500B

✲ハーブボールマッサージ…60分980B

1

2

オーガニックプロダクトを使用

アジア・ハーブ・アソシィエィション

Asia Herb Association

スクンヴィット通り周辺 MAP 付録P.20 B-2

自社農園で手作りされる「生ハーバルボール」がおすすめのマッサージ&スパ。セラピストの技術の高さとセンスある個室、徹底したオーガニックへのこだわりで、タイ全体でも圧倒的な支持を得ている。

☎02-204-2111 交 BTS Phrom Phong プロン・ポン駅からすぐ 所598-600 Sukhumvit Rd. 営9:00〜翌2:00(24:00受付終了) 休無休 J J E E

主なMENU

✲タイボディマッサージ + 生ハーバルボール…90分1300B、120分1700B

✲オイルボディマッサージ + 生ハーバルボール…90分1600B、120分2000B

2

3

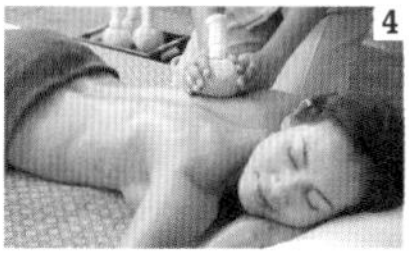

4

5

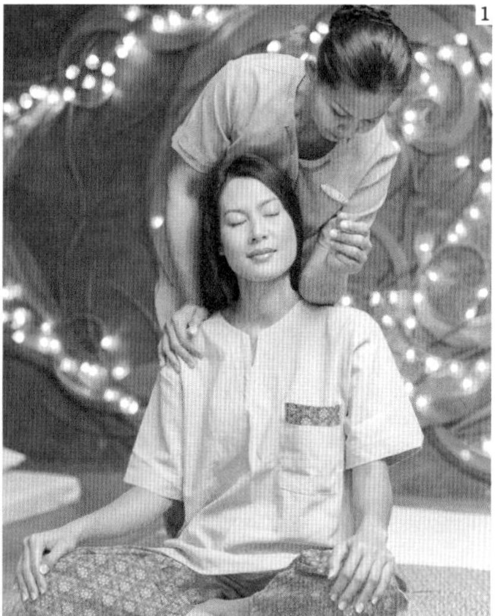

1

1. タイ伝統古式マッサージで溜まったこりを一気にほぐす 2. 最新の設備が整っているベンジャシリパーク店 3. お出迎えは温かなタイの微笑みから 4. オーガニック「生ハーバルボール」は世界でもここだけ 5. フットマッサージ専用チェアーでリラックス

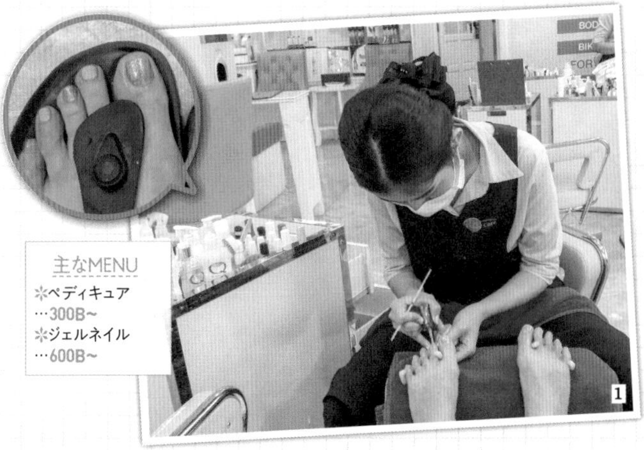

主なMENU
✲ペディキュア
…300B～
✲ジェルネイル
…600B～

ビューティ百貨店
テイク・ケア
Take care
スクンヴィット通り MAP 付録P.27 D-4

すみずみまで自分をかまってあげよう。ネイル、まつ毛に髪。すべてがケアできる王道の店では心配無用。旅行前に疲れていたならなおのこと。見える部分のリゾートへ行く準備はこれで完了。

☎02-258-7543 交 BTS Phrom Phong プロン・ポン駅から徒歩3分 所 Sukhumvit Soi 35 営 10:00～21:00 休 無休

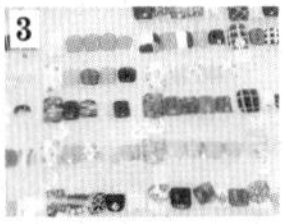

1.ネイリストが1人ついてくれる。甘皮処理からケア 2.広い店内でリラックス。飲み物のサービスあり 3.豊富なジェルデザイン

ホテルでお昼寝よりも疲れがとれる!
スキマタイムにボディケア

動き続けていると休憩が必要。マッサージやネイルサロンでは、体を休ませるうえに美しくなれる。

取れた角質の量にびっくり!
ワットポーマッサージスクール 直営サロン39
Wat Po Thai Traditional Massage School
スクンヴィット通り周辺 MAP 付録P.27 D-4

足の角質取りを最初に始めたこの店は、20年を超える安心の技術。フットマッサージ中、痛いはずなのに気がつけば眠りに落ちてすっきり。

☎02-261-0567 交 BTS Phrom Phong プロン・ポン駅から徒歩2分 所 1/54-55 Soi39 Sukhumvit Rd. 営 9:00～22:00 休 無休 J J

1.便利でわかりやすい立地で安心 2.教育を受けた熟練のマッサージ師 3.取れた角質を黒い布の上で見せてくれる

主なMENU
✲角質取り+フットマッサージ
…90分450B
✲角質取り+タイ古式
…90分400B

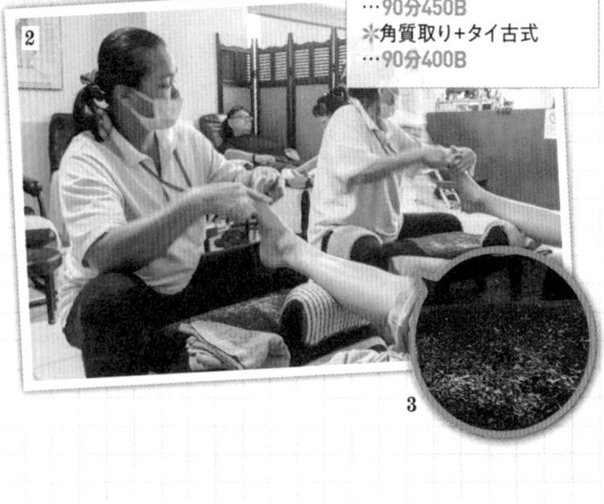

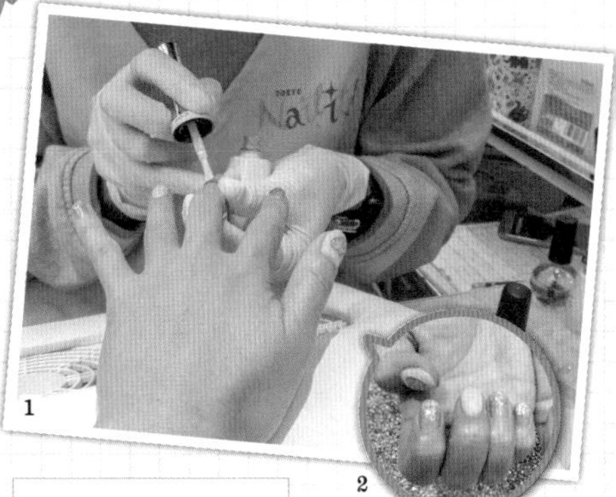

1.きちんと甘皮処理からスタート。ジェルオフも可能 2.ジェルで1時間かからない速さ 3.デザインは相談、画像持参も可能

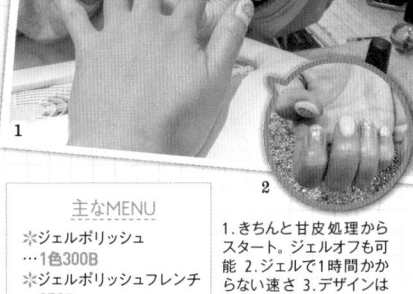

主なMENU
✲ジェルポリッシュ
…1色300B
✲ジェルポリッシュフレンチ
…350B

バンコク駅ナカも進化中
働く女性の強い味方
ネイル・イット
Nail it! Tokyo
スクンヴィット通り MAP 付録P.27 D-4

会社帰りの女性で混み合うので、ラッシュアワーは避けたほうが無難。そんな客層で慣れているからか、おしゃべりしつつのスピーディーな施術はさすが。

☎062-437-7785 交 所 BTS Phrom Phong プロン・ポン駅構内 営 10:00～21:00 休 無休 E E

BANGKOK, AREA WALKING

歩いて楽しむ

土地に暮らしに歴史あり

Contents

©iStock.com/tawanlubfah

タイ王国のルーツをじっくり堪能

王宮周辺 Grand Palace

王宮と王族との関係が深い3大寺院があるチャオプラヤー川東岸のラッタナーコーシン地区。チャクリー王朝の始祖、ラーマ1世が遷都したバンコク始まりの地。

MAP 付録P.10 B-1～D-3

オールドバンコクの魅力が凝縮した タイ国の文化と歴史の宝庫を散策

川辺にたたずむ巨大仏塔が印象的で三島由紀夫作『暁の寺』の舞台となったワット・アルン(→P.51)からスタートし、王宮を目指そう。途中、王宮の南に隣接するワット・ポー(→P.50)へ。バンコク最古で敷地最大規模を誇る王室寺院で、黄金の巨大寝釈迦仏を鑑賞。同時にタイ古式マッサージで休憩するのもおすすめ。4つの宮殿が建つ王宮(→P.47)は、ラーマ1世から8世までが暮らした聖地だ。王宮内にあるワット・プラケーオ(→P.48)は、王家の菩提寺でタイ仏教の頂点に立つ寺院だ。本堂に鎮座するエメラルド仏は観光客に特に人気。ラーマ1世が建立したワット・スタットでタイ最大の青銅の仏像を拝観し、タイの民主主義の始まり、シャム・クーデターを記念して建設された民主記念塔まで散策。

★徒歩の目安時間

ワット・アルン
舟+徒歩10分
ワット・ポー
徒歩10分
王宮&ワット・プラケーオ
徒歩18分
ワット・スタット
徒歩7分
民主記念塔

アクセスと交通

Ⓜブルーライン
サームヨート駅
サナーム・チャイ駅

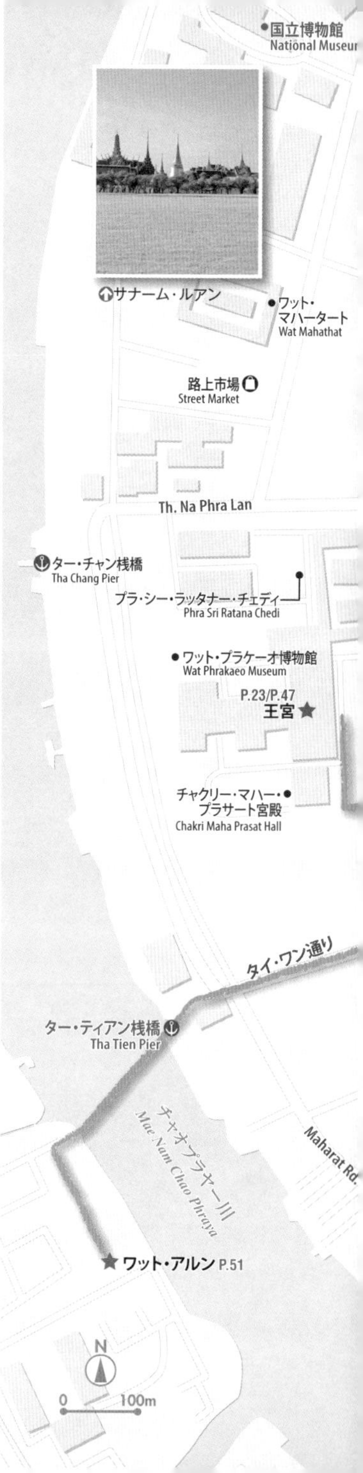

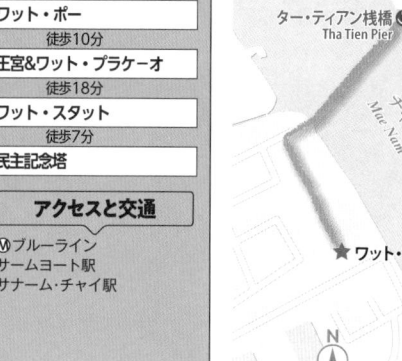

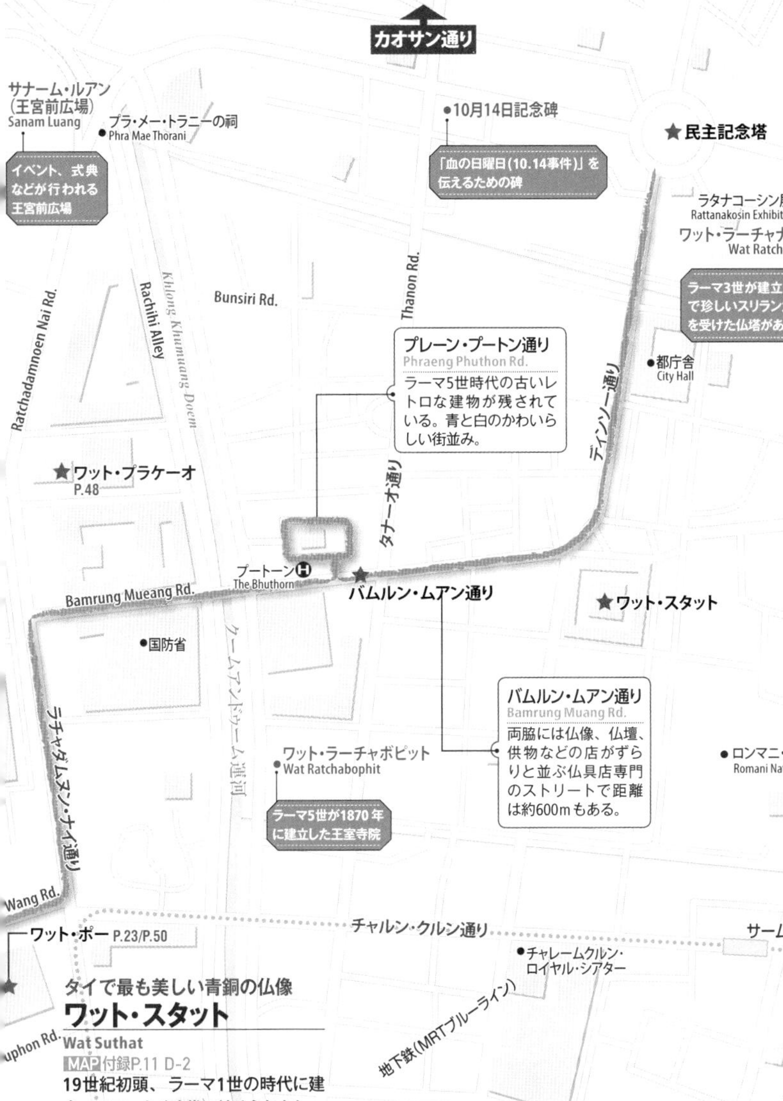

⇧ロハ・プラサートには、37本の尖塔がそびえ立つ

タイで最も美しい青銅の仏像

ワット・スタット

Wat Suthat

MAP 付録P.11 D-2

19世紀初頭、ラーマ1世の時代に建立。スコータイ時代に納められたシーサカヤムニー仏像はタイ最大の青銅仏像で、国内で最も美しいと評判。

☎02-222-6935 交Ⓜ Sam Yot サームヨート駅から徒歩5分 所146 Bamrungmuang Rd., Phra Nakorn
開7:00〜19:00 休無休 料20B

⇩40haの広大な敷地に本堂や仏塔が建つ

民主主義獲得を記念した塔

民主記念塔

Democracy Monument

MAP 付録P.7 D-4

1932年、シャム王国時代の絶対王政を立憲君主制に導いたシャム・クーデターを記念して、1939年に建設された。

☎なし 交Ⓜ Sam Yot サームヨート駅から徒歩15分 所Ratchada mnoen Ave. 開休料見学自由

⇧4つの白い塔が中央塔を囲む

活気に満ちたヤワラート通り。屋台やレストランが点在する

原色の看板と騒音との熱気の華人街

チャイナタウン
Chinatown

この頭上から圧倒してくる極彩色の看板はなんなのか！ ヤワラート通りを中心に華人系の店がひしめき、夜ともなれば喧騒の屋台街となるパワフルなエリア。

MAP 付録P.11 D-3〜P.12 A-4

圧倒的なエネルギーが横溢する華人街 市場の入り組んだ路地探検もおもしろい

フアランポーン駅の西側、東西に延びるヤワラート通りの周辺には多くの華人が住む中華街が形成されている。フアランポーン駅から黄金仏で知られるワット・トライミットを過ぎ、中華門からヤワラート通りに入ると、漢字の看板がひしめく中華街が広がる。金製品を扱う“金行”がぎっしり並ぶが、これは華人が現金よりも金を信奉する文化に由来するという。金行以外にも本格的中国料理(潮州料理が中心)のレストランや中国雑貨の店などが並ぶ。ヤワラート通りと並行して南側を走るサンペーン・レーンは、ラーマ1世がバンコクに遷都した際にすでに商業活動をしていた華人をこのエリアに移住させて、バンコク最初のチャイナタウンが誕生した場所だ。狭いエネルギッシュな路地で、両側に雑貨店が集中して連なる。

★徒歩の目安時間

ワット・トライミット
徒歩2分
中華大門
徒歩5分
ヤワラート通り
徒歩5分
サンペーン市場

アクセスと交通

Ⓜブルーライン
フアランポーン駅
ワット・マンコン駅
サームヨート駅

細い道に商店がびっしり！
サンペーン市場
Sampheng Market

MAP 付録P.11 E-3

人とトゥクトゥク、自動車がひしめきあう通り。小物や雑貨が雑然と並びバイヤーが大量に買い付けている。おみやげ探しに探検しよう。

☎なし 交ⓂSam Yot サームヨート駅から徒歩9分 所Ratchawong Rd. 営8:00〜17:00 休無休

↑大賑わいの小道は行き来が難しいので気に入ったものはその場で買おう

↑グランド・チャイナ

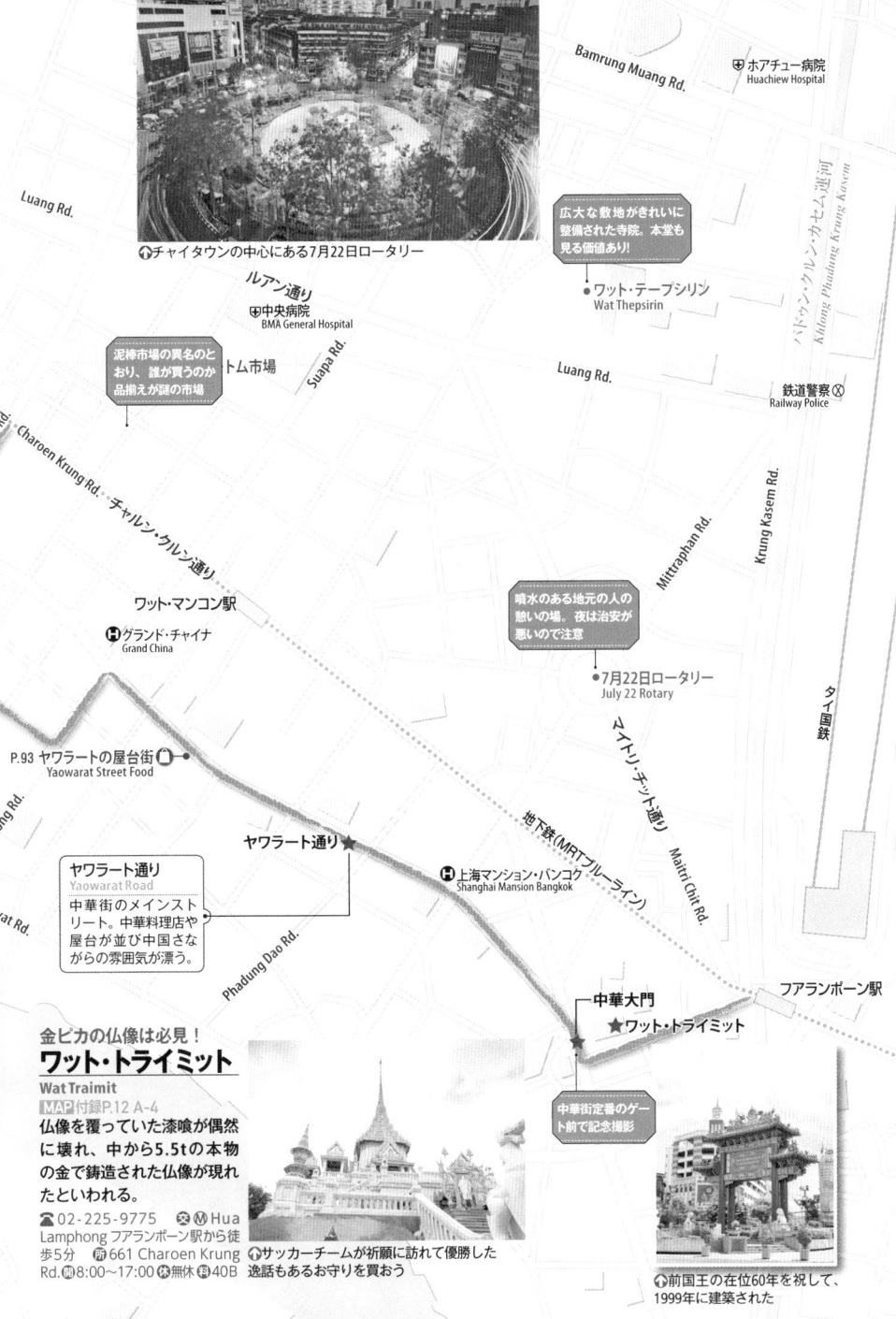

チャイタウンの中心にある7月22日ロータリー

金ピカの仏像は必見！
ワット・トライミット
Wat Traimit

MAP 付録P.12 A-4

仏像を覆っていた漆喰が偶然に壊れ、中から5.5tの本物の金で鋳造された仏像が現れたといわれる。

☎02-225-9775　交 Ⓜ Hua Lamphong フアランポーン駅から徒歩5分　所 661 Charoen Krung Rd. 開 8:00〜17:00 休 無休 料 40B

サッカーチームが祈願に訪れて優勝した逸話もあるお守りを買おう

前国王の在位60年を祝して、1999年に建築された

ルネサンス様式の建物が美しいアナンタ・サマーコム宮殿

宮殿や寺院で伝統と文化を知る

ドゥシット地区
Dusit

20世紀初頭にラーマ5世がつくりあげた行政地区。アナンタ・サマーコム宮殿をはじめ王室由来の施設や、多くの行政機関が立ち並ぶ。見どころの多いエリアだ。

MAP 付録P.6 E-1〜P.8

名君のほまれ高い王様がつくった街 華麗な宮殿群や寺院をそぞろ歩く

タイの近代化に力を注ぎ、今なお国民に敬愛されているラーマ5世(1853〜1910)。その騎馬像のあるこの地区はタイ政治の中心地。国会議事堂など行政機関をはじめ、寺院など歴史的な建造物も多く集まる。広々とした空間に宮殿群が点在する高貴な雰囲気で、喧騒から離れて落ち着いたエリアだ。ラーマ5世が眠るワット・ベンチャマボピットは、イタリア製大理石が施された白亜の寺院として知られ、一方、威風堂々としたルネサンス様式の建造物は、迎賓館として建てられたアナンタ・サマーコム宮殿。奥にある庭園や、珍しい総チーク材造りのウィマンメーク宮殿など、王家の歴史を物語る宮殿群は必見。近隣には国立図書館もある。タイの歴史や信仰の真髄にふれながら街歩きを楽しみたい。

★徒歩の目安時間

ウィマンメーク宮殿
徒歩5分
アナンタ・サマーコム宮殿
徒歩2分
ラーマ5世騎馬像
徒歩8分
ワット・ベンチャマボピット

アクセスと交通

BTS スクンヴィットライン
パヤ・タイ駅
ヴィクトリー・モニュメント駅

チーク材の建物では世界最大

ウィマンメーク宮殿
Vimanmek Mansion Palace

MAP 付録P.8 A-1

ラーマ5世の元別荘。西洋とタイの様式をもつ近代建築で、ウィマンメークは「雲の上」という意味。内部は王室関連の調度品の博物館。

☎02-628-6300 交 BTS Phaya Thai パヤ・タイ駅から車で10分 所 Dusit, Phra Nakhon 開 9:30〜16:00 休 月曜、祝日 料 150B

↑1902年築で、タイで初めて電気やシャワー設備が導入された近代建築だった

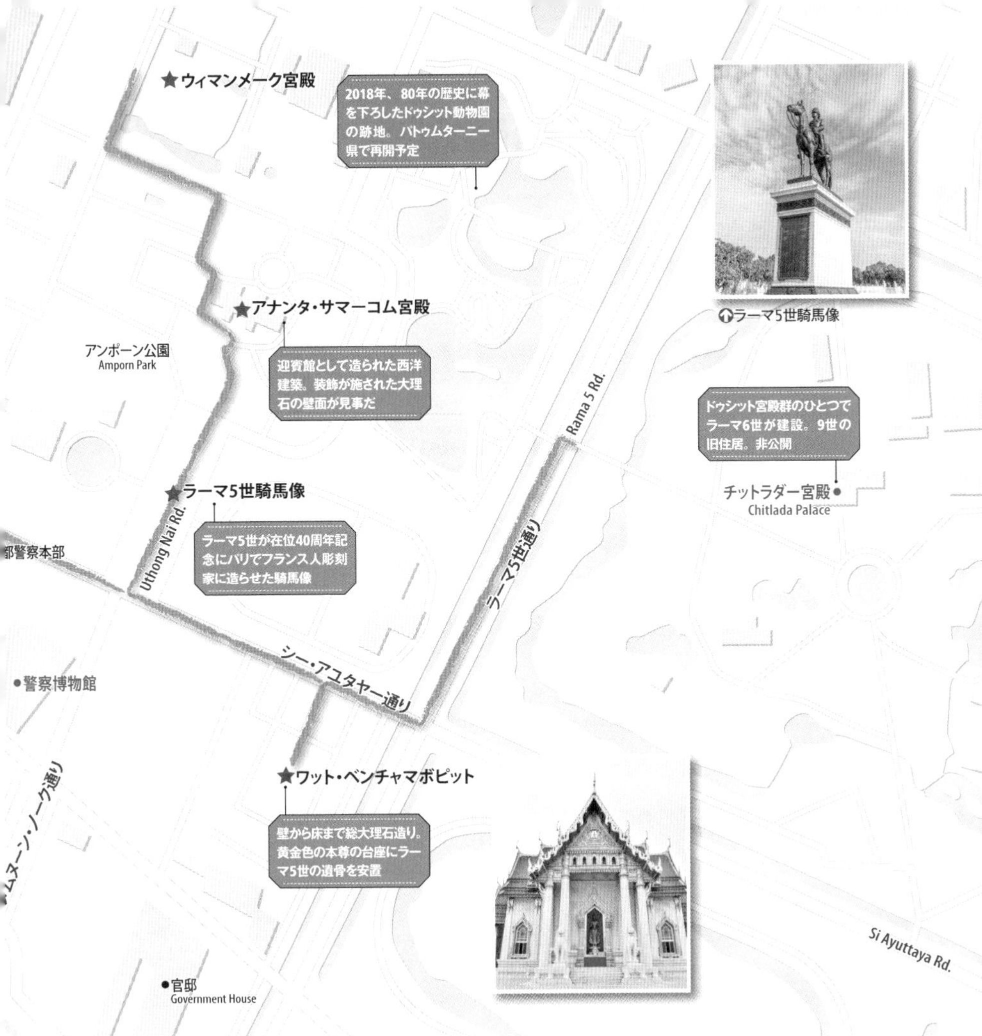

↑ラーマ5世騎馬像

6つのドーム天井が特徴

アナンタ・サマーコム宮殿

Ananda Samakhom Throne Hall

MAP 付録P.8 A-1

ラーマ5世によって迎賓館として建てられた、ルネサンス様式の壮麗な建物。一時期、国会議事堂でもあった。イタリア製の大理石の外壁が美しい。

☎02-283-9411 交 BTS Phaya Thai パヤ・タイ駅から車で10分 所 71 Uthong Nai Alley, Dusit, Dusit District 開 10:00～20:00 休 月曜 料 100B

↓ドーム天井内には歴代王の偉業を描いたフレスコ画が施されている

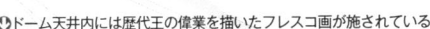

Thailand History

寺院や遺跡見学に興味津々! タイ王朝の歴史をおさらい

絢爛豪華な物語を紡ぐタイの歴史

モン族が興した初の大国

タイ初の大国誕生

6世紀頃バンコク西部でタイ初の大国ドヴァーラヴァティ国が誕生する。これはモン族が興した国家で、同時期に南部ではシュリーヴィジャヤ王国が支配。タイ北部では中国での漢民族の勢力隆盛に伴いタイ族が中国から南下を始めていた。9世紀になるとカンボジアのクメール帝国が台頭、タイの東北部と東部を支配下に置いていたが12世紀前半にその覇権を拡大し、ドヴァーラヴァティ国もやがてクメール帝国の支配下に置かれた。

タイ領土にたどり着いたタイ族

スコータイ王朝の時代

中国から南下してきたタイ族は10～11世紀になるとタイ北部に住み始める。12世紀に首長制の小国家を各地に形成し、13世紀にクメール帝国が衰退し始めたところでこれを駆逐、スコータイ王朝を確立する。これがタイ族による最初の統一王朝建国となる。王国は最盛期になると支配を拡大し、現在のラオスやシンガポールを含む巨大王国に発展した。農業を発展させ、タイ文字を生み出し、強力な軍事力を誇っていたのもこの時代だ。

東南アジア最大の勢力に

アユタヤー王朝の誕生

偉大な王が死去し急速に衰えたスコータイ王朝に代わって台頭したのがアユタヤー王朝。弱りきっていたスコータイ王朝は、当時すでに貿易の中心として繁栄していたアユタヤーの町を都にして始まった王国の属国となり、王位継承権を失った1438年に終焉する。アユタヤー王朝は水運を利用した海外との貿易と稲作で大いに繁栄し、衝突の続くクメール帝国を平定したことによって東南アジアで当時最大の巨大勢力となった。

最盛期を迎えるアユタヤー王朝

アユタヤーの復活と繁栄

クメール帝国が崩壊したのち、新興勢力のビルマ(現ミャンマー)が1568年にアユタヤーを攻撃、王朝は翌年陥落する。以後15年間ビルマの属国となるが、人質となっていたアユタヤー王朝の王子がビルマ弱体の時機に攻撃。1584年に王朝を復活させる。その後大航海時代を迎えた世界とともに、アユタヤーは東西交易の中継地点として最盛期を迎える。チャオプラヤー川の水運を生かした外国との交易が活発化し外国人が居住する国際都市へと発展、

⇦山田長政は朱印船に乗りアユタヤーに移住。日本人町のリーダーとして活躍しアユタヤーの高官となる

日本人町もあった。さらに中央集権化をすすめ、王政を盤石なものにする。西欧諸国との対応に苦慮し、クーデターで国王が追放されるなどの混乱を乗り越えながらも大いに繁栄したアユタヤー王朝は平和な時代を経るが、1758年に王が死去し王子2人が王位争いをしたことにより国家は求心力を急速に失う。王朝が弱体化したところを狙って1767年に攻め入ってきたビルマによって王位も奪われアユタヤーは完全に陥落する。5王朝による400年以上ものタイ王朝の歴史の終わりだ。

⇧ビルマ軍によって破壊され焼き尽くされたアユタヤーの遺跡は現在世界遺産に

600 / 1200 / 1300 / 1400 / 1500 / 1600 / 1700 / 1800 / 1900 / 2000

スコータイ王朝 / アユタヤー王朝 / ラッタナーコーシン王朝

- 7世紀ごろ ドヴァーラヴァティがバンコク西部に成立
- 1238 スコータイ王朝が確立
- 1378 アユタヤーがスコータイを属国化
- 1438 スコータイ滅亡
- 1569 ビルマとの戦いによりアユタヤー陥落しビルマの属国に
- 1584 アユタヤーが独立を回復
- 1612 朱印船にて山田長政がアユタヤーへ
- 1767 ビルマの攻撃でアユタヤー王朝終焉
- 1768 トンブリー王朝成立
- 1782 タークシン王処刑
- 1782 ラーマ1世即位
- 1855 英とバウリング条約締結
- 1917 第一次世界大戦に参戦
- 1932 立憲革命
- 1939 国名がシャムからタイに
- 1973 10月14日事件
- 1976 10月6日事件
- 1997 バーツ暴落によるアジア通貨危機
- 2006 クーデターによりタクシン内閣崩壊
- 2016 ラーマ9世崩御

同時期の日本

- 大化の改新
- 鎌倉幕府
- 承久の乱
- 蒙古襲来
- 室町幕府
- 織田信長入京
- 豊臣秀吉関白
- 江戸幕府
- 生類憐みの令
- 享保の改革
- 寛政の改革
- 天保の改革
- 日米和親条約
- 明治維新
- 日清戦争
- 日露戦争
- 関東大震災

5つの王朝で数々の王家が生み出してきたタイ王国。周辺諸国の侵攻や支配を幾度となく経験し乗り越えてきた歴史がある。巧みな外交手腕を発揮し、東南アジアきっての経済大国へと成長したタイの歴史は遺跡や寺院の見学にも役立つ情報。事前におさらいしよう。

現王朝チャクリーの成立
ラッタナーコーシン王朝

アユタヤー王朝滅亡から約半年後に王朝の高官であったタークシン将軍がビルマ軍を撃退する。その後自ら王位に就き1768年にバンコクの西側の町トンブリーを首都に選ぶ。アユタヤーは破壊し尽くされており下流にあるトンブリーは貿易にも有利な土地であったためだ。タークシン将軍は全土を平定し、活躍を見せたものの晩年には精神に異常をきたしたといわれ、かつての部下に処刑される、わずか15年間の王朝であった。これを引き継いだのが軍司令官で名門貴族のチャオプラヤー・チャクリー(ラーマ1世)、トンブリーの対岸バンコクに遷都した。これが現国王まで10代にわたって続いているラッタナーコーシン王朝で、その後ラーマ2世・3世の時代に芸術と仏教信仰、伝統文化が花開いた。

↑黄金にきらめく王宮の守護寺は威厳たっぷり。エメラルド寺院として知られる

王政の終焉と立憲君主国家
絶対王政の終焉

19世紀に西側諸国は東南アジアへ進出、不平等条約への圧力をかけタイも正式に「シャム」として開国する。西側との通商条約が王族や一部の権力者たちの経済力を弱めたが、国力を着実に身につけていたタイは機知に富んだ外国政策を展開、緩衝国として植民地化を逃れ世界大戦では敗戦国を免れた。ラーマ5世はタイを近代化に導いたが、6世の浪費のつけと世界恐慌により7世の時代に国家財政が悪化、クーデターで絶対王政が終焉する。

軍事政権と民主化の繰り返し
軍事政権から民主化へ

1932年のクーデターで立憲君主制国家が誕生、初代首相は人民党から擁立されたが党内分裂により退任。1938年に軍人が首相になりタイ語を国語に定め、国名を「タイ」に変更してナショナリズムを推進した。そこで王室の将来を悲観したラーマ7世は退位を表明、代わって王位に就いたラーマ8世は当時10歳で、学業の継続のためスイスにとどまる。1946年に帰国したが、その数日後に宮殿内で銃弾による謎の死を遂げてしまう。兄王の不幸な死の直後に即位したのがラーマ9世、当時19歳。即位後もスイスに残り学業を終了した4年後に帰国。その後は200年続くチャークリー王朝の威厳を保ち、政治的危機を乗り越え、何よりもその人格と知性で国民の圧倒的な支持を得て2016年まで実に70年4カ月在位した。

←1932年の立憲革命の記念で作られた民主記念塔はその後さまざまなデモの舞台になった

今もなお世論を二分する
タクシン政権とクーデター

経済発展が続くタイも1990年代後半にアジア通貨危機に見舞われる。すぐに経済成長率は復活したものの国民生活は不安が立ち込めたままであった。そこへ現れたのが実業家のタクシン・チナワット、選挙に圧勝すると2005年にタイで初めての文民独立政権が誕生した。しかしタクシン政権もまた2006年のクーデターにより失権。2016年にはラーマ9世が崩御。その後ラーマ10世が即位したタイは新しい時代へと漕ぎ出したばかりだ。

タイ国民から敬愛される歴代国王たち

タイ国民に心から敬愛される王室。8時と18時の1日2回、公共の場で国歌が大音量で流れるので音楽の間は起立し動かないこと。

ラーマ1世

前王朝のタークシン将軍を処刑した将軍。王位に就き都を対岸のバンコクに遷都、旧王都アユタヤーを理想郷として王制を確立、仏教を保護した。

ラーマ5世

中央集権性を確立した王。学校を設立し、通信網と交通網を整備し、30年かけて奴隷制度を廃止した功績のある歴史上の英雄。

ラーマ9世

優れた人格と知性で国民から圧倒的に支持されていた国王。2016年10月13日に88歳で崩御するまでの在位期間は70年4カ月。

ラーマ4世

通商条約を締結し鎖国的状況から門戸を開いた国王、米の輸出をして外貨を得るなど近代化の礎を築いた。ミュージカル『王様と私』のモデルとされる。

ラーマ7世

世界大恐慌の時代に即位し前国王の浪費のしわ寄せを立て直そうとして反感を買い失敗。クーデターが起きたのち王室の将来を悲観し自ら退位した。

ラーマ10世

現在のタイ国王、前国王時代の皇太子。当初弔意を表したいと即位を先延ばしにしていたが、政府からの要請を受けて即位を受託した。

若者でにぎわい都会的なバンコクが味わえるおしゃれエリア

パワスポの聖地で買い物を楽しむ

サイアム・スクエア周辺
Siam Square

大型ショッピングセンターやデパート、ナイトマーケットが多く集まる。少し北側に位置するプラトゥナーム市場では衣料品の店がぎっしり並び混雑する。

MAP 付録P.22〜23

さまざまなスタイルのショップが揃うが、タイらしい個人商店にも注目を

多くの人で賑わうエリアで、ショップをはじめレストラン、ブティック、映画館なども集まる。街の中心に立つエラワン・プームはバンコクきってのパワースポットで連日多くの人が祈りを捧げる。サイアム駅やチット・ロム駅周辺にセントラル・ワールドやサイアム・パラゴンなどのショッピングモール／センターや老舗のセントラルなどのデパート、ビッグCなどのスーパー、タイ雑貨のアマリン・プラザなど、多種多様なショップや話題のレストラン、カフェなどが待ち構えている。エリアの北側にはプラトゥナーム市場が広がり、路地やアーケード下には衣料品の露店がこれでもかとひしめき、ことに、週末の混雑ぶりには唖然とするばかり。ここではサイアム・スクエアとは趣向の違った買い物が体験できる。

★徒歩の目安時間

ジム・トンプソンの家
徒歩6分
バンコク・アート&カルチャー・センター
徒歩20分
エラワン・プーム
徒歩6分
プラ・トリムーラティ
徒歩10分
プラトゥナーム市場

アクセスと交通

BTS スクンヴィットライン サイアム駅
BTS シーロムライン ナショナル・スタジアム駅

美しい庭に囲まれた伝統家屋
ジム・トンプソンの家
Jim Thompson's House

MAP 付録P.13 D-2

タイシルクの地位復活を手がけた、ブランド創始者が暮らしていた家屋。個人収集の骨董品や伝統家屋のセンスの良さはため息が出るほど。

☎02-216-7368 交 BTS National Stadium ナショナル・スタジアム駅から徒歩3分 所6 Soi Kasemsan 2, Rama 1 Rd. 開9:00〜18:00 休無休 料150B

↑上品な雰囲気が漂うチーク材の優雅な屋敷をはじめ伝統家屋が全6棟

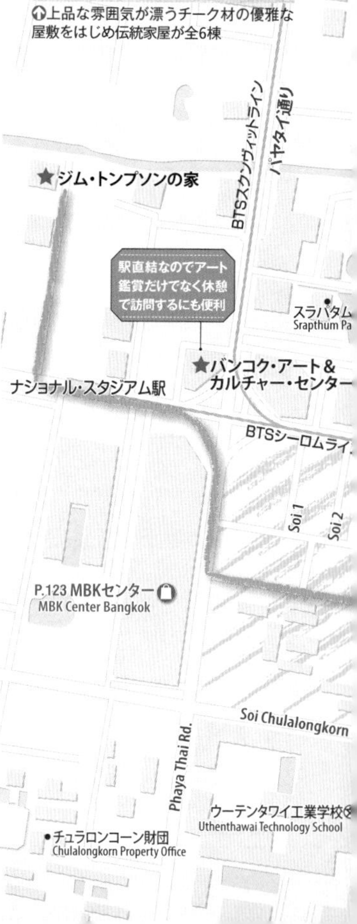

パヤ・タイ駅
©iStock.com/
Bhubeth Bhajanavorakul
N
0
100m
タイ国鉄
ラチャプラロップ駅
エアポートレイルリンク
バイヨーク・スカイ
Baiyoke Sky Hotel
細い路地が連なる中に多くの商店が立ち並ぶバンコク市民に愛される市場
アクセサリーや靴、洋服の卸売マーケット。1点からでも購入できる
プラトゥナーム市場
ペッチャブリー通り
Petchaburi Rd.
Ratchadamri Rd.
プラトゥナーム・センター
Pratunam Center
Soi Phetchaburi
P.122
プラチナム・ファッション・モール
Pratinum Fashion Mall
バンコク・アート＆カルチャー・センター
センセープ運河
Khlong Saen Saep
ブランドショップやグルメ、映画館などが揃う高級モール
サイアム・パラゴン P.123
Siam Paragon
プラ・トリムールティ
学問と商売の神であるガネーシャ像も祀られている
ビッグC
Big C
スクンヴィット通り
サイアム・センター
Siam Center
マ1世通り
サイアム駅
ラチャプラロップ通り
Soi 4
Soi 5
サイアム・スクエア
Silom Square
バンコクの原宿ともいわれる若者のファッション発信地。タイ発のカジュアルブランド、スイーツ、カフェ、レストランもある。
Siam Square 7
Soi Chulalong Korn 64
Rama 1 Rd.
エラワン・プーム
チット・ロム駅
BTSスクンヴィットライン
願いが叶うとして知られるバンコク最強のパワースポット
「グランハイアット・エラワン・ホテル」の目の前で祀られている
警察病院
Police General
Hospital
Henri Dunant Rd.
Soi. Lang Suan
ケープハウス
Cape House
シーロム通り周辺

昼と夜とではまるで違う顔を見せる

シーロム通り周辺
Silom Road

バンコクの経済と観光の中心だが、昼間は高層ビルが林立するビジネス街、夜になるとネオンがあふれる歓楽街、という両極端の相貌を持つ魅力的なエリアだ。

MAP 付録P.24～25

近代的なビル群と屋台と繁華街との活気に満ちたコントラストがおもしろい

緑豊かなルンピニ公園に接するラーマ4世通りから南西にチャオプラヤー川方向に延びる通りで、外資系を含む多くの大企業がぎっしりと集中する、バンコクを代表するビジネスエリアだ。BTSチョン・ノンシー駅前には2018年に開業した高さ314mの、不思議な外観を見せる超高層ビル「マハナコン」が建ち、78階のガラス床のある展望デッキが話題。シーロム通りでの屋台の営業は禁止されているが、コンヴェント通りにはビジネスマンやOLに人気の屋台が並び、昼・夕食どきには大いに賑わう。しかしこのエリアは夜になると、がらりと変貌する。日本語の看板や屋台がいっぱいのタニヤ通りや、外国人観光客でひしめくパッポン1通りを代表とするナイトスポットの街となる。朝夕の道路の渋滞は要注意。

★徒歩の目安時間

ルンピニ公園
徒歩すぐ
シーロム通り
徒歩すぐ
コンヴェント通り
徒歩10分
マハナコン・スカイウォーク

アクセスと交通

Ⓜブルーライン
シーロム駅
BTSシーロムライン
サラ・デーン駅
チョン・ノンシー駅

↑最上階のルーフトップ・バーは昼間、夕景、夜景といつ来ても最高の眺め

スリル満点のガラス床に挑戦

マハナコン・スカイウォーク
Mahanakhon Skywalk

MAP 付録P.24 B-3

2018年にオープンした超高層ビルの展望台。屋外展望デッキにあるガラス床は世界屈指の大きさ、その迫力に思わず足がすくむ。

☎02-677-8721 交BTS Chong Nonsi チョン・ノンシー駅すぐ 所King Power Mahanakhon 114 Narathiwas Rd. 開10:00～24:00(入場は～23:00) 休無休 料965B

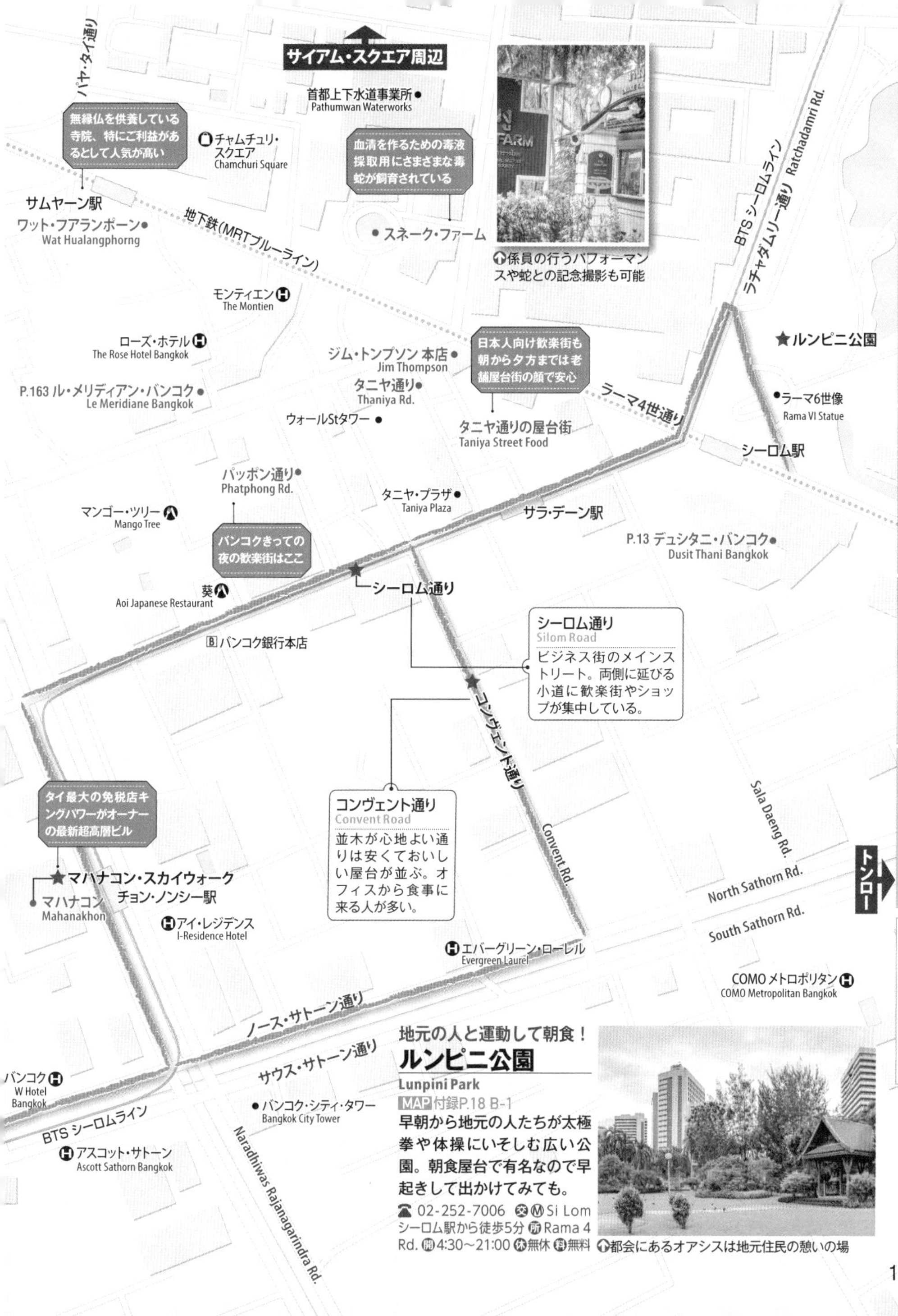

係員の行うパフォーマンスや蛇との記念撮影も可能

地元の人と運動して朝食！

ルンピニ公園

Lunpini Park

MAP 付録P.18 B-1

早朝から地元の人たちが太極拳や体操にいそしむ広い公園。朝食屋台で有名なので早起きして出かけてみても。

☎ 02-252-7006 交 Ⓜ Si Lom シーロム駅から徒歩5分 所 Rama 4 Rd. 開 4:30～21:00 休 無休 料 無料

都会にあるオアシスは地元住民の憩いの場

特に外国人観光客に人気のスポット

スクンヴィット通り周辺

Sukuhmvit Road

観光客向けのさまざまな施設が提供されるエリア。中心はアソーク駅周辺だが、プロン・ポン駅周辺には日本人向けのデパートや日本料理店、書店などもある。

MAP 付録P.26〜27

ホテルからナイトスポットまで揃い 外国人観光客で終日賑わいをみせる

このエリアは、スクンヴィット通りの頭上を走る高架線(BTS)の駅で示すと、プロム・ポン駅〜アソーク駅〜ナナ駅間の周辺と考えればいい。多くのホテルが建ち、レストランやショップ、ナイトスポットなど外国人向けの施設が多いので、観光客にはよく知られたエリアだ。スクンヴィット通りから出るソイ(脇道)によってアラブ人街、インド人街、韓国人街などが形成されているが、ソイ33／1〜33／5のプロン・ポン駅周辺には日本人が多く住むので、日本人に人気の高級デパート「エンポリアム」や「エム・クオーティエ」、スーパー「フジ・スーパー」などが揃う。バンコクを代表する「ソイカウボーイ」などの繁華街もこのエリアにあり、ナイトクラブやゴーゴーバーなどが並び、ナイトライフを賑やかに演出している。

★徒歩の目安時間

エム・クオーティエ
徒歩2分
ベンチャシリ公園
徒歩すぐ
スクンヴィット通り
徒歩5分
カムティエン夫人の家

アクセスと交通

BTSスクンヴィットライン
ナナ駅
アソーク駅
プロン・ポン駅

↑スクンヴィット通り

緑と花があふれる公園

ベンチャシリ公園

Bencha Siri Park

MAP 付録P.26 C-4

シリキット王妃の還暦を記念して1992年8月5日5時55分に開園。園内にはモダンなオブジェも点在し散策や休息にぴったり。

☎02-262-0810 交 BTS Phrom Phong プロン・ポン駅からすぐ 所 Sukumvit 22-24 Sukumvit Rd. 営 5:00〜17:00 休 無休 料 無料

↑夜になると噴水のショーも行われる

タイ北部の生活を伝える博物館

カムティエン夫人の家

Kamthieng House

MAP 付録P.26 A-1

19世紀中頃に建てられた高床式住居の民家をチェンマイから移築したもの。ランナー様式の生活や文化にふれることができる。

☎02-661-6470 交M Sukhumvit スクンヴィット駅からすぐ 所Khlong Tan Nuea Vadhana 開9:00～17:00 休日・月曜、祝日 料100B

↑農機具や漁師の道具のほか、宗教儀式のための道具も多く展示されている

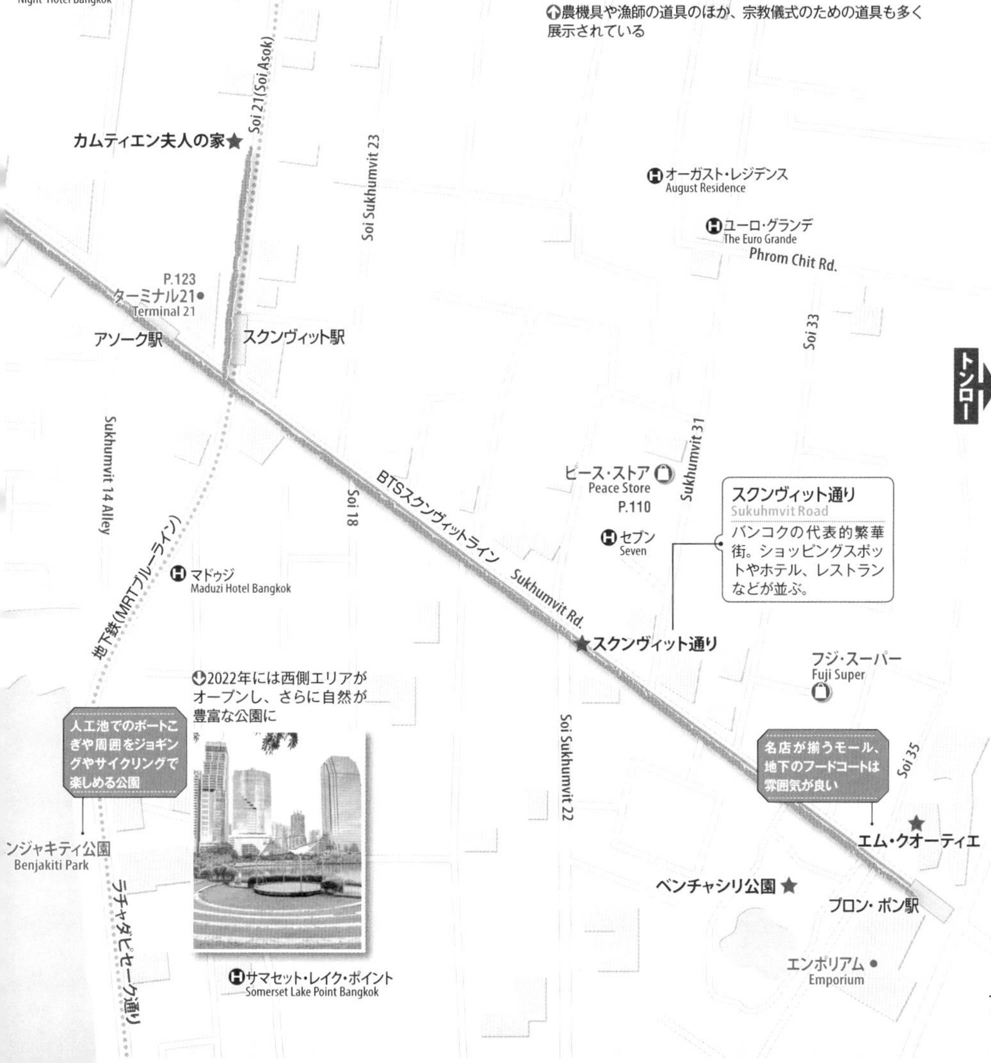

スクンヴィット通り
Sukuhmvit Road
バンコクの代表的繁華街。ショッピングスポットやホテル、レストランなどが並ぶ。

人工池でのボートこぎや周囲をジョギングやサイクリングで楽しめる公園

↓2022年には西側エリアがオープンし、さらに自然が豊富な公園に

名店が揃うモール、地下のフードコートは雰囲気が良い

今、バンコクでいちばんの注目エリア

トンロー
Thong Lo

スクンヴィット通りのBTSトンロー駅とエカマイ駅間の北側に延びる2本のソイ周辺は今、バンコクで最もおしゃれなエリアとして熱い視線が注がれている。

MAP 付録P.20～21

新しいバンコクの流行情報発信地ががぜんおもしろい。日本人向け店舗も充実

このエリアではセンスのいいレストランやカフェが次々に生まれている。トンロー通りはスクンヴィット通りの脇道=ソイ55のことで、日本人や欧米人の駐在員とその家族が多く住み、日本人向け店舗も目を引く。ソイ13の「日本人村」には焼鳥屋など、さまざまな日本食店が集中的に並ぶ。地域密着型の人気モール「ザ・コモンズ」の建物は木や緑を思わせる意匠でさわやかな印象を与えている。エカマイ通り(ソイ63)はトンローと同様に日本人・欧米人が住む高級住宅地で、通り沿いにはタイや日本の料理店やスーパーの「ビッグC」などがある。エカマイ駅直結のショッピングモール「ゲートウェイ・エカマイ」は日本のライフスタイルをコンセプトにしている。流行のファッションの店やしゃれた雑貨店、デジタル店などが人気だ。

★徒歩の目安時間

55thトンロー
徒歩3分
メイズ・トンロー
徒歩9分
ジェイ・アベニュー
徒歩すぐ
ザ・コモンズ
徒歩35分
エカマイ通り

アクセスと交通

BTSスクンヴィットライン
トンロー駅
エカマイ駅

ランドマーク的存在のモール

ジェイ・アベニュー

J Avenue Thonglor

MAP 付録P.21 E-1

飲食店が多く入るモール。周囲にタイの富裕層や在住日本人が多く住んでいるのでおなじみ日本食チェーン店もたくさん入居している。

☎02-660-9000 交 BTS Thong Lo トンロー駅から車で4分 所 55 Sukhumvit Rd. 営 10:00～22:00 休 無休

↑リニューアル後におしゃれなレストランやカフェが続々とオープン

トンロー・ソイ13について

日系企業の駐在員とその家族が多く暮らすソイ13(通り)。地元では日本人居住地域として知られている。和食店、居酒屋や日本食スーパーが並び日本語で診療が受けられる病院もある、在住日本人の生活に密着したエリア。

↑とびきりおしゃれな空間でゆったり

話題のエココンシャスなモール
ザ・コモンズ

the COMMONS

MAP 付録P.21 E-1

オープンしてすぐに話題になった「トンローの裏庭」がコンセプトの緑が生い茂る美しいコミュニティモール。選りすぐりの飲食店が入店。

☎08-9152-2677 交 BTS Thong Lo トンロー駅から車で4分 所 335 Soi Thonglor 17 営 8:00～翌1:00 休 無休

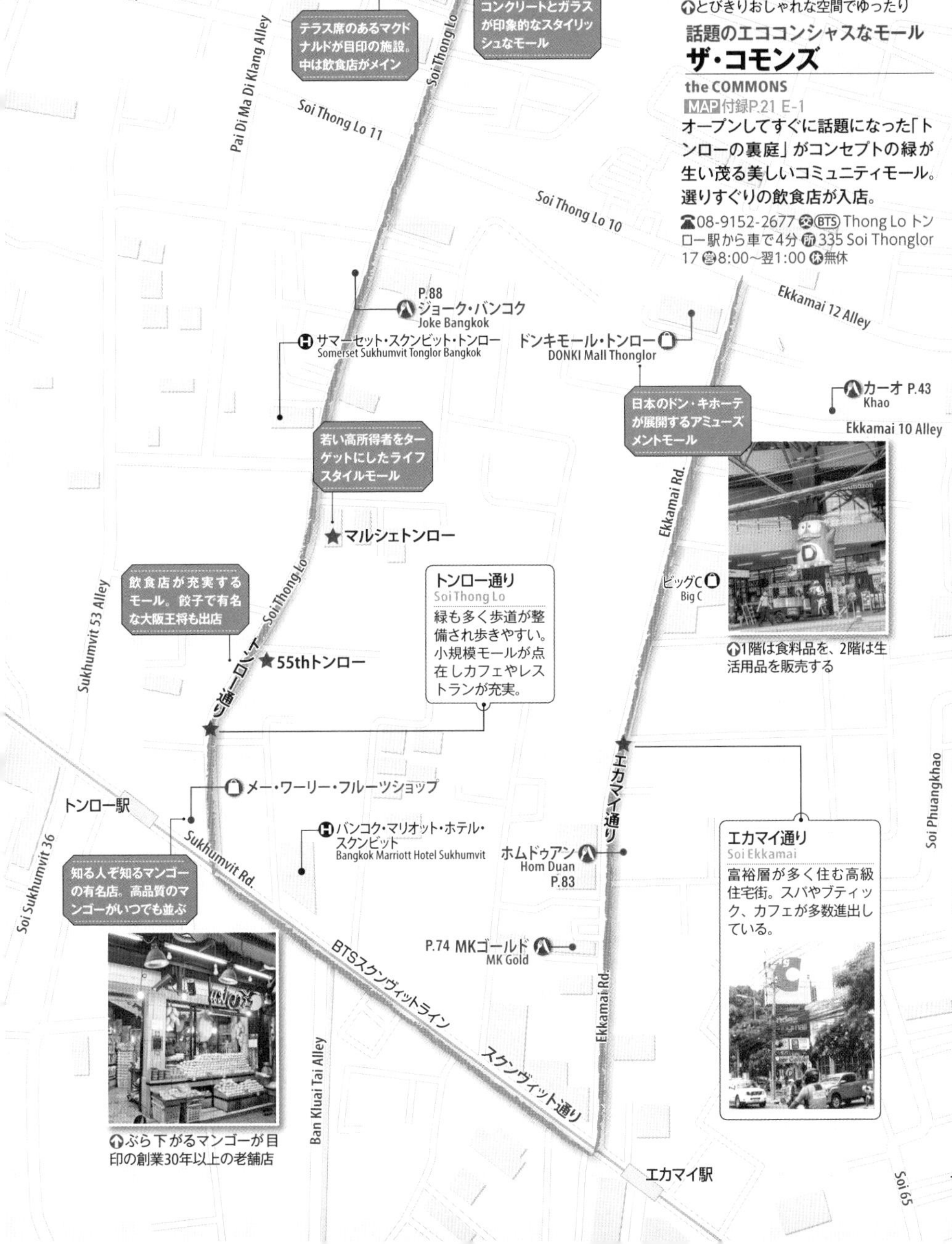

↑1階は食料品を、2階は生活用品を販売する

↑ぶら下がるマンゴーが目印の創業30年以上の老舗店

タイで文化体験もしたい!

“指先の芸術” タイ舞踊を鑑賞

指先が優雅に動く繊細な踊りを間近で観られるチャンス。

王宮のみで許されていた 物語と同時進行の優美な踊り

神に捧げる舞として王宮だけで繰り広げられていたタイ舞踊、その歴史は古くスコータイ王朝に遡る。木琴や太鼓、笛、シンバルを使った伝統音楽に合わせて優美な踊りが繰り広げられると同時に、物語が進行する劇でもある。注目すべきは指先の動きとしなやかで流れるような身体の動き。表情は登場人物の感情と一体化しているので話の流れもとらえやすい。見逃せないのがきらびやかな衣装と高さのある冠。神聖な踊りとしていた名残で、衣装や冠には金銀の糸や宝石がちりばめられているほか、登場人物それぞれの異なる人物像を表現している。王宮での舞踊だけでなく、少数民族や地方の舞踊もタイ舞踊と呼ばれるので、それぞれの特徴を楽しみたい。

宮廷からやがて庶民へ伝承 3つに大別されるタイ舞踊

王宮だけのものだったタイ舞踊はやがて民衆にも伝わり、アユタヤー王朝中期頃には一般の劇場で上演されるようになる。それまでの古典舞踊に民族舞踊、仮面舞踊劇を加えた3つに大別される。宮廷儀式の名残でもある古典舞踊にセリフはなく、歌詞に合わせた型に沿って踊る。民族舞踊はタイの各地で生まれた大衆舞踊で、長い爪をつけ手のひらをそらすおなじみの踊りはこの部類。各地方の風土や民族の気質によって異なる舞踊が今なおお受け継がれている。仮面舞踊劇は古い逸話やインドの叙事詩がベース。ストーリー性の高い舞踊劇で、一部の演者が仮面をかぶっている。いずれも神秘的な雰囲気でゆったりとした喜怒哀楽の表現や動きが魅力的な伝統芸能だ。

タイ舞踊のギモン

どこで鑑賞したらいい?

国立劇場をはじめとした劇場各所で本格的に鑑賞できるほか、鑑賞しながら食事ができるレストランもバンコク各所にあり観光客向けで演目もわかりやすい。また寺院で信者が奉納する舞踊が見られる場所も。

代表的な作品は?

タイの古典文学『ラーマキエン』が題材のものが最も有名で、王妃をさらわれた王子が魔王と戦って王妃を奪い返すストーリー。そのほかに半人半鳥の天女マノーラをめぐる物語『マノーラ』が2大有名作品。

注目ポイントは?

指先の芸術の異名を持つタイ舞踊。注目は指先の形と大きく反り返る指全体の動き。音楽は木琴がベースのエキゾチックな音色、王宮の豪華な生活を思わせるきらびやかでゴージャスな衣装にも注目しよう。

©Tourism Authority of Thailand

1. 王宮上演の名残、きらびやかな衣装 2. 神様の形をした指と釈迦をイメージした歩き方が特徴のスコータイ 3. アユタヤーの舞踊は宮廷の華やかさ 4. 東北部コンケーンは快活な舞踊が特徴 5. クメール帝国が栄えた時代の舞踊

原作は紀元前2世紀頃の叙事詩 仮面舞踊劇『ラーマキエン』

古代インドの叙事詩を改編し1789年に完成させた戯曲。すべてを演じると760時間かかるといわれていて戦いの場面を抜粋して上演していることが多い。

物語はラーマ王子と魔王トッサカン、因縁の宿敵が対決する。婿取り行事で活躍してシーダ姫と結婚するラーマ王子。ところが陰謀によってラーマ王子は国から追放され、弟と姫を伴い深い森へと逃れる。その森でシーダ姫を見かけたトッサカンは一目惚れ、姫をさらってしまう。姫を取り返そうと大苦戦する王子と弟、心臓を仙人に預けている魔王トッサカンは不死身だったからだ。やがて猿の国の王ハヌマーンを味方につけた王子と弟は心臓の入った箱を手に入れ見事勝利、姫を救い出し凱旋帰国する。

流れるような動きと踊り手の表情に注目
仏塔をかたどった冠は金と宝石でキラキラ！

タイ舞踊はここで見る！

サラ・リム・ナーム Sala Rim Naam

チャオプラヤー川周辺 MAP 付録P.16 A-3

バンコクの名門ホテル・マンダリンオリエンタル内のレストラン。一流の食事とサービスを楽しみながら中央ステージでのタイ舞踊を堪能できる。人気があるので早めの予約がおすすめ。ドレスコードがあるので注意。

☎02-659-9000 交BTS Krung Thon Buri クルン・トン・ブリ駅から徒歩16分 所48 Oriental Av. 営19:00～23:00 休木曜 J E E

ルアン・テープ Ruen Thep

シーロム通り MAP 付録P.16 C-3

買い物や観光の途中で立ち寄れるアクセスの良さで定評ある老舗店ルアン・テープ。繁華街にあるので舞踊鑑賞の前後の時間も買い物やナイトライフに有効活用でき、座席数も多いので気軽に立ち寄れる。

☎02-235-8760 交BTS Surasak スラサック駅から徒歩8分 所286/1 Si Lom 営19:00～21:00 休日曜 E E

南国の青い海でリゾート気分満喫
パタヤ

Pattaya

都心から2時間半、スワンナプーム国際空港からは1時間半。交通の便に恵まれ、人々に愛され続けてきた常夏のリゾート。

バンコクから 🚃で 約2時間30分

パタヤ・ビーチ
Pattaya Beach
穏やかなシャム湾のなかでもひときわ静かな内湾に、約4kmにわたり続く白砂のビーチ。遠浅の浜辺で足にふれる南の海水はやわらかい。

↑水と空の際は甘く弓なり。遮るものがなければ、地球の丸さがひと目でわかる

MAP 付録P.3 D-3

朝から晩まで思いっきり遊べるタイの老舗ビーチリゾートへいざ出発！

マリンスポーツ、クルージング、シーフード料理、海で楽しむことのできるもののすべてがパタヤにはある。それだけではない。地の利を生かした水族館に動物園、遊園地にアウトドア。充実したショッピングモールがあれば、有名選手たちが訪れるゴルフ場も近い。老いも若きも多趣味も無趣味も娯楽を享受できる。喧騒に飽きたら沖合に浮かぶ島々へ漕ぎ出すのもよい。ボートでわずか30分のラーン島もビーチが賑わっている。

バンコクからのアクセス

バンコクの東バスターミナルからミニバス、荷物が多い場合などはタクシーの利用が便利で所要時間はともに約2時間30分。鉄道は所要時間約3時間で1日1本程度、バスより割高。

街歩きアドバイス

リゾートホテルが立ち並ぶゆったりとしたビーチ北側とは対照的に、南側では有名な繁華街が遊興の限りを尽くして手招きする。あれもこれも気になるが、鞄はしっかり前に持ち、トラブルを防いで南国を満喫しよう。

景色を楽しむなら!

←パタヤのどこにいても目に留まるシンボル

↓眺望はパタヤ随一。潮風に包まれ空と一体に

海鳥たちと羽ばたこう
パタヤ・パーク・タワー
Pattaya Park Tower
MAP 付録P.3 D-3

ビーチ北端に佇立するタワーでパタヤのすべてを見渡そう。最上階からワイヤーで地上へ滑り降りるタワージャンプは体験必須。

☎038-25-1201-8 交パタヤ市街地から車で30分 所345 Jomtien Beach 営16:30～21:30 休無休 料400B

ウォーキング・ストリートでパタヤナイトを堪能

海のかなたに日が沈めば、まぶしいネオンが立ち上がる。ロシアや北欧の観光客が多いパタヤの街は、バンコクですら見ることのない夜の顔をもっている。

光と音の洪水 気をしっかり！

タイ人フォトグラファー推薦！
静かに過ごせるビーチ3選

↑サイ・ケオ・ビーチはホワイトサンド。賑やかな海辺も良いけれど、白い砂浜で波の音だけを聴いていたい

南の島、砂浜にそよぐ椰子、夕凪…憧れ続けた場所は、もう手の届くところに。さあ漕ぎ出そう。

ビーチマフィアのいない大人の海を紹介します！

Photographer
Choさん

1

パウダーサンドが気持ちよい
サイ・ケオ・ビーチ
Sai Kaew Beach
MAP 付録P.3 E-4
ほとんどのホテルがビーチ直結。夜は賑わうが、それ以外は静か。午前中は稚魚の群れを見ることも。細かい砂が足裏に良い刺激。
交 バンコクから車と船で3時間30分

Point!
費用はかかるが、船よりも断然速いスピードボートもある。また、朝の海はきれいなので早起きをしよう！

あまり知られていないビーチ
プランブリ・ビーチ
Pranburi Beach
MAP 付録P.2 B-4
王室の避暑地ホアヒンから南へさらに車で20分のプランブリ・ビーチは、物売りも来ない静かな海。海があればいいなら最適の場所。
交 バンコクから車で3時間

2

Point!
プランブリには高級ホテルもあるので、予約サイトで検索してみよう。

3

Point!
パタヤからタクシーもよいが、乗り合いのソンテオを使うのもローカル気分。

パタヤと相反する静かさ
ジョムティエン・ビーチ
Jom Tien Beach
MAP 付録P.3 D-3
夜も昼も人が多く賑やかなパタヤ・ビーチから約6kmにある隠れたリゾート地。喧騒から離れて、落ち着いた時間が過ごせる。
交 バンコクから車で2時間、パタヤから車で15分

ダイビングを楽しむなら

ウミガメと一緒に泳ぐ感動体験！
オリエントブルーダイブセンター
Orient Blue Dive Center
MAP 付録P.3 D-3
日本人経営のショップ。ウミガメと泳ぎ、ジンベエザメにも会えるかも！大型自社船でゆっくりダイビングを楽しめる。
☎08-0005-0998 交 バンコクから車で約2時間半 所 389/119 Corrib Village, Phratumnak-hill soi 5, Moo 12 Nongpure Banglamung, Chonburi 20150
営 8:00～18:00
休 水曜 J J E E

自然と歴史を探訪 日本人と縁の深い町
カンチャナブリー Kanchanaburi

バンコクからのアクセスも良い郊外の観光地。戦争の歴史をたどりながら国境の美しい自然を訪れる小旅行に出かけよう。

MAP 付録P.2 A-2

悲惨な戦争の歴史を今に伝える スリル満点の鉄道とタイの大自然

西側をミャンマーと接する国境の町カンチャナブリー。第二次世界大戦中に旧日本軍が戦線への軍事物資を輸送するための鉄道を建設。映画『戦場にかける橋』で一躍世界に知られるようになった。タイからミャンマーへとつながる鉄道は何万人もの戦争捕虜や現地の人たちを犠牲に完成、泰緬鉄道として知られる鉄路は現在は一部のみ残っている。周辺には戦争関連の施設や遺跡が残り、多くの死者を出した戦争と捕虜たちの悲惨な歴史を今に伝える貴重な鉄道とその一帯だ。

バンコクからのアクセス

バンコクの西バスターミナルからエアコンバスで所要時間約2時間。北バスターミナルからだと所要時間約4時間。鉄道は所要時間約3時間で1日2本程度。バスより割高。

街歩きアドバイス

バスターミナルは町の中心にありカンチャナブリー駅はその北側。駅周辺は宿はみやげ店が並ぶ。連合軍共同墓地や鉄道博物館などもここからアクセス。駅から終点まで見どころ満載の鉄道に乗車するのもおすすめ。

泰緬鉄道 たいめんてつどう

カンチャナブリーからナム・トックまで現在も運行中の泰緬鉄道。見どころは「クウェー川鉄橋」、崖と川の間に敷設されている木造の橋「アルヒル桟道橋」と、両側に岩壁がそそり立つ「チョンカイの切り通し」の3カ所。スリル満点の景観だが写真撮影などは安全に気をつけて。

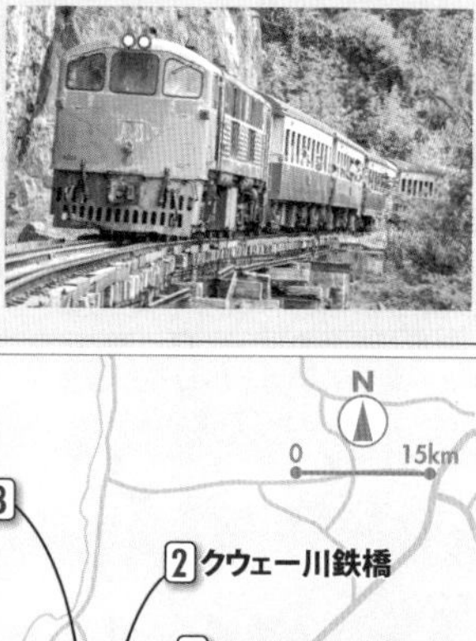

昔懐かしい雰囲気あふれるローカル列車で、バンコクとはひと味違うタイを

レトロなローカル列車で戦争の舞台を巡る

観光スポットとして賑わう泰緬鉄道。日本人とも縁が深いこの地を昔懐かしい列車で巡るのがおすすめ。戦争関連施設だけでなく当時の面影を残す鉄路は鉄道ファンでなくても必見。

⬆素朴で懐かしい雰囲気の駅ホーム

のどかな風景にたたずむ駅

1 カンチャナブリー駅
Kanchanaburi Station

観光の拠点でありながらのどかな雰囲気いっぱいのカンチャナブリー駅。ホームが低く歩いて反対側へ行ける。

⬅崖側の洞窟内に鎮座する黄金の仏様は荘厳な輝き

映画の舞台となった鉄橋

2 クウェー川鉄橋
The Bridge Over River Kwai

カンチャナブリーを有名にした映画の舞台となった鉄橋。現在の鉄橋は爆撃で崩壊した橋を戦後に修復したもの。徒歩で渡ることができ、列車通過時には待避所で車両を間近に見られる。

⬇列車が来たら退避所で待とう

⬆5年の計画を1年3カ月で完成させたとも

大戦中は日本軍が倉庫として使用

3 カオプーン洞窟寺院
Wat Tham Khao Poon

カオプーン寺院の境内にある洞窟。複雑に入り組んだ内部で独特のひんやりとした雰囲気のなかに鎮座するさまざまな仏像を拝むことができる。

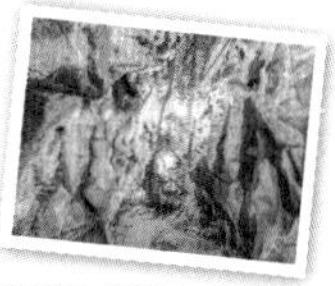
⬆ゴツゴツした岩肌のなかを進む

汽車の幅だけ切り取られた岩

4 チョンカイの切り通し
The Cut at Chong Kai

高さ30mの岩山の中央を列車の幅に合わせて切り通した場所。車窓の両側に垂直に岩壁がそそり立つ。

➡岩肌ギリギリを通るので、写真撮影の際はぶつからないように注意

⬇列車が通らないときは歩くことができる

突貫工事の跡が生々しく残る

5 アルヒル桟道橋
Tham Kra Sae Bridge

最も困難な工事箇所だった木造カーブの橋。突貫工事の爆破ででこぼこの岩壁すれすれに造られている。

ここにも立ち寄り

より戦争の歴史を学べるスポットや自然を満喫できるスポットも。

鉄道の悲惨な歴史を知る

泰緬鉄道博物館
Thailand Burma Railway Centre

MAP P.156

建築中の犠牲者が多く、死の鉄道と称される泰緬鉄道。工法や労働者の生活ぶりについて展示。

☎06-634-5127 交カンチャナブリー駅から徒歩3分 所73 Jaokannun Rd. 開9:00～17:00 休無休 料150B

日本軍の捕虜収容所を再現

JEATH戦争博物館
The JEATH War Museum

MAP P.156

第二次世界大戦当時と同じ竹で造られた捕虜収容所を再現。

☎034-51-1263 交カンチャナブリー駅からモーターサイで7分 所Ban Tai Muang Kanchanaburi 開8:30～16:30 休無休 料30B

➡当時の蒸気機関車も展示

タイでいちばん美しい滝は想像以上

エラワン国立公園
Erawan National Park

MAP P.156

タイ一美しいといわれる滝がある国立公園。滝は7段階ある。

☎034-57-4222 交カンチャナブリー市街からバスで1時間30分 所Tha Kradan, Si Sawat District 開8:00～14:30 休無休 料300B

➡レベル7が一番遠くていちばん美しい

自然に癒やされ 優雅に泊まろう カオヤイ

バンコクから 🚆で 約3時間

世界自然遺産の「カオヤイ国立公園」で知られるカオヤイは、同時に高原リゾートや避暑地として開発が進んでいる地域だ。

MAP 付録P.3 D-1

野生の感動的な眺望と、リゾートが同時に楽しめる

美しい野生の植物や、希少な動物・野鳥などが観察できるとして人気のカオヤイ国立公園。周辺地域にはチョクチャイ牧場やチョコレートファクトリー、巨大迷路のピートメイズ、ボナンザ動物園、山頂の寺院など多数の観光スポットやエンターテインメント施設が点在している。自然に浸りながら高原のひとときを満喫。

バンコクからのアクセス

バンコクでナコーンラーチャシーマー行きバスに乗り、パークチョン郡下車。パークチョン・マーケットで国立公園行きローカルバスに乗車。ナコーンラーチャシーマーから21番バスに乗り、パークチョン郡で下車。パークチョン・マーケットで公園行きローカルバスに乗車。

カオヤイ国立公園 Khao Yai National Park

85%が森林に覆われた世界自然遺産。約95種の樹木が原生し、公園内の約40kmのハイキング道で多彩な動植物が観察できる。野生の象やトラ、その他絶滅危惧種の哺乳動物が生息する、タイ国内でも数少ない地区のひとつ。

☎086-092-6529 所Hin Tung, Mueang Nakhon Nayok District, Nakhon Nayok 開6:00～18:00 休無休 料400B

©iStock.com/tapanuth

大自然のなかにありつつ快適に過ごせる極上リゾート

高原リゾートで優雅なホテルステイ

カオヤイ国立公園内にある5ツ星のブティックリゾートや、山あいのテント形式のリゾートで、自然に包まれ癒やされる。

ドラマチックな自然を堪能

サラ・カオヤイ

Sala Khaoyai

MAP P.3 D-1

カオヤイの大自然との一体感が味わえる、オープンな造りの7棟のヴィラ。レストランでは雄大な景色と、インターナショナルな料理や伝統的なタイ料理が楽しめる。

↑プール付きの客室。カオヤイの谷の絶景が一望に

☎089-846-0500 交カオヤイ国立公園から車で1時間 所99 Moo 11, Nakhon Ratchasima 料Ⓢ Ⓣ 6000B～ 室数8 Ⓔ

→広いバルコニー越しにカオヤイの田園風景が眺められ、心癒やされる部屋

→朝食やディナーは施設内のレストランを利用

↑一張ごとに独立しているのでキャンプ感満載

タイでグランピング体験！

ララ・ムカ・テント・リゾート・カオヤイ

Lala Mukha Tented Resort Khao Yai

MAP P.3 D-1

山あいにある高原の施設。テント形式の客室はシャワーやトイレ、ベッド完備でグランピングが楽しめる。キャンプ気分を安心安全に満喫。

☎04-4300-691 交カオヤイ国立公園から車で30分 所515 Moo 5, Tambon Mu Si, Amphur Pakchog, Nakhon Ratchasima 料Ⓢ Ⓣ 1万B～ 室数31 Ⓔ

ホテル

バンコクで星付きに泊まる!

Contents

滞在中の拠点選びはこれでばっちり!

バンコクのホテルセレクション

世界中から旅行客が訪れホテルの数も多いバンコク。駅直結ホテルも多いので旅の目的に合わせて賢くホテルを選ぶのがおすすめ。

高級ホテル

バンコクには憧れの高級ホテルが勢揃い。
しかもほかの都市よりお値打ち感があるので、
いつもよりランクアップして旅の思い出に！

歴史ある著名人の常宿はバンコク初の西洋式ホテル

マンダリン・オリエンタル P25

Mandarin Oriental
チャルン・クルン通り周辺
MAP 付録P.16 B-3

チャオプラヤー川沿いに建つホテル。到着した瞬間から特別感があふれる。充実した施設とトップクラスのおもてなしで優雅な休日を過ごせる。

©iStock.com/AmandaLewis

香港の名門ホテルでリバーサイドのステイを満喫

ザ・ペニンシュラ

The Peninsula Bangkok
チャオプラヤー川周辺
MAP 付録P.16 A-3

桟橋から専用のボートで到着するホテル。全室リバービューの客室はテレビ付きバスもあって贅沢。

☎02-020-2888 交 Sathorn サトーン桟橋から専用ボートで5分 所 333 Charoen Nakhon Rd. 料ⓈⓉ9000B～ 室数 370 HP https://www.peninsula.com/en/bangkok/5-star-luxury-hotel-riverside E

©iStock.com/Amnat-Ketchuen

安心の国際ブランドホテルは便利なバンコクの中心

シェラトン・グランデ・スクンヴィット

Sheraton Grande Sukhumvit
スクンヴィット通り
MAP 付録P.15 E-4

国際的にも評価の高いチェーンホテルは周辺の買い物や食事、BTSでの移動にも便利なロケーション。駅直結でアクセス至便。

☎02-649-8888 交 BTS Asok アソーク駅からすぐ 所 250 Sukumvit Rd. 料ⓈⓉ6000B～ 室数 420 HP https://www.marriott.com/hotels/travel/bkklc-sheraton-grande-sukhumvit-a-luxury-collection-hotel-bangkok/ E

隠れ家ホテルの客室はスイートルームとヴィラのみ

サイアム・ホテル

The Siam Hotel
チャオプラヤー川周辺 MAP 付録P.4 B-1

☎02-206-6999 交 BTS Victory Monument ヴィクトリー・モニュメント駅から車で12分 所 3 2 Khao Rd. 料ⓈⓉ2万2000B～ 室数 39 HP www.thesiamhotel.com/ E

高層階の広々とした客室からバンコクを一望する

パーク・ハイアット

Park Hyatt Bangkok
プルン・チット駅周辺
MAP 付録P.14 B-3

街の雑踏を忘れるひとときを過ごせるホテル。プライベート感たっぷりでおしゃれで贅沢な滞在を堪能できる。客室の広さは市内随一。

☎02-012-1234 交 BTS Phloen Chit プルン・チット駅から徒歩3分 所 88 Witthayu Rd. 料ⓈⓉ1万B～ 室数 222 HP https://www.hyatt.com/en-US/hotel/thailand/park-hyatt-bangkok/bkkph E

チーク材をふんだんに使用した客室はタイの情緒

スコータイ

The Sukhothai Bangkok

シーロム通り周辺
MAP 付録P.25 F-3

タイの情緒がたっぷりでモダンな都会のリゾート。敷地内には緑があふれ都会の喧騒を忘れてくつろげる。

☎02-344-8888 交Ⓜ Lumphini ルンピニ駅から徒歩10分 所13/3 Sathorn Tai Rd. 料ⓈⓉ8500B～ 室数210 HP https://www.sukhothai.com/en

モダンな客室とレストランなどの施設が自慢

バンコク・マリオット・ホテル・スクンヴィット

Bangkok Marriott Hotel Sukhumvit

スクンヴィット通り MAP 付録P.21 D-3

☎02-797-0000 交BTS Thong Lo トンロー駅から徒歩3分 所2 Soi 57, Sukhumvit Rd. 料ⓈⓉ6200B～ 室数295 HP https://www.marriott.com/hotels/travel/bkkms-bangkok-marriott-hotel-sukhumvit/

世界の要人御用達のバンコクのラグジュアリー代表

グランド・ハイアット・エラワン

Grand Hyatt Erawan Bangkok

サイアム・スクエア周辺
MAP 付録P.23 D-3

周辺各施設や駅へ屋根付き通路で移動できる。館内レストランは質の高い食事で地元の人たちにも人気が高い。

☎02-254-1234 交BTS Chit Lom チット・ロム駅から徒歩3分 所494 Ratchadamri Rd. 料ⓈⓉ6100B～ 室数380 HP https://www.hyatt.com/en-US/hotel/thailand/grand-hyatt-erawan-bangkok/bangh

数々の受賞歴があるホテルはスパも世界的に有名

バンヤンツリー

Banyan Tree Bangkok

シーロム通り周辺 MAP 付録P.25 F-4

☎02-679-1200 交Ⓜ Lumphini ルンピニ駅から徒歩10分 所21/100 Sathorn Tai Rd. 料ⓈⓉ5600B～ 室数327 HP https://www.banyantree.com/en/thailand/bangkok

駅直結で買い物や街歩きに最適な大型ホテル

インターコンチネンタル・バンコク・スクンヴィット

InterContinental Bangkok Sukhumvit

トンロー駅周辺 MAP 付録P.21 E-3

2024年2月にオープンしたインターコンチネンタルの最新ホテル。BTSトンロー駅から徒歩圏という好立地。周囲にはおいしいタイ料理屋が沢山ある。伝統衣装からインスパイアされたというインテリアデザインも必見。

☎02-760-5999 交BTS Thong Lo トンロー駅から徒歩5分 所10 soi Sukhumvit 59 料ⓈⓉ7839B～ 室数241 HP https://bangkok.intercontinental.com/

2棟からなるリバーサイドのランドマーク的ホテル

シャングリラ・ホテル

Shangri-La Hotel Bangkok

チャルン・クルン通り周辺 MAP 付録P.16 B-3

☎02-236-7777 交BTS Saphan Taksin サパン・タクシン駅からすぐ 所89 Soi Wat Suan Plu, Charoen Krung Rd. 料ⓈⓉ5600B～ 室数802 HP https://www.shangri-la.com/bangkok/shangrila/

日系ホテルならではのサービスが安心と人気

オークラ・プレステージ

The Okura Prestige Bangkok

プルン・チット駅周辺 MAP 付録P.14 C-3

☎02-687-9000 交BTS Phloen Chit プルン・チット駅からすぐ 所Park Ventures Ecoplex, 57 Witthayu Rd. 料ⓈⓉ7900B～ 室数240 HP https://www.okura-nikko.com/ja/thailand/bangkok/the-okura-prestige-bangkok/

おすすめホテル

料金を抑えホテルは寝るだけと割り切る旅も。リーズナブルでも清潔・快適、そしてちょっと贅沢なホテルもよりどりみどりのバンコク。

リバーサイドのブティックホテルはシックな客室

サラ・ラタナコーシン

Sala Rattanakosin Bangkok

王宮周辺 MAP 付録P.10 B-3

☎02-622-1388 交M Sanam Chai サナーム・チャイ駅から徒歩7分 所39 Maha Rat Rd. 料S T 4400B～ 室数15 HP https://www.salahospitality.com/rattanakosin/ E カード

シンプルな客室でカオサン通り近く。プールもあり

ヌーボ・シティ・ホテル

Nouvo City Hotel

カオサン通り周辺 MAP 付録P.7 D-3

☎02-282-7500 交BTS Ratchathewi ラチャテウィ駅から車で12分 所2 Samsen Rd. 料S T 1900B～ 室数270 HP https://www.nouvocityhotel.com/ E カード

必要なアメニティが揃うビジネスタイプのホテル

マンダリン・ホテル・マネージド・バイ・センター・ポイント

Mandarin Hotel Managed by Centre Point

シーロム通り周辺 MAP 付録P.17 D-1

☎02-238-0230 交M Sam Yan サム・ヤーン駅から徒歩4分 所662 Rama 4 Rd. 料S T 6600B～ 室数376 HP https://www.mandarin-bkk.com/ E カード

ロケーション抜群なフランス系ビジネスホテル

イビス・バンコク・サイアム

ibis Bangkok Siam Hotel

サイアム・スクエア周辺 MAP 付録P.13 D-2

☎02-659-2888 交BTS National Stadium ナショナル・スタジアム駅からすぐ 所927 Rama 1 Rd. 料S T 2100B～ 室数189 HP https://www.accorhotels.com/gb/hotel-8016-ibis-bangkok-siam/index.shtml E カード

中華街に近く、電車へのアクセス良好なホテル

プライム・ホテル・セントラル・ステーション

Prime Hotel Central Station Bangkok

フアランポーン駅周辺 MAP 付録P.12 A-4

☎02-344-1699 交M Hua Lamphong フアランポーン駅から徒歩3分 所23, 34-35 Tri Mit Rd. 料S T 2800B～ 室数150 HP www.primehotelsthailand.com/ E カード

こぢんまりとした滞在型ホテルでアクティブに街へ

アナジャク

Anajak Bangkok

サイアム・スクエア周辺 MAP 付録P.13 F-1

☎02-252-8899 交BTS Phaya Thai パヤ・タイ駅からすぐ 所65/5 Phayathai Rd. 料S T 2160B～ 室数40 HP https://www.anajakbangkok.com/ E カード

フランスのデザイナーによる美しい客室が魅力

ソ・ソフィテル

So Sofitel Bangkok

ルンピニ公園周辺 MAP 付録P.18 B-2

☎02-624-0000 交M Lumphini ルンピニ駅から徒歩3分 所2 Sathron Nua Rd. 料S T 5600B～ 室数237 HP https://www.accorhotels.com/gb/hotel-6835-so-sofitel-bangkok/index.shtml E カード

立地の良いスタイリッシュなサービスアパート

シタディーン・スクンヴィット23

Citadines Sukhumvit 23 Bangkok

スクンヴィット通り周辺 MAP 付録P.26 B-1

☎02-204-4777 交BTS Asok アソーク駅から徒歩8分 所Watthana, 37/7 Sukhumvit Rd. 料S T 1300B～ 室数138 HP https://www.citadines.com/ja/thailand/bangkok/citadines-sukhumvit-23-bangkok.html E カード

空港線とショッピングエリア近くの大型ホテル

インドラ・リージェント

Indra Regent Hotel

サイアム・スクエア周辺 MAP 付録P.14 A-1

☎02-208-0022 交エアポートレイルリンク Ratchaprarop ラチャプラロップ駅から徒歩4分 所120 126 Ratchaprarop Rd. 料S T 1620B～ 室数455 HP https://www.indrahotel.com/ E カード

スローライフを提唱、テレビや喫煙禁止の宿泊施設

プラナコーン・ノーンレン

Phranakorn Nornlen Hotel

カオサン通り周辺 MAP 付録P.7 E-2

☎02-628-8188 交BTS Ratchathewi ラチャテウィ駅から車で10分 所46 Thewet Soi 1, Krungkaseam Rd. 料S T 1590B～ 室数30 HP https://www.phranakorn-nornlen.com/ E カード

衣料品市場に隣接、地元料理店が並ぶエリア

アマリ・ウォーターゲート

Amari Watergate Bangkok

サイアム・スクエア周辺 MAP 付録P.23 D-1

☎02-653-9000 交 エアポートレイルリンクRatchaprarop ラチャプラロップ駅から徒歩10分 所847 Phetchburi Rd. 料ⓈⓉ3900B～ 室数569 HP https://www.amari.com/watergate

全室にバルコニー付きのタイの雰囲気の高級ホテル

アナンタラ・リバーサイド・バンコク・リゾート

Anantara Riverside Bangkok Resort

チャオプラヤー川周辺 MAP 付録P.4 B-4

☎02-476-0022 交 Sathorn サトーン桟橋からボートで15分 所257 1-3 Charoen Nakhon Rd. 料ⓈⓉ5600B～ 室数376 HP https://www.anantara.com/en/riverside-bangkok

バトラーサービスで知られるホテルはバンコクにも

セントレジス

The St. Regis Bangkok

サイアム・スクエア周辺 MAP 付録P.23 D-4

☎02-207-7777 交 BTS Ratchadamri ラチャダムリ駅からすぐ 所159 Ratchadamri Rd. 料ⓈⓉ8750B～ 室数229 HP https://www.marriott.com/hotels/travel/bkkxr-the-st-regis-bangkok/

シックな色調の客室がエレガントなドイツ系ホテル

サイアム・ケンピンスキー

Siam Kempinski Hotel Bangkok

サイアム・スクエア周辺 MAP 付録P.22 B-1

☎02-162-9000 交 BTS Siam サイアム駅から徒歩5分 所991/9 Rama 1 Rd. 料ⓈⓉ8700B～ 室数401 HP https://www.kempinski.com/en/bangkok/siam-hotel/

寝心地のよいベッドで有名、ロケーションも抜群

ザ・ウェスティン・グランデ・スクンヴィット

The Westin Grande Sukhumvit

スクンヴィット通り MAP 付録P.15 E-4

☎02-207-8000 交 BTS Asok アソーク駅から徒歩2分 所259 Sukhumvit Rd. 料ⓈⓉ5900B～ 室数403 HP https://www.marriott.com/hotels/travel/bkkwi-the-westin-grande-sukhumvit-bangkok/

暮らすように滞在したいサービス付きアパート

オリエンタル・レジデンス

Oriental Residence

プルン・チット駅周辺 MAP 付録P.14 B-4

☎02-125-9000 交 BTS Phloen Chit プルン・チット駅から徒歩12分 所110 Wireless Rd. 料ⓈⓉ4350B～ 室数145 HP https://www.oriental-residence.com/

世界のデザイナーズホテルの草分けでポップな滞在

W ホテル

W Hotel Bangkok

シーロム通り周辺 MAP 付録P.24 B-4

☎02-344-4000 交 BTS Chong Nonsi チョン・ノンシー駅から徒歩5分 所106 N Sathon Rd. 料ⓈⓉ6800B～ 室数403 HP https://www.marriott.com/hotels/travel/bkkwb-w-bangkok/

アクセス至便で使い勝手が良いホテルライフを満喫

ハイアットリージェンシー・バンコク・スクンヴィット

Hyatt Regency Bangkok Sukhumvit

スクンヴィット通り MAP 付録P.15 E-4

☎02-098-1234 交 BTS Nana ナナ駅からすぐ 所1 Sukhumvit Soi 13 Rd. 料ⓈⓉ6300B～ 室数273 HP https://www.hyatt.com/en-US/hotel/thailand/hyatt-regency-bangkok-sukhumvit/bkkhr

ルーフトップ・バーで有名なタワーの高層階に宿泊

タワー・クラブ・アット・ルブア

Tower Club at Lebua

シーロム通り周辺 MAP 付録P.16 B-3

☎02-624-9999 交 BTS Saphan Taksin サパン・タクシン駅から徒歩7分 所1055 Si Lom, Silom 料ⓈⓉ8300B～ 室数221 HP https://www.lebua.com/tower-club

館内にアート作品が点在するラグジュアリーホテル

ル・メリディアン・バンコク

Le Meridien Bangkok

シーロム通り周辺 MAP 付録P.24 B-1

☎02-232-8888 交 M Sam Yan サム・ヤーン駅から徒歩5分 所40/5 Thanon Surawong 料ⓈⓉ4900B～ 室数282 HP https://www.marriott.com/hotels/travel/bkkdm-le-meridien-bangkok/

コンパクトで使いやすいヒルトン系列ホテル

コンラッド・バンコク・レジデンス

Conrad Bangkok Residences

プルン・チット駅周辺 MAP 付録P.14 C-4

☎02-690-9999 交 BTS Phloen Chit プルン・チット駅から徒歩12分 所87, 3 Witthayu Rd. 料ⓈⓉ4450B～ 室数109 HP https://conradhotels3.hilton.com/en/hotels/thailand/conrad-bangkok-residences-BKKRECI/index.html

レストランなどの施設完備の落ち着きのあるホテル

イーストン・グランド・ホテル・サトーン

Eastin Grand Hotel Sathorn

シーロム通り周辺 MAP 付録P.16 C-4

☎02-210-8100 交 BTS Surasak スラサック駅からすぐ 所33/1 S Sathon Rd. 料ⓈⓉ3700B～ 室数390 HP https://www.eastinhotelsresidences.com/

いま流行のカジュアルステイinバンコク

一流ホテルとは異質の良さ。それはすべてにおいて気取らない雰囲気やさりげないセンス。

意外な立地にハイセンスホテル

アド・リブ・バンコク

Ad Lib Bangkok

プルン・チット駅周辺 MAP 付録P.15 D-3

ほんの少し奥まった場所にあるが、プルン・チット駅からは徒歩10分。大通りから近いわりに、静かでゆったりと過ごせる。スクンヴィットソイ1は意外と日本人が少ない通りでもあり、穴場ホテル。朝食がおいしい。

☎02-205-7600 交 BTS Phloen Chit プルン・チット駅から徒歩10分 所 230/5 Sukhumvit 1 Alley 料 Ⓢ Ⓣ 3500B～ 室数 48 HP www.adlibbangkok.com/ E 💳

1 

2 

3 
がんばりすぎない造り
だからそれが心地よい

1.プールは屋外 2.3.ステイ先の第1条件。ホテル内はどこも居心地がよく、常に視界に入るグリーンはレストランの肉や野菜、さらには食器とまでも好バランス

都会では珍しい低層ホテル

ユー・サトーン・バンコク

U Sathorn Bangkok

ルンピニ公園周辺 MAP 付録P.18 C-4

プールサイドからまっすぐ部屋に入る。都会のホテルでリゾートの様式。バンコクでビル群が見えない宿泊地を選択するお得感を味わえる。一流シェフの集まるレストランもおすすめ。

☎02-119-4888 交 Ⓜ Lum Phini ルンピニ駅から徒歩18分 所 105, 105/1 Soi Ngam Duphli, Thung Maha Mek, Sathorn 料 Ⓢ 3500B～ 室数 86 HP uhotelsresorts.com/usathornbangkok/ E 💳

1 

2 

3 

1.味も確かなアフタヌーンティー 2.ホテル中央に大きなプール 3.ホテルのトゥクトゥクで送迎あり 4.リゾートホテルのようなエントランス。2階はフレンチのJ'aime

4 
都会のオアシスで
フレンチを楽しむ

都会に潜む伝統様式のホテル

バーン・ノパウォン

Baan Noppawong

王宮周辺 MAP 付録P.11 D-1

バンコク旧市街の真ん中、ラチャダムヌンクラン通り沿いに位置するホテル。閑静な環境のなか、タイの伝統家屋に宿泊でき、庭園を眺めることができる。

☎09-6916-9986 交 カオサン通りから徒歩8分 所 114 Soi Damnoen Klang Tai, Wat Bowon Niwet, Phra Nakhon, Bangkok 料 Ⓣ 2000B～ 室数 7 HP https://baannoppawong.carrd.co/ E 💳

1 
タイの伝統を生かした
一軒家のようなホテル

2 

1.2.「バーン」は家を意味する。外観もさることながらタイ生活を疑似体験できるきれいな部屋

TRAVEL INFORMATION

旅の基本情報

旅の準備

パスポート(旅券)

旅行の予定が決まったら、まずはパスポートを取得。各都道府県、または市町村のパスポート申請窓口で取得の申請をする。すでに取得している場合も、有効期限をチェック。タイ入国時には、パスポートの有効残存期間が6カ月は残っている必要がある。

ビザ(査証)

観光目的で30日以内の滞在ならば日本国籍の旅券保有者はビザなしで入国できる。陸路と海路で隣国から入国する回数に制限があるので注意。

海外旅行保険

海外で病気や事故に遭うと、思わぬ費用がかかってしまうもの。携行品の破損なども補償されるため、必ず加入しておきたい。保険会社や旅行会社の窓口やインターネットで加入できるほか、簡易なものであれば出国直前でも空港にある自動販売機で加入できる。クレジットカードに付帯しているものもあるので、補償範囲を確認しておきたい。

日本からタイへの電話のかけ方

001 → 66 → 相手の電話番号

001：国際電話の識別番号
66：タイの国番号

荷物チェックリスト

◎	パスポート	
◎	パスポートのコピー(パスポートと別の場所に保管)	
◎	現金	
◎	クレジットカード	
◎	航空券	
◎	ホテルの予約確認書	
◎	海外旅行保険証	
◎	ガイドブック	
	洗面用具(歯磨き・歯ブラシ)	
	常備薬・虫除け	
	化粧品・日焼け止め	
	着替え用の衣類・下着	
	冷房対策用の上着	
	水着	
	ビーチサンダル	
	雨具・折りたたみ傘	
	帽子・日傘	
	サングラス	
	変換プラグ	
	携帯電話・スマートフォン/充電器	
	デジタルカメラ/充電器/電池	
	メモリーカード	
	ウェットティッシュ	
△	スリッパ	
△	アイマスク・耳栓	
△	エア枕	
△	筆記具	

◎必要なもの　△機内で便利なもの

入国・出国はあわてずスマートに手続きしたい!

日本からバンコクまでは6時間前後のフライト。スムーズな出入国に備えておさらいしておこう。

タイ入国

① 入国審査

Immigration(入管)の外国人専用カウンターの列に並ぶ。帰りの航空券や所持金の提示を求められることも。航空券はeチケットでもOK。指紋と顔写真の登録を行う。

② 預けた荷物の受け取り

電光掲示板を確認して自分の乗ってきた便の荷物のターンテーブル番号を確認。預けた荷物をピックアップする。荷物の破損や紛失などのトラブルは受取会場にあるカウンターで係員に申し出る。

③ 税関手続き

免税範囲内なら申告なしのゲート(緑色)を通過して外へ。免税範囲を超える場合や超えるかどうかわからない場合は、機内であらかじめ書類を受け取り記入したものを持参して赤色のゲートで審査を受ける。

タイ入国時の免税範囲

アルコール類	1本(または1ℓ以内)
たばこ	紙巻きたばこ200本(またはその他250g) ※電子たばこは持ち込み禁止
物品	カメラ、ビデオカメラ各1台、フイルム5本、ビデオテープなど3本
現金	原則無制限。ただしUS$1万5000相当額以上の場合、税関申告が必要

※電子たばこ(加熱式たばこ含む)の持ち込みは禁止されている。違反した場合、10年以下の懲役または50万Bの罰金のいずれかが科せられるので注意

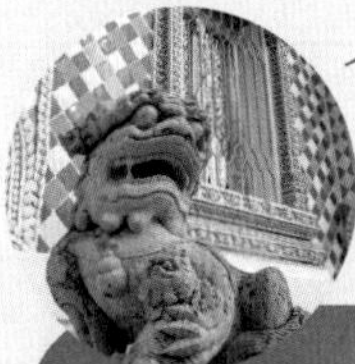

いよいよ
タイに入国!

出発前に確認しておきたい!

Webチェックイン

搭乗手続きや座席指定を事前にWebサイトで終わらせておくことで、空港では荷物を預けるだけで済み、大幅に時間を短縮することができる。一般的に出発時刻の24時間前からチェックインが可能。パッケージツアーでも利用できるが、一部対象外となるものもあるため、その際は空港カウンターでの手続きとなる。

機内への持ち込み制限

◉液体物　100mℓ(3.4oz)を超える容器に入った液体物はすべて持ち込めない。100mℓ以下の容器に小分けにしたうえで、ジッパー付きの透明なプラスチック製袋に入れる。免税店で購入したものは100mℓを超えても持ち込み可能だが、乗り継ぎの際に没収されることがある。

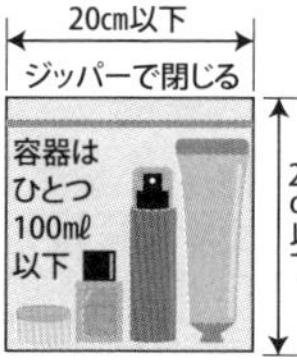

◉刃物　ナイフやカッターなど刃物は、形や大きさを問わずすべて持ち込むことができない。

◉電池・バッテリー　100Whを超え160Wh以下のリチウムを含む電池は2個まで。100Wh以下や本体内蔵のものは制限はない。160Whを超えるものは持ち込み不可。

◉ライター　小型かつ携帯型のものを1個まで。

荷物の重量制限

航空会社によって異なるが、日本航空、全日本空輸のエコノミークラスで1個23kgの手荷物2個までは無料。詳しくはWebサイトなどで事前に確認し、超過料金に注意。

ロストバゲージしたら

万が一預けた手荷物が出てこなかったり、破損していた場合には荷物引換証(クレーム・タグ)を持って受取会場にあるカウンターに出向く。次の旅程やホテルの連絡先などを所定の用紙に記入するか係員に伝えて、届けてもらうなどの処置依頼を交渉しよう。

タイ出国

① 空港へ向かう
市内から空港へはタクシーやバスが便利だがバンコクの道路は渋滞が深刻なので、時間に余裕をもって出発しよう。ホテルから最寄りの駅までタクシー、そこからエアポートレイルリンクに乗るのも手。

② チェックイン
チェックインがまだであれば、カウンターでパスポートと搭乗券(eチケット控え)を提示。預ける荷物をセキュリティチェックに通し、バゲージクレーム・タグを受け取る。免税を申請するものがあれば、それまでに手続きを行うか、機内持ち込みにする。

③ 出国審査
出入国カードの記入は廃止されたため、パスポートと搭乗券を審査官に提示する。

④ 搭乗
搭乗ゲート前で手荷物のセキュリティチェックがあるため、早めに到着しておきたい。免税店で購入した商品で指定のポリ袋に入れたままであれば、液体物を持ち込むこともできる。

日本帰国時の免税範囲

アルコール類	1本760mℓ程度のものを3本
たばこ	紙巻きたばこ200本、葉巻きたばこ50本、加熱式たばこ個装等10箱、その他のたばこ250gまで。2種類以上のたばこがある場合は総数量250gまで
香水	2oz(オーデコロン、オードトワレは含まない)
その他物品	海外市価1万円以下のもの。1万円を超えるものは合計20万円まで

※アルコール類、たばこは20歳以上のみ

日本への主な持ち込み禁止・制限品

持ち込み禁止品	麻薬類、覚醒剤、向精神薬など
	拳銃などの鉄砲、弾薬など
	ポルノ書籍やDVDなどわいせつ物
	偽ブランド商品や違法コピー
	DVDなど知的財産権を侵害するもの
	家畜伝染病予防法、植物防疫法で定められた動植物とそれを原料とする製品
持ち込み制限品	ハム、ソーセージ、10kgを超える乳製品など検疫が必要なもの
	ワシントン国際条約の対象となる動植物とそれを原料とする製品
	猟銃、空気銃、刀剣など
	医療品、化粧品など

こちらもチェックしておきたい!

空港での別送品の申告
海外から物品を別送する場合は、日本入国時に「携帯品・別送品申告書」を2通税関に提出する。うち1通は税関に確認印を押してもらい、保管する。通関手続きが終了すると、税関外郵出張所からお知らせのはがきが届くので確認印が押された申告書を提出する。

出入国の自動化ゲート、顔認証ゲート
日本の一部空港では、パスポートと指紋の登録でスムーズに出入国を行える「自動化ゲート」や、登録なしで顔認証により自動的に出入国手続きが済む「顔認証ゲート」が運用されている。どちらもパスポートへの入国スタンプは押されないので、必要な場合は各審査場事務室の職員に申し出よう。

注意が必要な持ち込み品
IQOS、プルームテックといった加熱式・電子たばこの持ち込みは禁止されている。滞在日数分の常備薬、コンタクトレンズの持ち込みは許可されている。肉製品はソーセージなどの加工品も含め持ち込みはできない。

Visit Japan Web(VJW)の登録
税関申告など、入国時に必要な情報をWebから事前に登録できるサービス。日本出国前に、事前にアカウントを作成し、入国(帰国)の日程、利用者情報などを登録しておくのがおすすめ。代理人登録も可能。
◉**必須物**　インターネットにアクセスできるパソコンやスマートフォン、航空券、パスポート、メールアドレス
◉**URL**　vjw-lp.digital.go.jp/

空港での過ごし方
免税店で最後のショッピングをするなら、王室プロデュースの「Royal Project Shop(ロイヤル・プロジェクト・ショップ)」やタイ政府がプロデュースする「OTOP(オートップ)」でタイならではのおみやげをゲット。食事どきは、24時間営業の社員食堂「Magic Food Point(マジック・・フード・ポイント)」でお得にタイ料理を楽しむのもおすすめ。

スワンナプーム国際空港
Suvarnabhumi International Airport

MAP 付録P.2 C-2

バンコク中心部から東に30kmの場所にある国際空港で空港の3レターコードはBKK。2006年に開港したためバンコク新国際空港と呼ばれることも。多くの国際線・国内線がこの空港から発着する。24時間オープンの空港でアジアの主要乗り継ぎ空港にもあたるので、いつも外国人旅客で混雑している。空港内は免税店やマッサージ、飲食店があるので出発時に余裕をもって空港に早めに到着しても時間を潰せて安心だ。

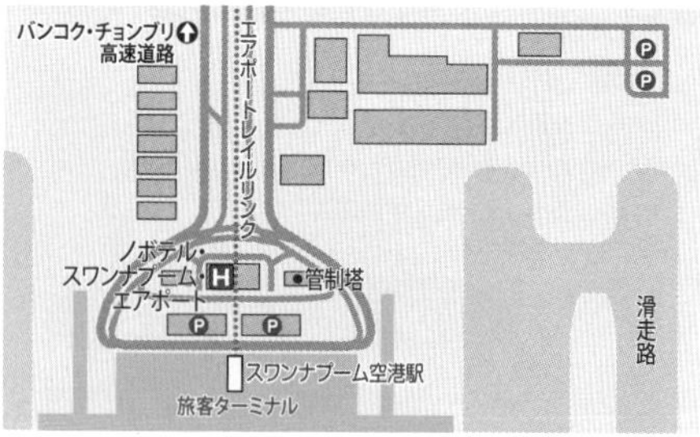

2階 到着

到着ロビーは2階。このフロアからはリムジンタクシーのみが発着、メーター制タクシーとバスは1階、エアポートレイルリンクの駅は地下1階。タクシーやホテルの客引きがいても相手にしないように。

4階 出発

出発ロビーは4階。税関のカウンターは向かって右端、各航空会社のチェックインカウンターはアルファベットで分かれているので広い空港でもわかりやすい。

ドイツ人建築家のヘルムート・ヤーン氏が設計した、明るく斬新なデザインが印象的な空港

2階 到着

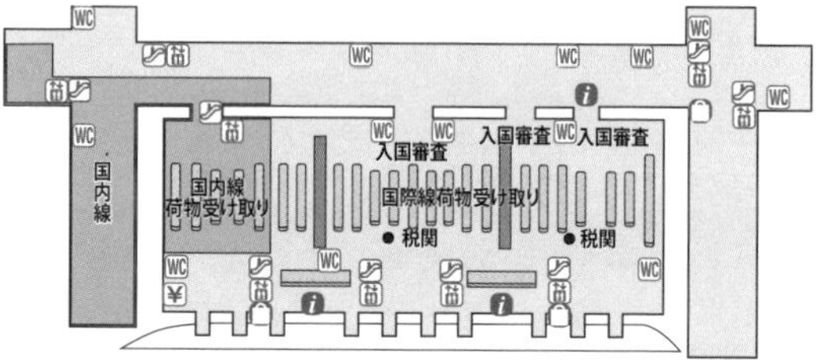

4階 出発

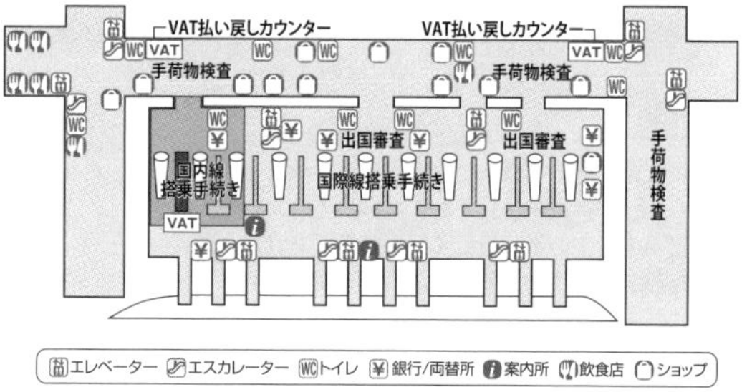

ドン・ムアン国際空港
Don Mueang International Airport

MAP 付録P.2 C-2

バンコク市街の北側にある空港。主にLCCや国内線の発着に利用されている。空港の3レターコードはDMK。スワンナプーム国際空港とは30km離れていて、シャトルバスで移動しても1時間ほどかかるので事前に航空券を確認してくれぐれも間違いのないように。

市内へのアクセス

国鉄ダークレッドラインならバンコクの玄関バンスーまでわずか5駅。バスやタクシーを利用する場合は渋滞を覚悟しよう。

©iStock.com/teddybearpicnic

☑ 空港でしておきたいこと

□ 両替

空港内の到着エリアでも両替できるが、レートはあまり良くないので市内までの交通費など最小限の両替にしておこう。

➲P.170

□ SIMカードの購入

バンコクでは旅行客用のSIMカードの購入ができる。利用日数とデータの大きさによって料金が異なるので使用頻度に合わせて購入を。市内はWi-Fi環境が充実しているのでそれほど大きなデータ量は必要ないといわれている。

➲P.172

空港からホテルへはスムーズにアクセスしたい！

まずは安全にホテルに到着するためにも、下調べをして計画しよう。客引きは相手にしないで!

スワンナプーム国際空港から中心部へ

国際線の直行便はこの空港に到着する。市内までは30～60分程度。交通渋滞に大きく左右される。

エアポートバス(S1)

空港1階のバス乗り場から高速道路を利用して一路カオサン通りへと向かう。運行間隔は30分～1時間、渋滞に妨げられなければ1時間程度で到着する。車内では荷物スペースの譲り合いを心がけよう。また、一般にバスは歩道側の最前列に僧侶用の優先席がある。運行時間6:00～20:00

所要	約1時間
料金	60B

タクシー

所要	約30～60分
料金	250～350B

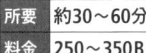

乗り場にあるタクシー配車機を操作、紙にプリントされるゲート番号の場所に停車しているタクシーを利用する。メーターが35Bになっていることを確認して運転手の料金交渉には応じないこと。有料道路代と手数料50Bをメーター料金のほかに支払う。

エアポートレイルリンク

所要	終点まで26分
料金	15～45B

地下1階の駅から終点のパヤ・タイ駅まで26分で結ぶ鉄道は時間が読めるのが安心。現在各駅停車のみ。途中駅でMRTやBTSへの乗り継ぎもできるが、朝夕の混雑が激しいので大きな荷物を持っていると乗り込めないこともある。

① チケットを買う
窓口か自動券売機で目的地までのチケットを購入する。

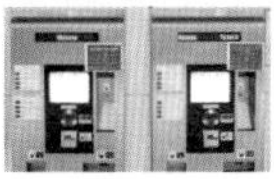

② 乗り場へ向かう
空港ターミナル到着ロビー2階から地下1階へ下りるとそのままエアポートレイルリンクのスワンナプーム国際空港駅だ。

③ 乗車する
ラッシュ時はスーツケースを持って乗れないこともある。

エアポートリムジン

市内への交通手段としてはもっとも高価だが、トラブルが少なく安心安全の手段。英語が通じ料金も先払い、ストレスフリーに移動できるので利用価値はある。特に女性一人旅の場合メーター制タクシーよりも格段に安全だ。

① チケットを買う
AOT（空港公団）と書いてあるカウンターで申し込む。

② 乗り場へ向かう
到着ロビーを出てそのまま同じ階から出発する。行き先、車種によって料金が異なるので申込みの際に言いなりにならず確認すること。

③ 乗車する
清潔な新車が多いことも特徴。料金はカウンターで支払う。

所要	約30～60分
料金	市内まで 1300B～

送迎バスもおすすめ

日本語で事前にネット予約できる旅行代理店などの送迎サービス。到着ロビーで名前を掲げたドライバーと待ち合わせる。同じ時刻に到着のほかの乗客を待つこともあるので、時間に余裕があるときに利用しよう。

空港→市内中心部 アクセスマップ

タイのお金のことを知っておきたい！

屋台や露店、市場では現金が活躍するバンコク。カードと現金を上手に使い分けてお得な滞在をしよう。

通貨

タイの通貨はバーツ。BまたはTHBと表記される。その下はサタン(S)で100サタン＝1バーツ

1B ＝ 約4.3円

(2024年5月現在)

1万円 ＝ 約2325B

市場での買い物や屋台での食事、タクシー、カフェ、観光地での入場料など現金が必要な場面の多いバンコクだが、大量の現金を持ち歩くのは安全ではない。こまめに現金を両替したり、カードとうまく使い分けたりして工夫しよう。

紙幣

20B

50B

100B

500B

1000B

硬貨

25S

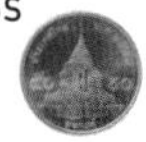

50S

1B

2B

5B

10B

両替

どこで両替をすればいい？

バンコクでは街なかに両替ショップが点在している。ショッピングセンターや繁華街、主要な鉄道駅にもあり、レートは電光掲示板などで表記されているのでわかりやすい。日本円からタイの通貨バーツへは直接両替ができる。

クレジットカードでキャッシング

PlusやCirrusと書いてある街なかのATMでVISAやMasterなどの国際クレジットカードで現金引き出しができる。手数料に加え利息がかかるので使う予定があれば事前に暗証番号とともに再確認しておこう。

海外トラベルプリペイドカード

クレジットカード会社が発行するプリペイドカード。あらかじめ日本でお金をチャージして、現地でクレジットカード同様に使用できるもの。銀行口座や事前の信用審査が不要で、使い過ぎの防止にもなる便利なカードだ。

物価

屋台での食事やタクシー、宿泊代の安さが目立ち、バンコクは驚くほど物価が安いとイメージしがちだが実はそれほどでもない。ホテルでの食事やスパなど日本より高いものもあるが、節約しながらも比較的快適に過ごすことができるので、旅の予算に合わせてそれぞれ楽しく過ごそう。

メトロ
16～42B(約69～180円)

タクシー初乗り
35B(約150円)

ミネラルウォーター(500㎖)
10B～
(約43円～)

ビール
50B～
(約215円～)

滞在中に知っておきたいタイのあれこれ！

いざというときあわてないため、そして快適でスムーズな旅のための必要な基本情報はこちら！

飲料水

バンコクの上水道は飲料に適した水準を満たしているといわれているが、飲まないほうが無難。ホテルによっては無料の飲料水が部屋にセットされているので飲み水はこちらを利用。コンビニやスーパーで販売されているミネラルウォーターは500mℓで10Bほどなので、お腹を壊すよりも水は買って飲んだほうが得策だ。

トイレ

バンコクのショッピングモールやホテルのトイレなど観光客の出入りがある場所は洋式トイレがあり比較的清潔。ローカル色が強い場所ではタイ式トイレも健在で、紙は流さずごみ箱に捨て、使用後にバケツの水で流すのがルール。BTSやMRTの駅にトイレはないので注意。

各種マナー

観光客が多く外国人に寛容なイメージのあるタイにも守るべきマナーがあるのでいま一度おさらいしておこう。

公共交通機関で

鉄道駅ではカバンの中身のチェックがある。車内と駅構内では飲食禁止、また飲食物を持ったまま乗ることも原則禁止で改札前で捨てるように言われる。駅にトイレはない。

レストランで

日本人がやってしまいがちで、タイではマナーが悪いとされているのが、食器を持ち上げる、ズルズルと麺をすする、食べ物にかぶりつくことなど。麺類はレンゲで口に運ぼう。

寺院で

寺院は聖なる場所、見学に出かける際にはきちんとした服装で肌を露出しすぎないように。本堂に入るときには靴を脱ぎ、大声を出さないように。また女性が僧侶に触れてはいけない。

街なかで

タイでは人間の頭部には霊的な力が宿るとされ、他人が触れるとその力が失われると考えられている。子どもたちは愛らしいが、つい頭をなでないように気をつけよう。

度量衡

タイの度量衡はm(メートル)、kg(キログラム)など、日本と同じメートル法。服のサイズはメーカーによって異なる。

ビジネスアワー

デパートやショッピングモールの営業時間は一般的に10～22時、銀行は9時30分～15時30分で土・日曜、祝日は休み。レストランは昼と夜の間に休むこともあるが屋台は早朝から深夜まで営業、一日を通して食事ができる。

電化製品の使用

電圧は日本と異なる

タイの電圧は220V。日本の電化製品は100Vなので、そのまま使用するには変圧器が必要。現在ほとんどの携帯電話やカメラの充電器、パソコンの電源などは海外旅行向けに対応しているので「100-240V」の表記があればそのまま使用できる。

プラグはA・BF・C型が主流

プラグは日本のものと同じAタイプが主流だが、まれに丸ピン2つ穴のものや3つ穴タイプを併用していることもある。ほとんどのコンセントがどちらも使用できるようになっているので変換プラグは不要。

A型プラグ　BF型プラグ　C型プラグ

郵便

はがき／手紙

航空便で日本に送る場合、はがきが25B、手紙が10gまで35B程度。商業施設内などにある郵便局では割高となる。郵便事情は悪いと覚えておこう。

小包

郵便局で販売している定型の箱を購入すると便利。小包は普通郵便と同じ扱いで30kgまで送ることができる。EMS(国際スピード郵便)ならば日本まで多少早く着く。

飲酒と喫煙

飲酒、喫煙とも20歳から。

公共の場での飲酒

寺院内や公園、バスなどの公共の場所での飲酒は法律で禁止されている。ナイトクラブへの入場は20歳以上、IDを持参しよう。

喫煙は喫煙スペースで

屋内の公共施設では法律で全面禁煙のタイ、ナイトスポットでも禁煙だ。電子たばこ(加熱式たばこ)は所持、使用ともに違法。違反者は罰金や禁固刑に処されるので注意しよう。

電話／インターネット事情を確認しておきたい!

旅先から急用の電話をかけたり、SNSをアップデートするのに必要な通信事情をおさらい。

電話をかける

国番号は、日本が81、タイが66

タイから日本への電話のかけ方

ホテル、公衆電話から

ホテルからは外線番号 → 001 → 81 → 相手の電話番号

001：国際電話の識別番号　81：日本の国番号　※固定電話・携帯電話とも市外局番の最初の0は不要

携帯電話、スマートフォンから

0または*を長押し → 81 → 相手の電話番号

※機種により異なる　81：日本の国番号　※固定電話・携帯電話とも市外局番の最初の0は不要

固定電話からかける

ホテルから　外線番号（ホテルにより異なる）を押してから、相手先の番号をダイヤル。たいていは国際電話もかけることができる。公衆電話は現在空港にはなく、街なかでもほとんど見かけない。

日本へのコレクトコール

緊急時にはホテルから通話相手に料金が発生するコレクトコールを利用しよう。

◉KDDIジャパンダイレクト
☎1-800-0081-98
オペレーターに日本の電話番号と、話したい相手の名前を伝える。

携帯電話／スマートフォンからかける

国際ローミングサービスに加入していれば、日本で使用している端末でそのまま通話できる。滞在中、タイの電話には8桁の番号をダイヤルするだけでよい。日本の電話には、＋を表示させてから、国番号＋相手先の番号（最初の0は除く）。同行者の端末にかけるときも、国際電話としてかける必要がある。

海外での通話料金　日本国内での定額制は適用されず、着信時にも通話料が発生するため、料金が高額になりがち。ホテルの電話やIP電話を組み合わせて利用したい。同行者の端末にかけるときも日本への国際電話と同料金。

IP電話を使う　インターネットに接続できる状況であれば、SkypeやLINE、Viberなどの通話アプリを利用することで、同じアプリ間であれば無料で通話することができる。SkypeやViberは有料プランでタイの固定電話にもかけられる。

インターネットを利用する

ホテルではWi-Fiが無料で使えるところが多くあり、パスワードの入力やメールアドレスの登録だけで商業施設やレストラン、カフェなどで無料のインターネット接続ができる場所も多い。SIMフリーのスマートフォンを持っていれば、データ通信のできるSIMカードをコンビニなどで購入するのも手。充電用の電源も快く貸してくれるカフェなども多いので聞いてみよう。

インターネットに接続する

海外データ定額サービスに加入していれば、1日1000～3000円程度でデータ通信を行うことができる。通信業者によっては空港到着時に自動で案内メールが届くこともあるが、事前の契約や手動での設定が必要なこともあるため、よく確認しておきたい。定額サービスに加入せずにデータ通信を行うと高額な料金となるため、不安であれば電源を切るか、機内モードやモバイルデータ通信をオフにしておくことがおすすめ。

SIMカード／レンタルWi-Fiルーター

頻繁に利用するならば、現地SIMカードの購入や海外用Wi-Fiルーターのレンタルも検討したい。SIMフリーの端末があれば、空港やショッピングセンターで購入できるSIMカードを差し込むだけで、インターネットに接続できる。SIMカード購入の際は身元確認（パスポートなど）を求められることがある。Wi-Fiルーターは割高ではあるが、複数人で同時に使えるのが魅力。

	カメラ／時計	Wi-Fi	通話料	データ通信料
電源オフ	×	×	×	×
機内モード	○	○	×	×
モバイルデータ通信オフ	○	○	$	×
通常モバイルデータ通信オン	○	○	$	$

○利用できる　$料金が発生する

オフラインの地図アプリ

地図アプリでは、地図データをあらかじめダウンロードしておくことで、データ通信なしで利用することができる。機内モードでもGPS機能は使用できるので、通信量なしで地図データを確認できる。

病気、盗難、紛失…。トラブルに遭ったときはどうする？

旅行先でのトラブルはなるべく避けたいもの。万一の場合には落ち着いて対処しよう。

治安が心配

強盗や殺人などの凶悪犯罪に巻き込まれる可能性は少ないものの、世界中から観光客の集まるタイは観光客をターゲットにしたスリやひったくり、詐欺被害の頻度が残念ながら高い。人けの多い場所も少ない場所もそれぞれに危険が潜んでいるので、不要なトラブルを避けるためにも街歩きの際には時間帯と場所に注意して常に警戒を。

緊急時はどこへ連絡？

盗難やけがなど緊急の事態には警察や消防に直接連絡すると同時に、日本大使館にも連絡するように。

警察・救急 ☎191、123（英語可）
☎1155（ツーリストポリス、英語可）
救急車 ☎1554、1669（英語可）

大使館
在タイ日本国大使館領事部
ルンピニ公園周辺 MAP 付録P.18 C-2
☎02-696-3000（代表）
☎02-207-8502
所 177 Witthayu Rd.
HP www.th.emb-japan.go.jp

病院
サミティヴェート・スクンヴィット病院
スクンヴィット通り周辺 MAP 付録P.20 C-1
☎02-022-2122
所 133 Soi 49, Sukhumvit Rd.

病気・けがのときは？

海外旅行保険証に記載されているアシスタンスセンターに連絡するか、ホテルのフロントに医者を呼んでもらう。海外旅行保険に入っていれば、提携病院で自己負担なしで安心して治療を受けることができる。

パスポートをなくしたら？

① 最寄りの警察に届け、盗難・紛失届出証明書(Police Report)を発行してもらう。

② 証明書とともに、顔写真2枚、本人確認用の書類を用意し、在タイ日本国大使館領事部に、紛失一般旅券等届出書を提出する。

③ パスポート失効後、「帰国のための渡航書」の発行を申請。渡航書には帰りの航空券(eチケット控えで可)が必要となる。「帰国のための渡航書」発行の手数料は2500円、所要最短即日。新規パスポートも申請できるが、発行に所要土・日曜、祝日を除く3日後、戸籍謄本(抄本)の原本が必要となる。手数料は、5年有効が1万1000円、10年有効が1万6000円。いずれも相当額の現地通貨の現金で支払う。

クレジットカードをなくしたら？

不正利用を防ぐため、カード会社にカード番号、最後に使用した場所、金額などを伝え、カードを失効してもらう。再発行にかかる日数は会社によって異なるが、翌日〜3週間ほど。事前にカード発行会社名、紛失・盗難時の連絡先電話番号、カード番号をメモし、カードとは別の場所に保管しておくこと。

現金・貴重品をなくしたら？

現金はまず返ってくることはなく、海外旅行保険でも免責となるため補償されない。荷物は補償範囲に入っているので、警察に届け出て盗難・紛失届出証明書(Police Report)を発行してもらい、帰国後保険会社に申請する。

外務省 海外安全ホームページ&たびレジ

外務省の「海外安全ホームページ」には、治安情報やトラブル事例、緊急時連絡先などが国ごとにまとめられている。出発前に確認しておきたい。また、「たびレジ」に渡航先を登録すると、現地の事件や事故などの最新情報が随時届き、緊急時にも安否の確認や必要な支援が受けられる。

旅のトラブル実例集

スリ

事例1 買い物袋を提げて路上を歩いていたら後ろから来たバイクにカバンをひったくられた。スマホに夢中になっている間にカバンをナイフで切って中身を抜き取られた。

事例2 混雑した市場で人混みにもまれている間にカバンから財布や携帯電話を抜き取られていた。

対策 カバンや貴重品は体から離さないで前に抱える。路上でスマホを操作したり写真撮影に夢中にならない。財布は抜き取られにくい奥のほうに入れよう。

ぼったくり

事例1 観光スポット周辺で「今日はXXは休みだ」と親切に声をかけてきたあと、言葉巧みに宝石やオーダーメイドの服を売りつけられた。

事例2 注文していない料理が出て異常に高額の請求をされた。空港で案内されたタクシーに乗ったらメーターを使わなかった。

対策 知らない人に声をかけられてついていかないのは基本中の基本。親切そうにして旅行客の心をくすぐる術を心得ているのが向こうの手口なので、事例を知っておけば被害者にならずにすむ。

置き引き

事例1 空港到着後に地図やスマホで調べ物をしている間に足元に置いたカバンがなくなった。フードコートで座席を確保するためにカバンを置いておいたらなくなっていた。

事例2 安宿やゲストハウスでセーフティボックスに入れた貴重品を全部抜き取られた。フロントに預けた荷物が他人によって引き取られて全部なくなっていた。

対策 荷物から手を離したらもうなくなるものと思って。座席に放置するなどはもってのほか。安宿やゲストハウスでは鍵が不安な場合もあるので、南京錠を持参するのも◎。

旅を豊かで楽しくする スポット INDEX インデックス

観光

グルメ

カフェ&スイーツ

ショッピング

ビューティ

ワンデートリップ

ホテル

STAFF

● **編集制作 Editors**
K&Bパブリッシャーズ K&B Publishers

● **取材・執筆・コーディネート Writer & Coordinate**
津田美穂 Miho Tsuda
高岡朋子 Tomoko Takaoka
mo-1

● **執筆 Writers**
岩渕・F・大輔 Dice-k "F" Ivanovic
伊勢本ポストゆかり Yukari Isemoto-Posth
内野究 Kiwamu Uchino
篠原史紀 Fuminori Shinohara
堀井美智子 Michiko Horii
好地理恵 Rie Kochi

● **撮影 Photographers**
สุขสันต์ จิรกิจเศรษฐ์ Suksan Jirakijsate
金子琴江 Kotoe Kaneko
西山浩平 Kohei Nishiyama
SAWAN THAILAND

● **カバー・本文デザイン Design**
山田尚志 Hisashi Yamada

● **地図制作 Maps**
トラベラ・ドットネット TRAVELA.NET
フロマージュ Fromage
山本眞奈美（DIG.Factory） Manami Yamamoto

● **表紙写真 Cover Photo**
iStock.com

● **写真協力 Photographs**
タイ国政府観光庁 Tourism Authority of Thailand
iStock.com
123RF
PIXTA

● **総合プロデューサー Total Producer**
河村季里 Kiri Kawamura

● **TAC出版担当 Producer**
君塚太 Futoshi Kimizuka

● **エグゼクティヴ・プロデューサー**
Executive Producer
猪野樹 Tatsuki Ino

おとな旅プレミアム バンコク

2024年7月8日　初版　第1刷発行

著　　者　TAC出版編集部
発 行 者　多 田 敏 男
発 行 所　TAC株式会社 出版事業部（TAC出版）
〒101-8383 東京都千代田区神田三崎町3-2-18
電話 03（5276）9492（営業）
FAX 03（5276）9674
https://shuppan.tac-school.co.jp
印　　刷　株式会社　光邦
製　　本　東京美術紙工協業組合

ISBN978-4-300-11275-5
N.D.C.292